合众文库

上海文化发展基金会资助项目

上海图书馆 编

顾廷龙先生纪念集

上海科学技术文献出版社
Shanghai Scientific and Technological Literature Press

图书在版编目（CIP）数据

顾廷龙先生纪念集/上海图书馆编．—上海：上海科学技术文献出版社，2014.11（2023.1重印）
（合众文库）
ISBN 978-7-5439-6405-1

Ⅰ.①顾… Ⅱ.①上… Ⅲ.①顾廷龙—纪念文集 Ⅳ.①K825.42-53

中国版本图书馆CIP数据核字（2014）第248529号

责任编辑：孙 嘉 吕方芳
封面设计：一步设计

顾廷龙先生纪念集
上海图书馆 编
出版发行：上海科学技术文献出版社
地　　址：上海市长乐路746号
邮政编码：200040
经　　销：全国新华书店
印　　刷：常熟市人民印刷厂
开　　本：889×1194　1/16
印　　张：16.5
字　　数：374 000
版　　次：2023年1月第2次印刷
书　　号：ISBN 978-7-5439-6405-1
定　　价：238.00元

http://www.sstlp.com

编辑委员会

主　任
吴建中

顾　问
顾诵芬

委　员
（按姓氏笔画为序）

余　江　沈　津　陈先行　陈建华　周德明　黄显功

编　者
黄显功　陈　雷

目录

顾诵芬：纪念父亲诞辰 110 周年 / 1

陈燮君：世上百年云龙飞
　　　——论顾廷龙先生的"书缘"和"图书馆缘" / 11

沈　津：顾廷龙与合众图书馆 / 25

李国章：从《中国丛书综录》到《续修四库全书》
　　　——顾廷龙先生与上海古籍出版社的情谊 / 52

李　文：顾老与《中国近代期刊篇目汇录》 / 59

陈秉仁：顾廷龙先生与中国家谱收藏 / 64

张　涛：顾廷龙先生与经学 / 73

杨泰伟：宽厚凝重　独领风骚
　　　——顾廷龙和他的书法艺术 / 78

陈先行：纪念图书馆事业家顾廷龙先生 / 86

林其锬："流到前溪无半语，在山做得许多声"
　　　——怀念顾老，学习顾老 / 94

陈　雷：顾廷龙先生藏书三种 / 107

何　雁：六通珍贵的信札 / 114

顾　潮：顾颉刚先生与顾廷龙先生的交谊 / 119

陈福康：顾廷龙先生与郑振铎先生的友谊 / 132

陈东辉　严一枫：顾廷龙先生研究文献目录 / 142

陈　雷：顾廷龙画传 / 157

纪念父亲诞辰 110 周年

顾诵芬
中国工程院院士　中国科学院院士

我父亲顾廷龙是我国著名的古籍版本学家和图书馆事业家，他的一生对保存和发扬我国民族文化是作出了很大贡献的，1991年被上海市政府授予"大功"奖励。

父亲早年兴趣在研究我国的古文字，师从王怀霖、胡朴安、闻宥等先生，1932年在燕京大学的硕士论文为《说文废字废义考》，1936年又撰写了《古匋文孴录》。本来应该在古文字学方面有所发展，但后来却转到了创办图书馆工作上去了，这主要是为了保存和发扬我国的传统民族文化。1937年卢沟桥事变日寇大举入侵，我国的传统民族文化遭到了很大的破坏和掠夺。当时爱国学者叶景葵、张元济等老先生，他们都是前清的进士而且学贯中西，他们感到"抗战以来，全国图书馆或呈停顿，或已分散，或罹劫灰，私家藏书亦多流亡，而日、美等国乘其时会，力事搜罗，致数千年之固有文化，坐视其流散，岂不大可惜哉！"他们力邀我父亲从北平南来上海办图书馆，我父亲鉴于当时的形势，决定来上海办图书馆。

我父亲明知图书馆的工作是给他人作嫁衣，他自己的体会是"一书购到速送编目，不克细读，而俗务纷纭，不容其从容浏览，有如庖丁烹调盛宴，为主人享客，安得染指"，但是为了保存"数千年之固有文化"，在叶、张老先生的感召下，他还是毅然离开燕京大学南来上海，协助叶、张等老先生创办私立合众图书馆。叶、张老先生所以选中我父亲，主要是1936年他助叶老先生在北京找"禹贡学会"的同仁和钱穆教授研究叶老先生刚修补好的顾祖禹的《读史方舆纪要》稿本是否真是顾祖禹本人的稿本。其次是1938年我父亲为叶、张老先生的挚友章钰先生编出了《章氏四当斋书目》。他们看到我父亲当时还不到40岁可以接替他们做这个事业，因此后来叶老先生赠我父亲一副集杜诗句的对联，即"复见秀骨清，我生托子以为命；由来意气合，汝更少年能缀文"。

我父亲没有辜负老先生们的厚望，以"淡泊明志，宁静致远"的心态来办图书馆。他认为"人不能自有所表现，或能成人之举，亦可不负其生平"。

对于图书馆工作除尽力收藏我国民族文化外，还要编目、印书，以使馆藏发挥更大作用。因此他自律为"专事整理，不为新作；专为前贤形役，不为个人张本"。因此他办图书馆除收藏外更强调的是为读者服务。

我父亲自己总结办图书馆工作是6个字，即"收书、编书、印书"。我想尽我所知，分述如下：

第一件事，关于"收书"。他认为保存我国民族文化，不能按传统观念，如《四库》不收释、道二藏及府县志。他是按照历史大家顾颉刚先生研究的方法，要记载自然界与社会的材料一起收，不但收好的，坏的也要收，使普通人可以得到常识，使专门家可以致力研究。为此顾颉刚先生专门写了一份《购求中国图书计划书》，他举例如档案、哀启、账簿、戏本、歌谣、宝卷、金石拓片、宗教迷信书刊、各类著述稿本以及有记载性的图书照片等。后来我父亲又发展成"片纸只字都是资料"，在"文革"中没有少挨批判。正因为这种收集历史文献的方法，早在20世纪40年代合众图书馆时期，就收集和保存了不少革命文献，新中国成立初期为中宣部、外交部等国家机关提供了不少有用的资料，特别是后来图书馆由文化局领导后，他亲自参加从造纸厂的破烂废纸堆中收集了大量的家谱和碛卷，经整理和影印后都成为上海图书馆的特色收藏。

由于我父亲对图书保管井井有条，而且十分爱护，在长乐路新馆落成后，当时没有空调，通风则靠人工开窗，防晒则靠拉窗帘，馆中人手少，有时候我也参加进去做。另外就是防蛀，我父亲多次找了上海的化工专家请教灭虫方法，虽然合众图书馆经济拮据，设施简陋，但14年来还没有出现过蛀书的事故。另外就是对古籍的修补，合众图书馆一建立就聘了专门的旧书修补工。正是这样对书的爱护，博得了各界人士的关注。老人们都希望自己收藏的图书有个永久的归宿，其中最突出的是上海南洋中学的创办人老校长王培孙先生，他好收藏古籍，经过40年的收藏都存放在南洋中学的图书馆。1952年夏学校要改建，要把图书馆改为礼堂，而图书馆中所藏的都是王培孙先生积累了40年的中文古籍，不是中学生所需要的，所以决定捐赠给上海市的有关单位。经过学校的认真调查，认为捐给合众图书馆最合适。最后是献给上海市政府文化局，要求文化局拨合众保管。这批书一共76 700多册。

我父亲收书的另一渠道就是亲自跑旧书店。在北平时每当星期天进城，他必去隆福寺和琉璃厂。回上海后常去现在淮海路重庆南路口的旧书店和河南路救火会边上的旧书店，我有时候也跟着去。有时候旧书店则送书来馆里，好书买不起，则借了请人抄。20世纪70年代初，过春节他来沈阳团聚，也忘不了上旧书店。沈阳的情况我不熟悉，好在辽大中文系的张震泽教授和我父亲有过通信来往，他知道我父亲来沈阳过春节，于是自己从辽大骑车来塔湾。当时骑车需半小时，张先生也是60开外的人了，但是他不顾辛苦还是要来看我父亲。张先生知道沈阳旧书店的情况，于是我陪了他去沈阳马路湾的古籍书店看了一下，但没有找到有用的东西。除沈阳外，80年代初我陪他去苏州，他也必定去观前街玄妙观的旧书店。

1992年他来北京定居后还常想着去琉璃厂、隆福寺。北京中国书店的老人郭纪森先生，他们在20世纪30年代就认得，因此1997年特地邀请他去参观，发现书店设施都改进了，贵重的珍本放存冷库里，我父亲爱书是癖好，所以在中国书店顺便买了一些他手头没有而又需要的书。

总之，由于他对书的热爱，因此能为图书馆获得大量有价值的收藏，为研究者们提供有用的材料。正如刘厚生先生在他1958年出版的《张謇传记》的后记中说："《张謇传记》材料百分之七十都是向图书馆搜集的，而图书馆馆长顾廷龙先生特别热心，不嫌烦碎，我所指定的史料，顾先生能于十分钟内在杂乱的书城之中取出供我阅读。顾先生待我之热心，使我深为感谢，其胸中的渊博，尤不能不使我钦佩也。"

我父亲为图书馆收书，不只是做了个收发工作，而对馆藏的图书和收入图书都翻阅一遍，再加上他的博闻强记的能力，因此可以很好地利用馆藏为读者服务。2004年汤志钧先生在纪念我父亲诞辰100周年的文章中说："1981年6月初，日本京都大学名誉教授岛田虔次到上图看书，询问中江兆民《民约通义》，顾老立即派人取出，封面为'人境庐主人题'，戊戌（1898年）铅字排印本。岛田高兴极了，后对汤先生说：在先生的陪同下到上海图书馆时，只是随意提了一下，竟然如愿拜见了顾廷龙先生，受到了教益。还了解到有关马一浮的刊印书的概要，可谓一大收获，给我惊喜不已。然而还有更大的收获呢！终于发现了《民约通义》。该书是明治时代最大的思想家中江兆民所注《民约译解》的翻译版，已是早有所闻的，但是该书由谁在何时何处出版？尚无一人所知，究竟是否出版成书，也是一个谜，没有想到此次亲眼目睹该书的存在，喜悦之情不必多说，这可真称得上是我近来最为愉快的一件事。"

父亲看过的旧书多，又加上记忆力强，因此他管图书馆能充分发挥馆藏的作用。1997年冬的一个晚上突然接到清华大学一位徐先生的电话，因为当时我父亲耳背得厉害，所以只能由我来接。徐先生问关于清末有位外交官徐寿，他的资料可从哪里找到。我父亲稍事考虑后叫我去查他卧室书架上的一本日文的中国名人录，果真查到了徐寿的一生信息。我父亲说徐寿搞过机械，他的著述上海图书馆应该有，可以让他们去找上图的陈先行同志。我父亲去世后两年，徐氏后人还不知道，因为徐寿的文集印出来了，徐氏后人还专程来电话向我父亲致谢。

总之，我父亲为图书馆收集我国民族文化的事迹还很多，我不赘述了，使我深深感动的是他热爱我国民族文化的精神，因热爱转而能使收藏的我国民族文化发挥重大作用。

第二件事，关于"编书"。我父亲认为要使图书馆藏书发挥作用，最重要的是编好目录。吴织同志在她1987年写的《书海五十年》中说，我父亲自己最满意的是仅用10个月时间编印出了30万字的《章氏四当斋书目》。1937年夏校勘学家章钰先生病逝后，家属把他所遗的藏书委托燕京大学图书馆保存。章氏藏书7万余卷，都经章老先生读过，有些大部头的书，还经老先生手校过，这都是章老先生的心血所在。为了在藏书目录中反映出章氏用功读书的地方，又能突出重点，反映藏书家的宗旨，所以就不能等同于普通目录的编排，采取了仿藏书志的做法，凡章氏的题识、友朋的跋语全部录下来，凡是师友都注明他们的简历和著作。这部 30 万字的目录仅用了 10 个月时间，当时只有一位助手，全部工作都是我父亲一手完成的。叶景葵先生看过以后说："体例极善，是以表彰式老劬学之里面，吾兄可谓不负所托矣。"

1945 年抗战胜利后，徐森玉先生主持"清点战时文物损失委员会"，他聘我父亲为委员会办事处的总干事。当时徐森玉先生接受有关部门委派，要通过联合国向日本索赔被掠去的我国文物。徐老先生一时想不出办法如何编，于是找我父亲协助。三天后我父亲把这件事报告了叶景葵老先生，他是合众图书馆的常务董事，叶老先生不置可否。于是我父亲向徐老先生再三推辞，也推不掉，只能硬着头皮干。我父亲因为看的书多，最后想出了一个办法，就是日本人刊印的我国文物的图谱，从中找出他们掠夺走的我国文物。这种图谱当时合众有 40 种，我父亲的挚友文物收藏家李英年先生有 20 种，再从各地收藏家和图书馆借到这种图谱 122 种。当时徐森玉先生的办公地点就在富民路裕华新村，离合众图书馆仅百米之遥。因此徐老先生和我父亲商量编目的场地就在合众的阅览室，他们又聘请了一些大学教授，如王以中、沈文倬等，具体组织工作都是谢辰生先生做的。经过 9 个月的努力终于编出了《甲午以来流入日本文物目录》，里面列出珍贵文物 15 245 件，还把日本在我沦陷区发掘出来的文物作为附录。这份目录当时只复写了 9 份，送南京政府教育部 2 份，张道藩 1 份，傅斯年 1 份，李济 2 份，森老自留 1 份，合众图书馆留 1 份，我父亲也留了一份。这材料送到联合国有关部门，驻日美军认为没有提供文物流失的时间地点，所以不受理。

我父亲感到这份材料对向日本索赔掠夺的文物还是有重要作用的。同时这份目录也凝聚了很多学者们的心血，当时傅斯年对它评价很高，认为不仅在外交上可供依据，在学术价值上亦为重要文献。1981 年时，我父亲觉得复写的目录只存了 2 份，恐难长久保存，于是向国家文物局领导请示后，又油印一些供参考。谁知 30 年后上海中西书局正式出版了，2012 年 9 月 15 日还为这个目录的正式出版，开了个首发式，这也可告慰我父亲在天之灵了。

沈津先生在他的《回忆先师顾廷龙先生》一文中说父亲的另一部重要目录是《中国丛书综录》，这是一部大型参考工具书，集全国 41 家图书馆所藏丛书 2 797 种，收有各种学术著作 38 891 种，海外同行提到这本重要工具书，称之为"功德无量"、"嘉惠学林"。我父亲在《综录》出版前，一直对日本东方文化学院京都研究所编印的《汉籍目录》耿耿于怀，他不止一次说过，日本人也太狂妄了，嘲笑我们没有能力编这种大型工具书。其实陶湘涉园所藏为日人所攫取，其中丛书达一千余种，然而日人却在《汉籍目录》的跋中说："世之读支那书者，皆将赖其利焉……凡宋元而还逮乎近代，效左禹锡、陶南村之力而不在我库者盖鲜，则凡公私之库藏支那丛书而苦于检阅者，亦可赖此目而求也。"实际上我父亲一直在考虑编《综录》这件大事，为的是为国人争这口气，为民族文化争得荣誉。他早在"合众"时期就有策划，最后联合北图等 41 个单位提供的馆藏，2 797 种丛书，仅用一年三个月时间就编成了，不仅数量上远超日本《汉籍目录》，而且质量上和检索方法上都领先于日本人的目录。

第四部重要目录就是父亲主编的《中国古籍善本书目》。1975 年 10 月周总理在病重期间曾指示:"要尽快地把全国善本书总目编出来。"1977年我父亲刚恢复工作不久,就接到国家文物局通知与上图党支部书记潘皓平同志一起去北京听周总理指示的传达。我父亲听了传达的周总理指示后,非常高兴地接受了这项任务,因为这也是他的夙愿。

我父亲认为"中华民族有着悠久的历史和灿烂的古代文化,在极其丰富的文化典籍中,古籍善本尤为珍贵,对中华民族历史文化的流传和继承具有十分重要的意义。周总理在'四人帮'极左路线横行的形势下做出这样的指示,对排除'四人帮'极左路线的干扰,坚持我党保护历史文化遗产、继承和发扬民族优秀传统文化的一贯方针,具有重要的历史作用,极大地鼓舞了全国学术界和图书馆界的专业工作者。"

1978年秋,国家文物局在四川成都召开了全国善本总目编纂工作领导小组会议,国家文物局局长王冶秋到会并作了讲话,会议决定在经过一段普查后要转到版本鉴定和著录方面。当时参加此项工作的单位有省、市、自治区图书馆,高等院校、文物保护机构、科研系统的图书馆、中等学校、文化馆、寺庙等780多个单位。在这样的情况下,要编好这部目录,在编目的"收录范围"和"著录条例"上必须统一。作为主编的他,就在会上向王冶秋局长请示,王局长作出决定,编目仍用传统的四部分类,善本的范围编录到清朝,但清朝的典籍实在太多,大家同意选收一些精刻的、难得的本子。

为了做好这项工作,使参加工作的同志对善本有所借鉴,他于是请上图的同志从馆藏中选出一些宋、元、明、清的刻本,编成《善本书影》,让大家参考。另外还要做好编纂人才的培训。1977年夏他应四川省图书馆之邀,风尘仆仆地同沈津先生一起到四川乐山为"西南、西北八省古籍训练班"讲课。这个班参加者达80多人,大部分来自四川、云南、贵州等省的图书馆、博物馆和文管所。

1980年5月父亲为《善本书目》的汇编工作,专程从上海来北京,住在虎坊桥香厂路的国务院信访招待所。那里生活条件很差,他和大家一样在食堂就餐。当时他已73岁高龄了,不顾生活艰苦和大家一起奋战。周末想改善一下生活,可是附近的晋阳饭庄等往往都爆满进不去。有时候就去前门那里的丰泽园,往往也只能买到馒头和蔬菜。我父亲对这些并不介意,还是全身心地投入到汇编工作中去,他强调自己是主编,一定要等汇编工作完了再走,所以他是这个工作组最后撤离的。

1980年11月我从国外访问回来在北京停留几天,就去香厂路看望他。我的儿子顾衡刚考入北京航空学院,所以周末也常来看望他,真正照顾他生活的还是靠工作组里的热心同志。我回北京第二天他发烧了,我陪他去友谊路诊治,大夫很严厉地对我说:"70多岁的人了,你们怎么还让他出差?"我因为离开沈阳工作单位已两个月了,所以急着回去处理工作,不能在北京久留。所幸我的表姐夫朱镛连大夫正在友谊医院,另外我的大舅母也住在友谊医院宿舍,他们经常去看望他,照顾他,所以我就没有等他痊愈就回沈阳了。我父亲一直坚持到1981年初才离开香厂路回上海。当时下一步工作就是《经部》目录的定稿,组织上照顾他决定将此工作在上海做。当时两位年迈的副主编冀淑英和潘天祯先生也在上海住了两年。组织上安排他们住在延安饭店,我父亲为了让延安饭店能很好地照顾他们,还特意为延安饭店写了一幅毛主席和郭沫若同志的诗。延安饭店很重视，为了怕损坏，挂了一阵后就收起来了，直到1996年上图新馆落成，举办我父亲的书法展才又借出来展览。

《中国古籍善本书目》从准备、普查、汇编、审校到定稿印行出版，历时达18年，直到1995年才全部结束。

我父亲在主编过程中遇到了不少困难，特别是在组织管理上。最早这项工作是王冶秋、刘季平同志领导，他们去世后，由李一氓同志领导。到1988年春，这项工作不仅在组织上而且在经济上也遇到了困难。那次正好我父亲来北京，我曾陪他去李一氓同志家，此后又陪他去找当时的文化部部长王蒙。王蒙的弟弟王知是我同事，一天晚上王知给王蒙打电话，催王蒙在我父亲的辞呈上作批示。但后来王蒙正式批示说："为使书目编辑工作善始善终，仍请您老主持定稿工作为好。为加强组织工作，增补杜克同志任副主任委员。有什么困难、问题，我们一定研究解决。总之我们要尽力配合，支持您、努力做好组织和服务工作。这些年来，您很辛苦，为此我们深表敬意和慰问。"这样我父亲就不得不坚持到底了。他当时在上海的工作还得到上海市文化局前局长方行同志的帮助和支持。

因为这部书目实际上是把我国的古籍善本家当彻底地清查了一遍，收入57 500多种全国公藏的善本，因此受到了国外的关注，特别是日本，当1986年"经部"子目刚要出版时，即遭日本的书店盗版影印，我父亲非常生气，多次提出要状告有关单位。

对于这个《书目》的价值，李一氓同志有很高的评价。在《经部》出版时，李一氓同志在1986年10月15日的《人民日报》撰文说："……这样文化部似乎可以向周恩来总理做交代了，这是非常有意义的文化成就。……要讲精神文明的话，这是中国文化传统中精神文明最具体的表现。"我父亲看完以后深感欣慰。

第三件事，关于"印书"。

我父亲认为办图书馆收藏精本不得像过去的富商大贾那样，把书视为古董不肯示人，这看上去似乎在保存文化，实际上是在埋没文化。他一直认为利用图书馆藏书便利编印图书，存亡续绝，使稀见典籍化身千百，既利于保存，又利于传播与弘扬民族的优秀文化遗产。

1939年夏，他一到上海办合众图书馆，就注意了要使孤本不"孤"。但当时馆中经济十分困难，不可能正式排印，于是我父亲采用了石印。他每天晚饭后稍事休息即去楼上办公室开始他的印书作业，一直干到晚上11点。他用专门的墨水写在所谓的汽水纸上，这样一个晚上可以写出3 000字小楷。经过10多年的努力，陆续编成了《合众图书馆丛书》两集，书有18种，这些书都是清代先哲没有刻印过的稿本和抄本。这就是他实践"专为前贤形役，不为个人张本"的诺言。

父亲印书的另一部大作就是顾祖禹的《读史方舆纪要》，这和顾炎武的《天下郡国利病书》都是我国早期历史地理学的重要文献。《天下郡国利病书》的稿本已影印传世，而《读史方舆纪要》原稿本的存亡，却没人知道。直到20世纪20年代初，叶景葵先生从杭州抱经堂购得此稿本，经两年的整治装修，才成为可读的书本。虽经多方考证认为是顾祖禹的稿本，但他们感到"全书签校删增，朱墨杂沓，非出一手，是否是顾氏及门所为，还是乾嘉以后的人所作的，不能确定"。1935~1936年间也请钱穆教授看过，他先看了前几册，认为是顾氏家传本，答应先通校一遍。钱的意见是先校后印，但随之而来的是卢沟桥事变，日寇大举入侵，这项工作就无法进行下去。30年后钱穆在其《八十忆双亲、师友杂记》中提到了此事，他表示后悔："……迄今将30年，揆初与起潜也不获其消息，《读史方舆纪要》之顾氏家传本，今不知何在？苟使余不主先作校对，则此家传本早已行世。余对此事之愧悔，真不知何以自赎也。"可是实际上1939年叶老先生在办合众图书馆时就已将《纪要》稿本捐给了图书馆。到了1990年，上海图书馆才把这稿本交上海古籍出版社影印出版。将要出版时正值我父亲得胃癌，正在住院待手术。当时我正在国外，父亲住院期间主要靠上图的同志照顾，同时上海古籍出版社的陈传祥、姜俊俊同志也为照顾我父亲做了很多工作，他们为我父亲去购买合适他口味又适病情的各种食品。在手术前夕，姜俊俊同志专门到我父亲病床前和他详谈《纪要》稿本的前言和有关出版方案。我父亲一边打着点滴，一边回答姜俊俊提的问题，这样在我父亲手术前终于把《纪要》稿本的出版工作全部弄妥，保证了出版。

我父亲手术后，因上海家中无亲人照顾，只能来北京，住在北苑我宿舍中。但居住面积小，父亲在上海常用的工具书只能带来一部分，他深感不便，因为他此时是想完成颉刚先生生前嘱托，要把《尚书文字合编》印出来。1935年时，颉刚先生曾说："经学中之今古文问题以《尚书》为最复杂，加以字体传讹者弥多，遂至纷乱而不可理董。"因此和我父亲商量要从研究历代尚书的文字入手，来做这项工作。但从文字入手最重要的是敦煌本《尚书》，而这些材料都被英、法等帝国主义所掠走，我们要研究还得从他们的博物馆中去照相。正好当时向达、王重民等先生去英、法收集敦煌写经，他们就把国外能收集到的《尚书》写本都照成胶卷带回来。可是由于原件经照相皱纹较多，不能上版，我父亲决定自己映摹。我父亲喜欢唐朝的书法，所以映摹也是他的乐趣。1936~1937年卢沟桥事变前，我们住在燕京校外颉刚先生宿舍成府蒋家胡同3号。我父亲每天晚饭后稍事休息就去书房映摹，直到深夜11点以后。为映摹我父亲专门做了个大灯箱，把从国外拍摄回来的相片放在灯箱玻璃上，再用打纸版用的半透明美浓纸覆盖在相片上映摹。每映摹出一部分就交城里文楷斋刻成木板。可是卢沟桥事变后，蒋家胡同已不安全，我们不断地搬家，这样映摹工作不得不停下来，不久文楷斋停业，刻工星散，经费告罄，刻书就进行不下去了。1939年我父亲回上海后忙于建合众图书馆，映摹事也没有时间继续下去，所幸大部分工作都已完成，而且刻成的木板存放在北平浙江兴业银行，没有损失。"文革"以后颉刚先生见到我父亲又提起《尚书文字合编》的事，我父亲感到歉疚。直到1982年6月得到上海市委宣传部杨如英同志鼓励，我父亲把这事继续完成，并答应给我父亲配助手。我父亲从上海的街道办事处找到了孙启治先生，他是周一良先生的外甥，有一定的国学底子，另外上海古籍出版社也很支持，答应给予出版，在1994年底《尚书文字合编》终于面世了。父亲在学术上也是十分谦虚的，《合编》上万字的《序》是他自己手写的，写成后一再请颉刚先生的学生刘起釪和王煦华先生帮助修改，他们每看一次总有修改，我父亲就按他们意见将《序言》再重写一遍，因此为此书我父亲是花了很大力气的，终于在1995年印行出版，我父亲也感到没有辜负颉刚先生的遗愿，自己也深感欣慰。

我父亲晚年一直在为"先贤行役"，1997年冬还在为出版《王同愈集》校初样，他仔细审阅，校出了现在年轻工人看不懂的中国的繁体数码。《王同愈集》经他审定后终于在1998年秋正式出版发行了。

我父亲最遗憾的就是《吴愙斋先生年谱》的修订工作，该《年谱》编成于1934年。我父亲之所以要编此书，是因为吴老先生是一位爱国者，甲午战争开始他以湖南巡抚的文官身份，主动请缨抗日，当然他调动不了关外的军队，最后兵败海城，革职回苏州。我父亲一直敬佩他的爱国精神，1934年抗战前夕在北平的《益世报》上发表了一篇《甲午中日战争中之吴大澂》。吴愙斋还曾参与勘定中俄边界，他的工作在前些年对俄的边界划分上起过十分有利的作用，吉林还树了他的纪念碑。吴愙斋回苏州后潜心于金石学，对篆字金文以及陶瓷器皿等都有较深的研究，编其年谱对发扬我国民族文化是很有意义的，因此我父亲对他的事迹总是十分上心的。在1934年编年谱时只能找到故宫中清朝军机处的档案，新中国成立后各地信息传递较广，我父亲从北京的历史博物馆等处又收集到吴愙斋先生的信札等史料，所以想修订该年谱。当时计算机技术还不普及，我父亲修订该年谱只能用笨办法，即再从旧书店搜购几本《年谱》，将它们拆开后，对要修改的地方都在页面上加注，要补充的地方则用纸条粘上。那些年来他准备好的增补材料装了一个拖拉箱。可惜我父亲1998年8月去世了，没能完成他计划中的事，我和我的儿子都是搞工程的，对古籍历史文化毫无基础。怎么办？只能求人。当时我父亲的挚友山东大学的王绍曾教授向我推荐复旦大学的吴格教授，吴先生很忙，但终于挤出时间，到现在完成了《吴愙斋年谱》的修订出版，这对我来说是十分感激的。

第四，关于我父亲的书法。

我父亲善于写字，曾于1963年和1979年两次以中国书法代表团成员的身份访问日本，交流书法艺术。他还是上海市书法篆刻研究会的委员，但他从不以书法家自居，他常说："我不是书法家，写字是图书馆工作需要。"他写字是从研究金石学入手，不是单纯追求艺术，而是讲究将各种字体的变化、结构与古文字学的研究紧密结合，因此他善于从古籍的批注中识别版本的真伪。沈津先生曾说我父亲教他辨别版本真伪要注意批注的字体，如果是收藏者自己阅读后批注的字体一定流畅自然，如果是传抄的则较死板。因为他对字有研究，因此他能识别稿本是谁写的。20世纪70年代初他在文清组劳动时发现了老舍《骆驼祥子》的原稿，后来归还了老舍家，1997年春节老舍夫人专门派她的女儿将一幅她画的画送给我父亲表示谢意。

我父亲写字最多的还是为人家的书刊题签。他题签特别认真，往往要写十多遍才找到自己满意的。他最后一次题签是陈独秀的文集，写了几遍后感到手不听脑指挥了，这样在1998年5月就去北京马家堡的康复中心检查身体，医生认为是脑供血不足，要增强营养，后来验血结果出来又发现癌症指标很高。

我父亲从来不宣扬自己的书法成就，直到1996年上海图书馆新馆落成才为他办了个书法展，并出了一本《书法集》。但他感到最欣慰的还是给人家书刊题签，他认为他是为人家题签最多的。20世纪80年代上图的聂佩华副馆长为他收集到一些，可惜1992年他迁居北京时，我们给弄丢了，他感到很遗憾。1997年他还在想继续做，但由于各种原因还是耽误了。直到2004年纪念他诞辰100周年，沈津先生为了实现他的遗愿，约我和我父亲的日本学生高桥智一起来做，把收集到的书刊用扫描的办法将题签录下来，经一年多的努力终于录出了200多张题签；由于上海古籍出版社的支持，终于印成一册《书题留影》，这不仅可以作为艺术来欣赏，也可以作为学字的范本。

第五，关于培养接班人。

我父亲不仅自己刻苦用功地收集整理中国古籍，而且也注意培养年轻人。1961年下半年根据上海市文化局和上海图书馆培养稀少专业人才的计划，他收沈津（当时16岁）为正式弟子，悉心指导他学习古籍图书、碑帖、尺牍的整理、编目和鉴定，有系统地进行目录学和版本学的训练。

1962年5月吴织同志由组织安排，从上海图书馆的方法研究部门调入特藏组，追随我父亲和沈津一起学习古籍版本的整理、编目和鉴定。这是我父亲带的正式学生，实际上上图古籍部的很多年轻同志也都受到我父亲言传身教的指导，如任光亮、陈先行等，他们现在都成为国内古籍方面的知名专家了。

"文革"以后我父亲也为华东师范大学、复旦大学等带研究生，如王世伟、彭卫国等同志皆曾师从我父亲。他对年轻的、对古籍版本有兴趣的同志总是非常关心，因此结识了不少忘年交，如1996年在讨论《四库存目丛书》的出版时，山东大学的杜泽逊先生常来我家，我父亲也非常愿意和他讨论问题，把自己过去收集到的有关材料也给了他。

1988年3月北京图书馆任继愈馆长由冀淑英先生陪同来我家，和我父亲讨论培养古籍研究人才，因为他们已感到我国在这方面将面临断层。任馆长在交谈中希望能像对沈津先生那样培养点研究古籍的人才。我父亲认为沈津和吴织都是自学成才的，自己不敢贪功。他感到我国古籍数量上是不会大发展，而古籍整理工作是要大大发展。"古籍工作者要大大培养，人皆不体会我们的工作与古籍研究所和图书馆学系的大不相同"，希望沈津先生等后辈继而为之。

我父亲培养研究古籍人才主要是通过工作实践，他一方面要求沈津先生抓紧业余时间多读些典籍，并且要练字。另一方面要多做具体工作，如为读者到书库去找书和还书，跟着老同志去旧书店收购等等，虽是琐碎工作，但做得多了就知道馆藏内容和读者研究需要连到一起。

另外，我父亲讲课总喜欢在图书馆中讲，高桥智先生也常说我父亲讲课和别的老师不一样，就是在图书馆中把各种书的版本摆在一起就让学生明白了。高桥先生现在已经是日本庆应大学的教授了。

我父亲对年轻人要求不要锋芒毕露，要大器晚成。沈津先生上世纪70年代末想编《明清室名别号索引》和《明人文集篇目索引》，我父亲力劝他不要去做，劝他把精力还是放在编好上海图书馆的善本书目卡片上，不要锋芒毕露，眼光放远些。学术研究必须脚踏实地去做。他也赞成工作的同时还应该做研究以提高业务能力，所以20世纪60年代初，他给沈津先生出了个题目，他认为翁方纲是乾嘉时代的重要学者，很多有名的碑帖都经过翁鉴定，其题跋在《文集》里有一些，但大多数都没有收入，可以细查馆藏的各种善本、普通古籍以及金石拓本、尺牍，把它们都抄录下来，数量一定很可观，将来有条件再写一本《翁方纲年谱》，沈津先生终于在40年后编成出版了这本巨著。

在我父亲的关爱和指导下，上海图书馆古籍部也成长起了一批古籍版本目录专家，他们在国内也是领先的。

我父亲热爱我国的民族文化，他毕生精力都用在收藏、保护和发扬有悠久历史的中华传统文化上，全心全意为图书馆事业服务。在新、旧社会经历的对比中，他产生了对中国共产党的信赖和热爱，因此在耄耋之年（1982年）终于加入了中国共产党，获得了新的政治生命，找到了自己的归宿。

世上百年云龙飞
——论顾廷龙先生的"书缘"和"图书馆缘"

陈燮君

上海博物馆馆长

2014年11月是著名版本目录学家、图书馆事业家、书法家,上海图书馆前馆长顾廷龙先生诞辰110周年,特以此稿深切缅怀顾先生为图书馆的建设与发展作出的杰出贡献,追思顾先生淡泊名利、无私奉献的高尚品德与刻苦钻研、孜孜不倦的敬业精神。

写20世纪图书馆,不能不写上海图书馆;写20世纪图书馆与文化名人,不能不写上海图书馆的老馆长顾廷龙先生。

顾廷龙先生与书有缘。他1904年出生于苏州混堂巷旧宅,自幼由祖父教读《四书》、《五经》。1931年毕业于上海持志大学,获文学学士学位,1932年毕业于北京燕京大学研究院国文系,获文学硕士学位。可谓读书、护书和知书,收书、编书和印书,与书结缘,以书为友。顾先生还曾任《辞海》编委和分科主编、国务院古籍出版规划小组顾问。顾廷龙先生与图书馆有缘。他毕生投身于图书馆事业,先后担任燕京大学图书馆采访部主任、上海私立合众图书馆总干事、董事。解放后,历任上海图书馆筹备委员会委员、上海历史文献图书馆馆长、上海图书馆馆长、上海图书馆名誉馆长,曾任中国图书馆学会第一、二、三届副理事长。顾先生是我国杰出的图书馆事业家,他的生命的95个年华,从"书缘"到"图书馆缘",步步留书香,岁岁连馆藏,九五铸风华,万卷写春秋。在迎来他的110周年诞辰之际,我们奔泻深切思念之情:"古趣荡漾意从容,今神盎然气贯虹。世上百年云龙飞,墨池千载文华动。虚怀若谷学界敬,实步走峰书海颂。长怀清风和明月,涵盖春夏与秋冬。"

"我的光阴在收书、编书和印书中穿过"

在我和顾廷龙先生相处的日子里，谈论得最多的是书和书法。尤其是顾老在生命的最后几年，总说自己一生做的工作很普通，归结起来只有6个字：收书、编书和印书，"我的光阴在收书、编书和印书中悄悄穿过"。顾廷龙先生的儿子顾诵芬先生在回忆先父收书经历时曾感慨地说：收书需有眼光，不仅要善于鉴别版本，更需对历史文献之宏观认识与把握。旧时癖宋嗜元成风，竞相争炫，先父则独辟蹊径，专事蒐访稿抄校本及稀见明刻本；当时家谱、朱卷、近人手札、专人档案、革命文献、旧平装等资料价值为人们所忽略，先父慧眼识宝，百方蒐罗，始终不懈，竟使聚沙成塔，一一成为上海图书馆特定专藏。顾廷龙先生的收书始于1932年。那年夏天，他从燕京大学研究院国文系毕业，应燕京大学图书馆馆长洪煨莲先生的邀请，担任哈佛燕京图书馆驻北平采访处主任，前后搞了6年图书采购工作，以至于我后来在访问美国哈佛燕京图书馆时，与在那里担任图书馆善本书室主任的沈津先生谈起顾先生的这段工作经历，思绪万千。我们指着身边的成排书柜说，在这些穿越历史风尘的中国善本书中，恐怕就有当年顾先生采购的图书。沈先生曾任上海图书馆特藏部副主任，曾追随顾先生研习目录、版本之学，他意味深长地说：前几年在撰写《美国哈佛大学哈佛燕京图书馆中文善本书志》时，就经常浮现顾先生的身影。早在20世纪30年代，顾先生已是中美文化交流的使者！顾廷龙先生每当回顾这6年的收书生涯，总显得兴致勃勃。当时给顾先生留下深刻印象的是，燕大有一个采购委员会指导图书采购业务工作。该委员会除了洪先生外，还有邓之诚、容庚、郭绍虞、顾颉刚等教授。他们学识渊博，又各有专长，随着在各自学术研究领域的长驱直入，需要文献资料的支撑，因此时常对图书采购提出指导意见，这些意见对顾先生颇有启发。在许多年以后，顾先生还回忆起当年顾颉刚先生曾专门写了一份《购求中国图书计划书》，详列许多应当收购而容易被人们忽视的资料，如档案、哀启、账簿、戏本、歌谣、宝卷、金石拓片、各类著作稿本以及有记载性的图书照片等。顾先生遵循颉刚先生对图书资料的独到见解，持之以恒地走上了搜集、整理图书资料之路。

谈到收书，最令人难忘的是顾先生在1955年一个秋夜在废纸堆中识宝藏的故事。那天晚上11点钟左右，顾先生得知上海造纸工业原料联购处从浙江遂安县收购了一批约200担废纸送造纸厂做纸浆，其中可能有线装书。顾先生星夜前往，彻夜难眠，翌日率员，及时翻检。经过11天的辛劳，抢救了大批珍贵文献史料，包括史书、家谱、方志、小说、笔记、医书、民用便览、阴阳卜筮、八股文、账簿、契券、告示等。其中有传世孤本明万历十九年刻《三峡通志》，流传稀少的明本《国史纪闻》、《城守验方》，明末版画上品《山水争奇》以及不少旧抄与稿本，大量有关经济、教育、风俗等史料。这次"废"中拣宝，还挑得清代硃卷与家谱，进一步丰富了上海图书馆在这方面的收藏特色。说到硃卷，当年张元济、叶景葵先生等为保存文化典籍在上海创办合众图书馆时，先是以重价购得海盐朱氏寿鑫斋所藏硃卷两千余册，后由吴县潘氏著砚楼捐赠一千余种。50年代"合众"

改为上海市历史文献图书馆，继而与上海图书馆合并，顾先生重任在肩，继续努力，蒐集不辍，蔚成大观，计达8 000余种。数十年的收书细流终成大海，在顾先生和几代上图人的共同努力下，今天上图的馆藏尽显风采。

顾先生的"书缘"还在于编书。顾先生早在燕京大学图书馆任职时，就以编《章氏四当斋藏书目》而得到章钰（字式之）先生的知交叶景葵先生的赞许："体例极善，是以表彰式老劬学之里面，吾兄可谓不负所托矣。"章先生博学通掌故，聚书两万卷，读书求善本，发愤校群籍。章先生取宋人尤袤"饥读之以当肉，寒读之以当衣，孤寂读之以当朋友，幽忧读之以当金石琴瑟"语，称其居曰"四当斋"。章先生逝世后，根据遗嘱，家属将其藏书的一部分捐给燕大图书馆，一部分委托代为保存，后捐给北京图书馆。顾先生受燕大图书馆的委托，对这批图书进行编目。顾先生依据章氏藏书分为手校及传抄之书，宋元旧刻、明清精刻及名家抄本，普通习用古籍等三类，遂分为三卷，每卷列以经、史、子、集，对前两类书，又循前人藏书志编例，且备章氏题跋、友人识语、章氏迻录前人题记不经见者，有序有方，堪称目录学名著。顾先生等主编的《中国丛书综录》，涵盖北京图书馆、上海图书馆、中国科学院图书馆及全国主要高等院校图书馆收藏丛书2 799种，体例之善，遐迩闻名。在顾先生的力促下，上海图书馆根据馆藏，又编印了《中国近代现代丛书目录》，计收丛书5 549种，子目30 940种，足见先生之远见卓识和学术韧性。"要说一生中编纂的书目哪一部最费心力、最有意义，则当推《中国古籍善本书目》了。"顾先生在生前常常提及《中国古籍善本书目》的艰辛不易。他曾专文总结《中国古籍善本书目》的编纂工作，认为此书目惊动专家数千人，单位近千个，涉及收藏单位近800，所写款目约60 000，收录我国现存于大陆的明朝及明朝以前的绝大部分和清朝的有价值的大部分古籍善本书，采用五部分类法，依分类体系组织编排。它不仅著录书名、卷数、著者时代、著者姓名、著作方式、版本时代、版本责任人、版本类别及批校题跋，还著录藏书的存缺情况和收藏单位，开创了中国古籍全国性书目的先河，体现了我国当代古籍目录学、版本学研究的水平。

组织印书喜结"书缘"，稀见典籍化身千百，顾先生把印书视为保护文献古籍、弘扬民族文化的有效途径。燕京春秋，顾先生与吴丰培等先生为禹贡学会编印的《边疆丛书》系印书之初试。沪上"孤岛"时期，"不求近效，暗然日章"，"风雨如晦，鸡鸣不已"，以石印省经费，以手写上版降成本，顾先生说那时熬一夜，抄写3 000字，每日至凌晨4时方收笔。我曾问过顾先生，何以天天那么准时停笔，他记得很清晰："那时临窗伏案，窗户对着对面的夜总会，乐曲声一停肯定是第二天的早上四点。"《合众图书馆丛书》一、二集就是这样陆续印成的，丛书收了18种，多为清代先哲未刻稿本与抄本。20世纪50年代末，顾先生主持筹建了上海图书馆影印工场，在短短的几年中，即有30余种馆藏珍贵文献公之于世，包括宋本《唐鉴》、《孔丛子》、《侍郎葛公归愚集》、《韵语阳秋》；明刻本《松江府志》、《三峡通志》；清刻本《康熙台湾府志》；稿本《古刻丛钞》、《刍牧要诀》、《稼圃辑》；尺牍诗翰《纳兰成德书简》、《龚自珍魏源手批简学斋诗》等。20世纪70年代末以后，上图又先后印出元刻孤本《农桑辑要》、明写本《永乐大典》（"郎"字韵一册）以及《孙中山先生遗札》、《柳亚子先生遗札》等。又与中华书局、上海古籍出版社、上海书店等出版社合作影印宋本《元包经传》、《钜宋广韵》、《周髀算经》、《九章算术》、《孙子算经》、《张丘建算经》、《东观余论》、《杜荀鹤集》、《嘉祐集》、《王荆公唐百家诗选》，元本《颜氏家训》、《文心雕龙》，稿本《玉函山房辑佚书续编》等。元刻孤本《农桑辑要》，根据古代诸官书有关文献辑录而成，编辑时也增添了新的材料，所收农艺著作30余种，有《农桑要旨》、《韩氏直说》、《务本新书》、《博闻录》、《士农必用》、《桑蚕直说》等，均已不传。《农桑辑要》明示自古以来我国已有"理水治土"、"深耕细作"等农业生产技术，至元更为发达，积累经验，专门著述。顾先生主持印书业绩斐然，使珍藏"流布"，孤本不孤，古籍今印，文化传承。

"我干的最多的是图书馆工作"

顾先生与书有缘，继而与图书馆有缘。图书馆为顾先生情之所系，思之所动，智之所依，慧之所倾。在图书馆，顾先生直面典籍，感受文明，放飞睿智，皓首穷经。顾先生直言："我干的最多的是图书馆工作"，在图书馆工作中，顾先生凝聚了古风雅韵，舒展了学者风采，释放了管理能量，表达了文化关怀。

在图书馆工作中，顾先生对文献资料和文献学进行了理论和实践相结合的积极探索。顾先生谈到文献资料时曾列举上海图书馆所藏的日记、尺牍、传记、目录和图咏。顾先生如数家珍地谈论清末孙宝瑄的《忘山庐日记》等大部日记，认为孙宝琦的弟弟孙宝瑄的日记闻见颇广，记事详尽，见解独特，所反映的晚清史料翔实。他说，书法家何绍基的日记、清末政论家王韬的日记等则为短篇，同属难得的文献资料。尺牍方面有大部的，如《汪康年师友书札》，已抄成60册，约80、90万字，是他编《时务报》时同方方面面的来信，内含丰富的晚清史料。又如缪荃孙的《艺风堂友朋书札》，抄成10册，约50万字，多谈金石书画、古籍版本，也有晚清时事、诗词唱和。传记方面有杭州叶瀚（号浩吾）的《块余生自记》，叶为清末有志之士，谋求教育救国，提倡学习科学，学习外语，赞成变法，曾与汪钟霖合办《蒙学报》，民国后任北京大学教授，研究领域很广，社会响应较大。《陆谨庭自订年谱》也属馆藏，陆精于鉴别，清乾隆间在苏州以收藏碑帖书画而著名。在目录方面，有湖南巴陵方功惠的《碧琳琅馆书目》，收有较多明本；编《明诗纪事》的贵阳陈田有《听诗斋所藏明人集目》。这两本书目，都没有刻过，学术价值较高，是标注《千顷堂书目》所载诗文集的传本，很有用处。另外，沈复粲的《鸣野山房帖目》、惠兆壬的《集帖目》和没有著者姓名的《历代帖目汇抄》，都没有刻本，后人只是辗转传抄，十分难得。在图咏方面，如清康熙间山东历城王苹（秋史）的《二十四泉草堂图咏》、浙江海盐张鹤徵的《涉园图咏》、苏州顾嗣立（侠君）的《秀野草堂图咏》、蒙旗法式善（梧门）的《诗龛图咏》，收有出于同时人手笔题跋、题咏，掌故性强，曾传抄得几种，有的原件已不知去向。正是由于顾先生和老一辈馆领导、专家对文献资料的悉心呵护，使上海图书馆的文献资料收藏极为丰富。顾先生还专门研究了文献及文献学。他说，"文献"一词，始见于《论语》。《论语·八佾》中说到："夏礼吾能言之，杞不足征也；殷礼吾能言之，宋不足征也。文献不足故也。"最早用"文献"作书名的是宋末马端临，他写了《文献通考》，他给"文献"下了这样的定义："引古今史谓之文，参以臣僚奏疏诸儒议论谓之献。"文献学应包括哪些内容，顾先生认为，凡是《文献通考》中所收集的范围都是。《文献通考》全书分24门：田赋、钱币、户口、职役、征榷、市籴、土贡、国用、选举、学校、职官、郊社、宗庙、王礼、乐、兵、刑、经籍、帝系、封建、象纬、物异、舆地、四裔等。当然，文献学接触到的历史和范围还要广。从图书馆角度谈论的文献，恐怕很大程度上是从古典文献出发的，用"古典文献"似乎更为明确一点。古典文献，在解放前称之为"国学"，所以有过一个国学图书馆，表示与专收新书的图书馆有一点区别。过去称之为国学，现在我们叫作古籍，也就是我们所讲的古典文献。显然，顾先生对于文献资料和文献学的探索，对上海图书馆乃至国内图书馆事业的发展具有十分重要的意义。

在图书馆工作中，顾先生对整理古籍和修复古籍给予了极大的文化关注。顾先生对于整理古籍有着丰富的实践经验，在20世纪80年代初，他又有过系统的建言。他精辟地指出：古籍浩如烟海，整理起来，有难有易。对于容易的，可集合一些人进行标点、注释和翻译。难的要培训一些专业人员，作好充分准备，才能开始。老中青三结合是一个好办法，但是班子要搭得好，要真能"结合"，否则劳而无功，过去是有过教训的。古籍中难整理的是《十三经》和先秦诸子。章学诚早就说过"六经皆史"，这些书记载着我国古代的政治、军事、经济、文化等历史资料。如考证甲骨、钟鼎、简牍、帛书等，都必须参考这些书。可是这些古书由于年代久远，文字多变，辗转传抄，以误传误。自汉至宋，多次校定，刻之石碑，所谓"石经"。"石经"之刻，在某一时期有校定成为标准本的意义，但还是错乱很多。自宋代版刻盛行，版本多了，但均流传不广。清嘉庆间阮元重刻宋本《十三经》并撰校勘记，当时虽聘请了通经之士参加工作，然而遗留问题依然不少。由此可见，古籍整理实在不易。要培训专研人员。大学文科应设古典文献学系，创设研究所，将素有研究者组织起来。大学生或研究生都必须具有一定的文字、音韵、训诂、目录、版本的基本功，将来各专一经，分别研究。已经有人翻译或注释的古书，应从速付印。容许"百家争鸣"，不必"只此一家"。整理古籍要搞标点。古籍规划小组应定出一个条例，各种标点符号应该怎样用法，要有一个统一的条例。顾先生对于修复古籍工作极为关怀。他在80年代中期说，上海图书馆现藏有家谱10 000种，75 000册，数量很多，不过有一个问题，纸张已经很破旧。这使我联想到一个问题，是古籍整理工作中，修补古籍是第一步。应该把培养古籍修补人才列入规划。顾先生对整理古籍和修复古籍的真知灼见已化为上海图书馆的自觉行动，上海图书馆在整理古籍和修复古籍方面一如既往，日显优势。

在图书馆工作中，顾先生对版本学予以高度重视。顾先生曾在《版本学与图学馆》长文中专门论述了版本学。他从学科建设的高度深刻地阐述了版本学，认为图书馆学和目录学，为科学研究者特别是图书馆工作者需要研究的两门科学，这是大家公认的。还有版本学和校雠学，也很重要，也需要大力开展研究工作。校雠学在过去有人写过《校雠学史》及《校雠学》等专书，成为一门专门科学是没有问题的。而版本学，虽则常有人称为"版本之学"，但只认为它是目录学的一部分。顾先生认为，理应专门成立一门版本学，加以深入探索和研究。什么叫作版本学，有人把它看得很狭。好像仅仅限于讲究宋、元旧刻。讲究宋、元旧刻，固然是版本学的一项内容。但是在雕版以前的简策、缣素，一写再写，不也就是不同版本吗？现代铅印和影印的出版物，一版再版，不也又是不同版本吗？由此看来，版本的含义实为一种书的各种不同的本子，古今中外的图书，普遍存在这种现象，并不仅仅限于宋、元古籍。版本学的内容实在是相当丰富的，如关于图书版本的发生和发展，各个本子的异同优劣，制版和印刷的技术，版本的鉴别，装订的演变以及研究版本学的历史等等，应该可以成为一种专门的科学。版本学与图书馆的关系最为集中，最为密切，因此，图书馆工作者特别应该加强研究。采购工作者，必须熟悉版本。就古籍说，某书历来传世者有多少版本，现在某本稀见，某本习见，某本校勘较善，某本粗疏，某本由某本出，需辨其源流。保管工作者，必须熟悉版本，根据不同版本的情况来掌握不同的保管方法。如稀见本，加工本（批校，题跋），伪装本，特装本等等，应该和一般版本有所区别。书目工作者，必须熟悉版本，一书的若干不同版本，应有系统地反映在书目中。在著录中把一书有几种不同版本的，并列一起，可以一望而知。阅览工作者必须熟悉版本，根据不同读者的需要，提供不同的版本。如以《资治通鉴》一书为例，对一般读者的索阅，应以新出的标点本示之；老年读者的索阅，因其目力较差，可以崇文书局覆胡克家刻本示之；从事校勘的读者，可以鄱阳胡克家覆元本示之；研究《通鉴》版本的读者，可以商务影印的百衲本示之，其中各种宋本都有。以不同的版本满足不同的对象，可以各得其所。顾先生对于探索版本学的引领，使上海图书馆的版本学研究及其实践工作取得了令人瞩目的成就。

顾先生的"图书馆工作"在上海图书馆的新馆建设中更趋辉煌。上海图书馆的新馆建设，自始至终得到了顾先生的关心和指导。1995年10月，上海图书馆与上海科学技术情报研究所合并，上海图书馆新馆建设进入了最后冲刺阶段。上海图书馆上海科技情报所的新领导班子经常就新馆建设的重大问题请教顾先生。顾先生住北京，我们经常上北京求教，或通信请教。顾先生回上海，则抓住机遇，虚心讨教。顾先生每次回上海，上图职工都是喜出望外，除了表达敬意，更多的是求教管理学问。顾老曾多次指出：上海图书馆新馆诞生于世纪之交，无论是楼宇建设，还是设备购置、计算机网络配备，都应受到世纪之交的中西建筑风格和世界高新技术发展的整合。硬件设施条件的极大改善，体制改革的实质性推进，加上在"新世纪"和"新馆所"双重效应的意义上促使读者对新馆一流服务水准的期待，迫使我们既要讲究服务态度，又要改进服务质量；既要提倡文明服务，又要关注"现代文化态度"；既要运用管理方法，又要重视服务方式……要从服务方式的变化着眼，加大管理方式的变革力度。顾老亲自为上海图书馆新馆的知识广场题字，为《新馆开馆纪念集》题字，为上海图书馆新馆落成挥写书法"读万卷书，行万里路"，以"读书破万卷，行路逾万里"勉励上图职工和广大读者。1996年12月，上海图书馆新馆开馆，顾老专程赶来上海参加庆典活动。他在上图新馆与上图领导研究了盛宣怀档案整理工作的意义和具体整理方法，欣然同意与王元化先生一起担任上图盛宣怀档案整理课题的顾问。他多次提醒要在图书文献大搬迁工作中注重保护每一本图书，每一件文献资料，做到不缺、不乱、不损。1997年5、6月份，顾老又来上海，专程到新馆家谱修补工场参观，当他看到有近20位修补人员在抢救修补家谱时，喜道"这批家谱交运了"。他还对整理盛宣怀档案采用现代计算机技术大为称赞。上海图书馆的新馆建设是顾老等老一辈图书馆工作者和图书馆管理专家的夙愿，上海图书馆的新馆建设是顾老关于"图书馆工作"的重要著述和深刻思想的重要实践，上海图书馆的新馆建设轨迹是顾老等老馆长几十年辛勤耕耘和奋力拓展的文化屐痕的逻辑延续。

"我的字为整理古籍的需要而写，我不够书法家"

案头，端放着顾廷龙先生与顾颉刚先生合辑的《尚书文字合编》，厚厚四大册，洋洋数百万言。出版之年，顾廷龙先生已九十有三。令人难以置信的是，其前言、后记近万言，均为顾老手书，时年92高龄。字字工整遒劲，质朴古雅，足见先生书道精深，功力非凡。溯流而上，拜读了顾先生60年前的大作《古匋文舂录》。且不论先生精心搜集建德周暹（字季木）、吴县潘博山（字承厚）家藏的拓片，引用《铁云藏匋》、《梦盦藏匋》、《陶玺文字合证》，排次考释，贯通脉络之艰难，其摹写之精到，笔墨之刚健，也令人倾心。

1996年12月20日，在跨世纪的文化工程——上海图书馆新馆进行隆重庆典之际，举办了顾廷龙先生首次个人书法展，同时，出版了《顾廷龙书法选集》。在数百平方米的现代化展厅里，展示了顾老真草隶篆各体佳作百余幅，时间跨度60年，中堂、立轴、横披、手卷、册页、扇面、题签、尺牍、题跋、匾额、碑文俱涉，榜书与蝇头小楷皆长，洋溢着北书之骨，南书之韵，金石之朴，学者之睿，从中亮常识，显悟性，见气势，传精神，向我们动情地诉说着一位"遨游书海入书坛"的世纪老人，娓娓地介绍着他近百年积累起来的文化含量和书法神韵。

我被深深地震撼了：书法风景的光彩亮相竟花费了顾老的毕生心血；书坛丰碑的客观建树在于数十年如一日的默默耕耘；笔墨的瞩目并不依赖于气宇轩昂、咄咄逼人，顾老的书法作品恰恰是在温良敦朴中透出灵气，显示魅力；字外功夫字内得，无意为"家"自成"家"；书法"大家"因贯通古今而取胜，所谓"以不变应万变"，又因凸现个性而见长，所谓"以应变求发展"；在顾老的传世佳作中十分尊重古人的书道书论，却又执著地融入了时代精神，他把人格力量汇入了书品"雅量"，寻求书品与人品的高度统一；他是从容不迫地登上了书法艺术的制高点，又平静地给并不平静的书坛一个世纪性的回眸！

当今书坛，顾廷龙先生堪称书法大师、泱泱大家。然而，顾老不愿以书法家相称。顾老在给笔者的书论通信中自谦地说："我的字为整理古籍的需要而写，我不够书法家。"接着他又深刻地谈论道："我为研究古文字学而学写篆书，又为爱好篆书而研究古文字学。"他无意为"家"而书，于是，轻松自然，毫不拘泥，反而易得法书真髓，便于登堂入室，久久便成书法大家。可谓"刻意叩门门不开，无意为家家自成"。

说顾先生在书法领域无意为"家"，是指他不逐名利，不慕虚荣，不沽名钓誉、强行纵横。但是顾先生又是那样地酷爱书法，潜心研习，取法名家，勤于耕耘。他无意于"架势"而有意于规律，无意于虚名而有意于实绩，辩证指点"无意"与"有意"，在"有意"、"无意"间成为泱泱大家。

顾先生的书法自幼得益于家学，其父顾元昌先生为吴中书法家，被誉为"屋漏折钗无滞迹，和风甘雨见天真，"又擅长于书法教学，使顾先生自孩提时代起就受到书道熏陶。后来，他的外叔祖王同愈先生赏其才学，聘为家教。王先生是吴大澂先生的弟子，通金石书画，长古今鉴别。顾先生在为王先生的小辈们授课之余，仰慕王先生博学多才，在字画学习上如鱼得水。顾先生在读大学时从胡朴安、闻宥、刘三等人学习古文字与书法，20世纪30年代在京常与容庚、商承祚等人同研书道，得以在书坛上长驱直入。

笔者曾请教顾先生学字经过，他简言作答："楷书喜临敦煌写经等。30年代来京，钱玄同、刘复两先生都喜写六朝写经体。我亦颇爱好，因此，也学过一个时期。我写篆字，长期学习是临摹金文。清人的篆书是爱钱坫、吴大澂。钱的小篆平正中有创新，吴则参金文为多。他写信用篆书，极优美。我学篆得到吴大澂之孙吴湖帆的教导为多。看到他的写篆书的过程。吴大澂写的碑记拓本，吴湖帆装裱后送给我馆一套。写篆字要按规律，不能杜撰。临摹金文为多。金文中我爱写《虢季子白盘》、《墙盘》、《秦公镈》等。隶书则喜临《石门颂》。"

顾先生的书法从楷入手，由篆深入，以隶相辅。楷书始习欧阳询，领略"刚健险劲，法度森严"的独特风格；学赵孟頫，寻求"意在笔先，笔到法随"，于规整庄重中见潇洒，于精奥神化中显超逸；再学苏东坡，或曰"脱胎于苏东坡"，更显笔力雄健，姿态自如。顾先生于而立之年，迷恋于敦煌写经，追寻遒劲朴厚、清朗俊逸之点画，回环缭绕、参差穿插之结体，精气内含、英光外溢之气韵，感受敦煌遗风，融汇六朝书韵，深谙法书经典，巧得大家书道。顾先生精通金文。金文即青铜品刻辞，《虢季子白盘》、《墙盘》、《秦公镈》等奇丽瑰玮，神完气足，结体婉转，风姿绰约，都是金文名品。顾先生从中得开张之力、豪放之气，所书金文纤细而不寒碜，清癯而带丰润，凝重而不失活泼，沉着而不失自如，豪迈不羁却不失章法，跌宕旷达而充满情致。顾老喜爱清人钱坫、吴大澂的篆书。在由他题签的《中国文物精华大辞典》中，收入了钱坫篆书五言联和吴大澂篆书联，前者字体修长，用笔枯硬，结体方折，颇具金石气息，足见作者对于金石铭文积学甚深，并富于通融变化，意境拓展。后者为七言联，体势严谨，意态古朴，实为篆文佳作。顾老倾心于钱、吴篆书，在20岁时，又有幸与吴大澂之孙吴湖帆同客一寓，目睹吴大澂墨迹，细细体会吴湖帆作篆之法，使书艺大进。隶书的长横一波三折，撇捺比翼齐飞，对以前的字体而言，实现了用笔方式变革。《石门颂》古拙自然，富于变化，起笔于毫端逆锋，运行于遒缓之势，收笔于圆劲回锋，字势奇趣逸宕，素有"隶中草书"之称。可能因《石门颂》有异于一般隶书，与篆书更有相通之缘，它深得顾老喜爱。顾老从中既得隶书之道，又以隶相辅，集书体整合之妙……顾先生在千年碑帖中徜徉，在书艺书道中拓进，他以强烈的书法激情化典丽于艺术土壤，在秀美中显示博大，蓄历代强悍粗犷的金石之味，渗智者铿锵坚挺的书法之韵，融典籍古雅淳化的书卷之气，铸贤哲温醇俊雄的秀美书景。

无意为"家"，却成"泱泱大家"；春华秋实，终留丰硕成果。顾先生笔歌墨舞数十载，以其世纪老人的丰富阅历、识其本质的学者眼光和翰墨结缘的丰富实践，在当今书坛"三意"并兼，作出了卓越贡献。"三意"即为时空意识、笔墨意境和书法意韵。

一为时空意识。顾先生把时空意识作为书法意识的重要组成部分，从数千年书法绵延史的整体时链出发，关照南北书风，注重书体的时空沿革和时空叠加、嵌镶。以大时空着眼，从劲峭、疏放的殷墟书契、甲骨遗风，到平正匀称、敦厚豪放的商周金文、青铜神韵，从以秦国大篆为主，汲取六国书风综合而成的小篆墨迹，到象形结构趋简、点画形态日富的隶书，从上紧下松、左紧右松，以形式上的不平衡保持感觉上的平衡的楷书，到线条更趋变化的行书和草书，顾先生都有研究，并时而逆时而上，进行千百年的忆旧，时而时空穿插，进行各体跨时借鉴，时而变化笔墨节奏、旋律、走势和布局，把时空意识与浓淡枯湿、黑白交响紧密结合起来。在顾先生数十载的笔墨生涯中，既高度重视各体书写法则，严格保持各体鲜明的个性，又从时空整体上把握各体的演变规律，在书法本质上进行运笔方法、水墨表现方式和线条、结构、章法的时空整合。在漫长的书法演进史上，法书的时空交叉实践与书道的时空认同始终是交相辉映的。在篆书发端与流行的岁月中，用笔和结体曾以圆为正宗，后来隶书脱颖而出，篆书隶化，《张迁碑额》和《祀三公山碑》等古笔方体问世。魏晋楷书对篆书亦有积极影响，导致《天发神谶碑》的结体方正和点画坚挺。正如康有为在《广艺舟双楫·说分第六》中说："秦分（篆）本圆，而汉人变之以方。汉分（隶）本方，而晋人变之以圆。凡书贵有新意妙理，以方作秦分，以圆作汉分……未有不工者也。"此为书体演变上的时空交叉。从大的时空范围来说，呼唤沉寂了数百年的书体，或通融、吸纳不同时期的同体变化之妙，梳理和调遣书家源头与全盛时期的笔墨风格的异同，去其时空忧伤，留其时空珠玑，识其时空之链，变其时空之法，可谓乐趣无穷。顾先生集多体而逐一深入、精各体而为我所用的书艺奇迹，与书法时空意识的不断磨砺与演进恐怕息息相关。他在书艺中融汇心理时空和物理时空，在尺幅之内追求千年书艺之演化、万里书道之贯通，以谦恭的君子风度探索着悠长博大的书艺时空。

二为笔墨意境。顾老的书法作品意境深邃。近代著名美学家宗白华先生主张学术境界主于真，艺术境界主于美。他说："以宇宙人生的具体为对象，赏玩它的色相、秩序、节奏、和谐，借以窥见自我的最深心灵的反映，化实景而为虚境，创形象以为象征，使人类最高的心灵具体化，肉身化，这就是'艺术'境界，艺术境界主于美"。顾老书法以学术之真，求艺术之美，以书法的独特语汇，显现了"变具象为抽象，化象形为符号"的线条组合，探寻着色相、秩序、节奏、和谐等美的规律，反映了清、和、深、远的笔墨意境。清者讲究静心研习，清雅聚合，去俗避媚，戒浊求淳。和者寻觅平和之气、淡雅之韵，如苏东坡所言："凡文字少小时须令气象峥嵘，采色绚烂，渐老渐熟，乃造平淡，其实不是平淡，绚烂之极也。"① 顾先生的字看似平淡无奇、规矩、自然，实乃超越"气象峥嵘、采色绚烂"阶段，步入"乃造平淡、绚烂之极"的意境。深者注重学字溯源，趋精渐深，脚踏实地，力戒浮躁。远者意为宁静致远、高瞻远瞩，如元末昆山人卢熊对赵孟𫖯的评价："本朝越

---

① 见赵令畤《侯鲭录》。

魏公，识趣高远，跨越古人，根抵钟王，而出入晋唐，不为近代习尚所窘，海内书法为之一变。"①清、和、深、远的笔墨意境使顾老书法给人以"高山仰止"的气象，誉满书坛。

三为书法意韵。顾老的书品，意韵颇高。黄庭坚《北齐校书图题跋》语为"书画以韵为主"。黄庭坚在《山谷集》中还说"两晋士大夫类能书，右军父子拔其萃耳。观魏晋间人论事皆语少而意密，大都犹有古人风泽，略想可见。论人物要是韵胜为尤难得。蓄书者能以韵观之，当得仿佛。"汪珂玉在《墨花阁杂志》中感叹："书法唯风韵难及。……晋人书虽非名、法之家，有一种风流蕴藉之态。缘当时人士以清简为尚，虚旷为怀，修容发语，以韵相胜，落华散藻，自然可观。可以精神解领，未可以言语求觅也。"髡残《题山水册页》也有警世之句："书画当以气韵胜；人不可有霸滞之气。"以韵为主，韵胜难得，意韵难于以言语求觅，避锋芒而求含蓄，去呆滞而觅生动，以气韵见胜，以意韵为长，这对于书品至关重要。顾先生的书法作品之所以如此感人肺腑、沁人心脾，正是得益于绝俗、传神和含蓄，以清简为尚，以虚旷为怀，以霸滞两气为忌，以书法意韵相求，可谓"风韵难及偏相及，意韵难言书品言。"

顾先生为图书馆事业奉献毕生精力，努力营造"书海"环境，在"书海"中探索书法，研究书论，钻研书道。顾先生30年代在燕大工作时，每逢休息之日，总要出门逛街，从地摊书肆中寻觅文献珍宝。他在《新岁谈往》一文中回忆道：经常光顾的地方是宣武门附近的小市，一大早赶去，各种货郎担鳞次栉比，人头攒动，可以喜见各种碑帖字画，未裱信札，曾淘到不少有价值的东西。一次，在小市某书肆的角落里翻到零乱丛残一束，标签题为"汉律稿本"，便经仔细阅读，则是三册考服制，全为论唐明律。"遂思治唐明律与服制者，非清季法学家薛允升莫能为，进而又发现论唐明律一册中有'唐明律合刻'与'长安薛'数字，并且有文字增删改动之笔，审为薛氏手墨，而考服制三册字迹全如唐明律稿之改笔，则当为薛氏《服制备考》手稿无疑矣。当即议值购之，大喜而归。适值那天我的老师闻宥请吴世昌、朱宝昌及我喝酒。他们见我风尘仆仆挟一札破书而入，不禁大笑，问知迟到原委，当即吟诗作诵，记得有'蹀躞小市买破烂'之句。现在想来，甚为有趣。"以后在南下之前，顾先生把多年来辛勤觅得的文献资料都捐给了燕大图书馆。顾先生为京城书海寻奇觅珍，在驰骋书海的过程中为书法拾贝、书艺渐长进一步积聚了底气。

顾先生在驰骋"书海"的春秋中逐渐隆起一座书坛丰碑。合众图书馆曾对顾先生产生过深刻影响。合众图书馆为上海文化界知名人士张元济、叶景葵等创办，顾先生负责筹备建馆，文献的搜集范围不限于图书，凡期刊、报纸、书画、书札、拓片、古器、服物、照相、照相底版及书板、纸型等都收，同时收购工具书、丛书、地方总集、批校稿本及其他可作历史参考的文献资料。叶景葵先生首先捐出所藏的全部宋元明清各代的刊、钞、校、稿本，作为馆藏基础。张元济先生又把花费几十年心血蒐集的家藏善本及旧嘉兴府属著述陆续送来，叶恭绰、胡朴安、顾颉刚、潘景郑等先生所藏书札、文献等都源源不断地汇集到合众图书馆。本人送手稿的有《庄子闲诂》4册，《道德经正

---

① 见于李日华《六研斋二笔》。

名》8册,《清闺秀艺文略》4册,《续词综补》28册,《易例类徵》4册,《福厂印稿》78册。后人以先世著述的名义送来的有吴士鉴《晋书斠注》手稿133册,孙树礼诗文稿18册,瞿鸿机奏稿7册,刘文淇《春秋左氏旧注疏证》正副稿14册。以家藏名人稿本相赠的有查慎行《敬业堂诗集》的手稿32册,沈钦韩《汉书疏证》手稿18册。对提高书艺有直接影响的金石拓片的搜集也颇为瞩目,共计15 000余种。金文是吴式芬所集古录金文的底本。石刻以造象为大观。有前人所未著录的碑志;六朝隋唐墓志,除不易得的,应有尽有;杭州苏州两府学里的石刻的全份,也列为藏品。这段图书文献的搜集、管理经历,对于顾先生的书艺发展十分重要。在这期间,顾先生手写丁晏的《论语孔注证伪》下册,用行楷书写,极为工整秀丽,他还书写印行了石刻碑帖目录《补藤花馆石墨目录》,显示了深厚的书法功力。

顾先生的书法有深厚的文字学功底,他的金文大篆写得如此出色,在相当程度上得归功于他的文字学造诣。顾先生早在20世纪30年代,就在古文字学领域有所建树。当时,研究古文字、甲骨文、金文、玺印文都有专编,并有字典给研究者带来方便,唯有陶文一直没有同类编集出版。顾先生独树一帜,精心搜集和考释,以一册《古匋文䚻录》填补空白。张政先生在《读古匋文䚻录》一文中评价此书为"搜罗最备、考释最精,以专书形式问世第一部成功的陶文字典",并盛赞此书"摹写的准确,印刷的精工,绝非一般同类作品所可比拟"。顾先生在疏理古陶文的过程中进一步贯通了古文字的脉胳,对书法艺术的探索颇具文字学价值。横跨半个多世纪的《尚书文字合编》的艰辛实践,足以显示顾先生在古文字学领域的研究实力,也为他在书法艺术上独领风骚积聚了文字学的优势。早在20世纪30年代,顾颉刚先生率先提出从研究历代传本的字体入手,解决《尚书》文字问题,计划"把各种字体的本子集刻成一编,看它因文字变迁而沿误的文句有多少",为此,他与顾廷龙先生一起着手编纂《尚书文字合编》,后因抗战爆发,这项工作停了下来。几十年来,顾老一直挂心于这件事。80年代,组织上给顾老配了助手,顾老重新整理编纂,终于喜获成果,于1996年出版了四卷本《尚书文字合编》,颇受学术界和书坛瞩目。《尚书》是中国最早的古史文献,为"六经"之一,对古代政治、文化产生过极其深远的影响,是研究中国历史必不可少的重要典籍。顾颉刚先生曾说:"经学中之今古文问题以《尚书》为最复杂,加以字体传讹者弥多,遂至纷乱而不可理董。"《尚书》文字歧异很大,除了传抄中造成讹误,以及汉代经师的训读造成异文等原因外,历代传本的字体变迁也是重要原因之一。《尚书》文字有古文、篆书、隶书、"隶古定"和楷书等不同字体。"隶古定"是用隶古字写定的本子。字体的转换,容易产生差错,造成一系列文字问题,仅靠研究今本不足以解决问题。《尚书文字合编》首次把今本版刻以前各种文字的古本汇为一编,成为目前最为齐全的《尚书》文字资料合集,有利于对历代不同字体的本子进行比较、分析、归纳,弄清文字演变的过程及其对今本的影响。上海古籍出版社在《出版说明》中说,此书有如下特点:它将现存《尚书》历代出现的今文、古文、隶古定、楷书今字等几种字体全部囊括无遗。此其一。将今本成型以前每种字体所有古本几乎网罗殆尽,即使难以寻觅的日本写本,凡有代表性者均多方搜求,悉予栏入。此其二。收录了不少稀世孤本、珍本,资料价值极高。此其三。凡此体现了此书内容的系统性、全面性、珍贵性，足证它是《尚书》实物资料大规模的学术性总结，为前所未有。其成书问世，势必促进《尚书》文字演变歧异诸问题的探研向纵深发展，对尚书学研究将起到积极推动作用。全书以篇为纲，篇系诸本。每篇《尚书》不同字体本子按年代先后排列，从中历代传本字体嬗变脉胳可以清楚地加以展示，便于比照研究。此书所收诸本残文居多，且多古字、别体，不易辨认，故特辑《诸本文字起讫目》，用楷体今字注明文字之起讫。对汉魏石经于正文旁附加释文。凡残石残篇原有为古体、俗体者，释文以楷体今字录写，遇到异文，加括号注明今本文字。此书不仅是阅读和研究《尚书》的基本资料，而且对古文字学、古文献学（包括训诂、版本、校勘等）乃至考古学都有重要的参考价值。顾老对于文字学功底的不断积累，有效地拓展了他的书法视野，并在金文大篆等书体上异军突起、成果卓著。

  顾先生谙熟书法史和文字发展史，他从悠悠漫长的书法史中探究其内在动力机制和外部发展环境，并从中研究书体的嬗变、书家的师承、书论的演化、书道的发展与笔墨文化精神的宏扬。顾先生曾悉心探索文字发展史，以篆体发展演变为例，他亦深入探究，他说，我国自有文字以来，迭经演变，甲骨、钟鼎皆商、周之古文，秦、汉而后，始兴小篆。从书法言之，各有美妙，而前有结体又富于变化。自秦始皇统一文字，悉从小篆，结构则一，而体势各异。李斯所书《泰山》、《琅琊》、《峄山》、《会稽》诸刻石，盖奉勅之作，往往严整有余，而流利不足。汉之《嵩山三阙》，吴之《禅国山碑》，皆有一脉之传，而均见流畅。《天发神谶》则篆隶相参，独创一格，正始中刻《三体石经》，有古文，有篆、隶，篆文则严正有格，古文则旖施舒卷。至唐李阳冰所篆《谦卦》、《缙云县城隍庙碑》，皆承《琅琊》、《峄山》诸刻之绪余，李氏自谓斯翁而后直至小生。宋徐铉所书《许真人井铭》，风格一如阳冰，此乃后世所称玉筯之一体也。元、明篆书，规随前修，未有创格。至清乾嘉间文字学研究之风大兴，篆刻艺术亦精进不息。且夫地不爱宝，古物日出，而款识文字因地因器各有不同，亦各有其意趣。影响所及，篆书之书法遂辟新径。顾先生从实用写书到对文字载体的审美追求，从崇尚形式美到崇尚书体的文化美，从尚法到尚意，从注重书法客体的物理过程到探索书法主体的心理过程，从单一考察书法到系统考察笔、墨、纸、砚和书法的整体关系以及书法的时空一体化趋势、南北地理与书法风格异同、人文大背景等等，无不显示对文化精神的执著追寻。顾先生从"书海"步入"书坛"，带着一种文化精神操起笔墨；在世纪性的书法实践中，又不忘版本目录学和古文字学的同步积累，集书法美学、书法社会学和书法心理学、书法史学的探索于一身，长时间地孕育和发展着文化精神，以深邃的文化精神审视书法源流、碑帖演变、书风整合、书家群体的聚散和书坛艺事的生发。文化精神的宏扬使顾老站立到书法艺术的发展的更高的逻辑起点之上。他在临池挥毫时较好地融汇了书法文字论、书法遗产思辩论，辩证地处理书法的继承与创新的关系，既不"泥古"，也不"泥今"，更多的不是一种艺术冲动，而是艺术精神的升华的文化精神的沉着把握。

  顾先生以人格力量显示书品"雅量"。王元化先生称顾老书法作品为"金声玉振，大雅之作"！他对顾老书品的"雅量"有深刻的阐述："吾于先生法书之学，特以'雅量'一语品题之。世说雅量篇云：谢太傅盘桓东山，时与诸名士泛海戏。风起浪涌，诸人失色，便唱使还。太傅神怀方王，吟啸不言。风转急浪猛，太傅更貌闲意悦。于是审其雅量可以镇定天下。雅量之美，淳厚浑穆，神明内敛，气静机圆；书林中之诸葛孔明、谢太傅是也。雅量之美，谈何容易！融厚植之学养、博洽之闻见、清澄之心地、沉着之干才于一炉，全幅人格之呈显，即《礼记》所云：'清明之躬，志气如神。'"王元化先生是从顾先生的人品与书道的关系着墨的，对顾先生书品之雅量作了实事求是的分析。在传统书论中，"书品"往往分解成"神"、"圣"、"文"、"武"、"精"、"妙"、"能"、"逸"，"神"指"非意所到，可以识知"，即出神入化之意，它与"圣"、"文"、"武"三字相连，谓圣书致远，经天纬地，可大可久，摘拿虎豹；"精"指"功业双绝"，"妙"指"百般滋味"，"能"是"书韵显能"，"逸"指"踪任无方"，书风超常。顾老集数十载春华秋实，他的书法作品无疑是上品之作，细细品味，神、圣、文、武、精、妙、能、逸俱全，不过王元化先生所引礼记所云"清明之躬，志气如神"却更能本质反映顾老书品的"雅量"，他把顾老书品的雅量升华为"全幅人格之呈显"，并阐述为厚植之学养、博洽之闻见、清澄之心地和沉着之干才，把顾老书品的"雅量"与"雅量之美"联系起来阐发，把顾老人格力量的清澄、沉着、明达、有志等全息地勾画出来，呈现在读者面前，确实入木三分。

"重书品，更重人品"，已成为顾老的艺事准则。松年在《颐园论画》中说："书画清高，首重人品。品节既优，不但人人重其笔墨，更钦仰其人。"朱和羹在《临池心解》中直言："品高者，一点一画，自有清刚雅正之气；品下者，虽激昂顿挫、俨然可观，而纵横刚暴，未免流露楮外。"姚孟起在《字学臆参》中快语："心地丛杂，纸墨精良，无益也。扬子云：'字为心画'。"黄宾虹在这方面也有至理名言："人品的高下，最能影响书画的技能。讲书画，不能不讲品格；有了为人之道，才可以讲书画之道，直达向上以至于至善。"潘天寿在《与友人谈书法》中则有自己的表述："正气之人，落笔亦有正气。技巧好学，这股'气'不好学"。顾老的书品重风骨、重端庄、重凝重、重法度与顾老的人品重质朴、重率真、重清和、重温雅是高度一致的。顾老对年轻学者总是乐于提携，循循善诱。他常常告诫年轻学者：鉴别版本的抄校稿本最为不易，要多看名家手迹，练习书法，以熟悉当时的书风。他以身说法，说自己之所以研习唐以前的写经体，旨在鉴定各时代的手写经卷。顾老热心待人，诲人不倦。20世纪50年代有位八旬老人刘垣编写《张謇传记》，向顾老求助，顾老真诚待人，令刘先生极为感动。他在该书后记中，留下肺腑之言："张謇传记的材料有百分之七十都是向图书馆搜集，而图书馆馆长顾廷龙先生特别热心，不嫌烦碎，我所指定的史料，顾先生能于十分钟内在杂乱的书城之中，取出供我阅读。顾先生待我之热心，使我深为感谢，其胸中的渊博，尤不能不使我表示钦佩也。"顾老的这种谦虚待人、慷慨相助的人格精神不仅融于自己的书法作品中，孕育了脍炙人口的书法精品，同时作为人格精神的感召力量，教育了后人，成为图书馆的同行后学的楷模。顾老堪为书法"大家"，但对平常人求字，他有求必应，从来不讲条件，不计报酬。他的儿子顾诵芬院士曾风趣地说：素不相识的人来信索字，第一封信来，有时还拖一拖；第二封信一到，他便立即动笔。求字者中有空姐，有山村教师，还有偏远地区的书法爱好者。"大家打趣道：

我们一定假托山沟沟里人，给他寄两封甚至四封求字信去！"上海图书馆的职工还动情地讲述这样的往事：孩子要习字，一下子找不到描红本，请顾老写一本，顾老欣然命笔。顾老的字写得实在太好，怎敢忍心在上面"描红"，于是，这本"描红本"便保存了下来。泱泱书法大家，甘于为小孩书写"描红本"，这是何等高尚的情怀，从中不是足以反映了顾老的清刚雅正之气、至善至诚的为人和光彩照人的人格力量吗？！凡是熟悉顾老的人都说："顾老的书品好，人品更好！"在顾老身上书品与人品的相互促进、同步升华已实实在在地凝聚成一种感人至深的时代精神！

　　尚"实"，是顾老书品和人品的重要特征。顾老在《悼念郭绍虞先生》一文中十分崇尚书法的求"实"精神。他说："先生在书法艺术和书法理论方面也有很高的造诣和成就，尝为沈尹默先生新著《历代名家学书验谈辑要释义》作序，略云：'艺术，原从实用中来，书法艺术之实用关系，似乎更密切一些。由于从实用中来，所以不应说得太玄妙；由于是一种艺术，所以又和其他艺术一样，不能不讲究基本功。可是，昔人之讲书法，不是说得太玄，教人无从下手，便是示人以难，使人不敢问津。即使有理论比较切实可行的，也往往为古今用语不同，令人有无从理解之苦。'此皆从临池所得体会中来，非浅尝者所能道。序文既阐发尹默先生《释义》的要旨，并足为后学的津逮。"[①] 顾老撰文尚"实"，做人也是脚踏实地。他不求虚名，不尚空谈，一步一个脚印，不断踏上新的书艺台阶。顾老写字亦求实用。书法作为一门独立的艺术，有"脱离实用"之说。但是，顾老辩证地看待书法的"脱离实用、趋于成熟"与"坚持实用、更趋成熟"的关系。他反复阐述这样的观点：字是写给人看的，首先要使人看得懂；写字要使人明白，最重要的是需要符合规范；书法要实用，书法艺术要在实用中求发展。出于实用，顾老的字上了不少江南名胜古迹的匾额，如苏州的狮子林、沧浪亭、留园、虎丘等；出于实用，顾老为《史记》、《汉书选》、《康熙字典》、《佩文韵府》、《续修四库全书》、《楚辞》、《中国文物精华大辞典》、线装本《水浒全传》、《三国演义》、《西游记》、《红楼梦》等数百册书籍题写书名签条；出于实用，上海地铁文化长廊需要顾老题名，他及时应允挥写……

　　顾廷龙先生驰骋于书海、漫步于书坛将近百年。作为一个世纪老人，顾先生留给后人的不仅是启迪智慧的常识、著述和陶冶性情的墨宝佳作，而且是享用不尽、催人奋进的艺术精神、人格力量。正是对于这种艺术精神和人格力量的体察，使我们对顾老的"书缘"、"图书馆缘"和书法艺术的思考指向深层。

[①] 原文载1984年7月1日《解放日报》。

顾廷龙与合众图书馆

沈 津
中山大学特聘专家

顾廷龙先生是中国图书馆事业家，也是一位版本目录学家、文献学家，他从1934年7月起进入北平燕京大学图书馆工作，5年后，又于1939年7月应叶景葵先生之招，抵沪创办合众图书馆，直至捐献国家，改名为上海市历史文献图书馆，1958年再并入上海图书馆，几十年来，他一直在图书馆工作。然而最令顾先生耿耿于怀的是某些学者对"合众图书馆"的评价了。

那是缘于《中国大百科全书·图书馆学卷》出版后，内里的"上海合众图书馆"条目下注云："见上海图书馆"6字。先生见后，大不满意。他曾对来访的时在苏州大学任教的潘树广先生说："（这）不免太简单了。合众十五年经历，最为艰难之日，开办时在空无一物、空无一人的情况下进行，到捐献市人民政府时聚书30万册，捐献后改名历史文献图书馆。我们编印了一册《中国现代革命史料目录初稿》，解放初中宣部同志说，你们有远见。此原公立图书馆不能做的事，十四年的时间不短，而且经历了困难时期。'见上海图书馆'一语，太简单了，太轻松了。"先生希望潘先生暇时写一篇对"合众"评价公正的文章。可惜的是，潘先生也于2003年去世了。

当然，不仅仅是《中国大百科全书·图书馆学卷》，即使是《中国图书馆事业史》（刘少泉著）、《中国图书馆史》（李朝先、段克强编著）、《中国图书馆发展史》（王西梅著）也都没有"合众"的一席之地，至于《20世纪以来中国的图书馆事业》（张树华、张久珍编著），仅有私立东方图书馆、私立上海鸿英图书馆、私立松坡图书馆、南开大学木斋图书馆、私立北京木斋图书馆、申报流通图书馆、中国科学社明复图书馆、中央地质调查所图书馆之介绍，而无一字涉及"合众"。

"合众"实际上是中国近代以来私立图书馆的典范，是自20世纪30年代日寇侵华、上海沦为孤岛后，叶景葵、张元济、顾廷龙等先生高扬"众擎易举"的大旗，为国家、为民族保存了大量文献，做了力所能及的工作，起到了私人收藏家、公家图书馆不能起到的作用，它的存在及发展应该得到正确的评价。

本文的写作，基于当年编著《顾廷龙年谱》时收集的以及近年中新发见的材料，来叙述顾廷龙先生是如何进入图书馆领域，并因何回到上海参与创办"合众"，"合众"在"空无一人，空无一物"的情况下，其创业之艰难及图书之来源，"合众"的成长、成果与归宿。

顾廷龙和图书馆之缘

顾先生是如何和图书馆发生关系的呢？1918年夏，顾先生闻江苏省立第二图书馆在沧浪亭创办，以存古学堂藏书，移转入馆，似增收新书。他曾一游其地，入门买票，似为铜元两枚。看书多少不计，索阅一书，久闻其名，尚不能读懂，即以还馆里而归。这是顾先生初进图书馆之门。后入草桥中学，正式校名为江苏省立第二中学校，校内有图书馆，又有王废基公园①，中建图书馆，为吴县县立图书馆，先生亦时往翻阅。这是先生对图书馆产生好感的开始。

1927年岁末，先生外叔祖王同愈先生邀至南翔为家庭教师。夜则听外叔祖讲故事，有时观其写字作画。一日，欲学画，外叔祖为作树石命临摹数日，顾先生见桌上有《四库简明目录标注》，好之，即携至卧室与莫氏所印略一校对，并非同本，遂向外叔祖请教。公曰：曩任职翰林院，与叶菊裳先生同寓，因向其借录一通。公曰：此本叶氏传自朱氏结一庐，主人名学勤，字修伯，仁和人，咸丰三年进士，官至大理寺卿。当年三家定期各出所得，交流一次，互相补充。莫氏、邵氏批注本，均已一再刊印，独朱氏未有传播。结一庐藏书后归其婿张佩纶。

1931年6月，顾廷龙在上海持志大学国文系毕业，7月即考入北平燕京大学研究院国文系，并申请到美国哈佛燕京学社的奖学金。

对顾先生终身服务于图书馆事业，从事目录版本之学有深刻影响的还在于1931年9月的一次不经意的碰撞，其时，北平图书馆文津街新馆落成开幕，并举办展览会，先生前往参观，大有"洋洋大观，美不胜收"之感。新馆其址与北海为邻，藏书丰富，美轮美奂，这之后，先生时往阅览图书，先后得识王庸、胡鸣盛、向达、赵万里、谢国桢、刘节、贺昌群、王重民、孙楷第诸先生。这些学者学识渊博，于目录版本、金石文字、舆图水利等各有专长，先生时与请益切磋，获益良多。

顾先生正式进入图书馆工作，是在1932年6月后，那时，先生在燕京大学研究院修业期满，被授予文学硕士学位。暑假期间，一日，顾颉刚归，告先生，燕京大学图书馆中文采访部的房兆楹、杜联喆夫妇去美国，所以馆长洪业邀请他担任燕大馆采购古书的工作。先生非常高兴，因为他"可以多看书了"。1933年7月，先生被任命为中文采访主任，并兼任美国哈佛大学哈佛燕京图书馆驻北平采访处主任，前后做了6年的图书采购工作。

在燕大馆期间，顾先生的工作就是采购古书，并特别看重抄校稿本。采购部原有规定，各书店

---

① 王（皇）废基公园，苏州公园俗称。

每周一三五送样书3次，馆里一、二月开采购委员会议一次。但先生去后，不限书店，也不限送书日期，可以多见难得之本。此外，顾先生在馆期间，完成了《古匋文眷录》、《章氏四当斋藏书目》，并为禹贡学会发起辑印《边疆丛书》数种。尤其是《章氏四当斋藏书目》，采取前人藏书志编例，凡章氏题跋、友人识语及章氏移录前人题记不经见者全部备录，以资读者参考。此外，凡校证之本有章氏假自前人者，还在各题识之后加以按语，就见闻所及，记其姓氏、爵里、行谊之概略，以详渊源。这在当时可作析疑之助，在后来可充文献之徵。顾先生如此之作，乃认为编制各类书目之前提，为强调实用与著录的严谨，而编制书目又应因书制宜，能充分反映出藏书家的收藏意图、特点及其读书治学的倾向。顾先生此目特别引起叶先生的注意，叶在收到书目后，即有致先生信，云："体例极善，是以表章式老劬学之里面，吾兄可谓能不负所托矣。"

离开燕大去上海筹办"合众"

顾先生离开燕大而去上海，其中最大的原因是当时的时代背景所致。

在抗日战争中，国家损失之大罄竹难书，而文化事业也多遭日寇破坏，对于图书馆来说，损失尤大。据1939年国民政府教育部《教育年鉴》的统计，截至1938年12月止，大学及本科以上学校，全国共118所。18个月来，14校受极大之破坏，18校无法续办。……在各大学之损失，当以图书馆为最甚。以国立学校言，则损失1 191 447册；省立学校，104 950册；私立学校，1 533 989册。总计达2 830 386册之多。……全部损失至少当在一千万册以上。这实在是一场浩劫。

据战时全民通讯社调查，卢沟桥事变后，公共图书为日寇掠运者，北平约20万册，上海约40万册，天津、济南、杭州等处约10万余册。南京市立图书馆则与夫子庙同毁于火。"八一三"淞沪战役发生，上海市中心区图书馆又毁于日寇炸弹之下，南市文庙市立图书馆、鸿英图书馆等图书馆，亦散佚甚多。国府文官处、教育部、内政部、外交部及其他机关学校图书馆被敌运走不下60余万册。1943年前，美籍人士实地考察，估计中国损失书籍在1 500万册以上[①]。而国民政府教育部1938年底的统计，中国抗战以来图书馆损失至少在1 000万册以上。又据1939年度的统计，沦陷区专科以上院校运出图书1 190 748册；而留置沦陷区者为数1 923 380册。

侵华日军在南京不但掠夺国家图书馆藏书，而且搜掠私家藏书，多达88万册。在上海松江，姚石子收藏中国典籍甚富，沦陷后，被敌全部运去。那时江浙藏家如上元宗氏咫园、虞山丁氏淑照堂、吴兴刘氏嘉业堂、平湖葛氏传朴堂、扬州王氏信芳阁、杭州王氏九峰旧庐，先后遭乱，损失重大。北方如天津郭氏汲浭楼等，亦廉价求售。一般图书，论斤出卖，用作包裹食物。较好的书，也充塞坊肆。初经战事，心绪不定，经济尚多困难，所以很少有人问津。

面对日寇的侵略，面对中华传统文化沦丧之际，上海的一些文化志士，也在硝烟弥漫的正面战

---

① 韩启桐：《中国对日战事损失之估计（1937—1943）》，中华书局1949年版。

场之外，悄悄地进行着另一场保护图书文献的大业。郑振铎、徐森玉、张寿镛等人组织的"文献保存同志会"也在差不多的时间里，利用"庚款"的基金为在重庆的中央图书馆抢购了大量善本。而叶景葵等先生却在策划着全新的名山宏业。

叶景葵，浙江杭州人，生于清同治十三年（1874年），卒于1949年4月，享年76岁。光绪二十年中乡试第二名举人，时年20岁，二十九年应会试中第七名进士，时29岁。为赵尔巽所赏识，随官于山西、湖南、盛京、湖北等地，辛亥二月调部署造币厂监督，实授大清银行正监督。以"维持币制，活动金融"改革体制，制定银行管理规章制度。后任浙江兴业银行上海总行董事长、中兴煤矿公司董事长等。盛年抱负经世之志，尤醉心新学，受实业救国之影响甚深。年逾五十，始致力于珍本之蒐集，每得异本，必手为整比，详加考定，或记所闻，或述往事，或作评骘，或抒心得，而以鉴别各家之笔迹，眼明心细，不爽毫黍。所撰跋语，精义蕴蓄，有如津逮宝筏，裨益后学者甚钜。

那么顾先生又是怎么和叶景葵认识的呢？于此，又涉及居住在北平的吴中名宿、长于金石目录及乙部掌故之学的长者章钰。1931年秋，顾始识章钰。章为清光绪癸卯进士，于顾先生甚为垂爱，每次见面，"或示以孤拓珍本、名书法绘，相与赏鉴；或备述乡邦掌故、前朝旧闻，昭示愚昧。"顾曾云："辛未季秋，龙来燕京大学肄业，时先生亦方自津步就养旧都，始克以年家后进，登堂展觌，获聆绪论。"章氏也云："年家子顾子起潜，修业燕京大学，时过余织女桥僦舍，讨论金石文字及乡邦掌故，至相得也。"

早在1935年的6月30日，先生首次和叶先生通信，云："每从式之先生处备闻风谊，深为仰慕。比见景印《谐声谱》全稿，发潜阐幽，令人钦敬。是书为研究古声韵学必读之籍，自来学人咸苦学海堂所刻之不足，今乃以全璧行世，嘉惠士林，岂浅鲜哉！龙欲得已久，遍访市肆，无一代售，用敢冒昧仰恳慨赐一部，倘蒙俯允，感激无既。附上《吴愙斋先生年谱》一册，冀为引玉之资，敬请教正。"这之后，叶先生有致先生札多通，内容涉及《读史方舆纪要》诸事。

10月中旬，叶先生到北京，这是先生第一次和他见面，地点在章钰（式之）先生家里，两人讨论版本目录之学，很投契。叶先生返沪后，即于10月25日致顾信，有"到京邂逅，渥承宠台，纵论古今，益我神智，并荷道观燕校各部，作竟日之欢，感篆曷极"之语。

然而，自日寇卢沟桥事变发生，又因叶夫人病故，叶先生心绪恶劣，陡患失眠，乃至莫干山静养，因战事不能下山，又因去汉皋料理银行事务，一住3月，共计8月之久。所以叶顾之间的音信隔绝了半年；叶先生由汉江辗转归上海，重念故人，作书相询，从此书札往来互述经过，及兵燹后的南北藏家流散情形。

叶先生有办私立图书馆之想法，可见1937年11月5日他致张元济信，为张元济去其寓所整理藏书称谢，并透露欲将个人收藏创办私人图书馆之意愿，云："以近来物力之艰，得此已觉匪易，今岁室人物故，私计不再购书，并拟将难得之本，一为整比，捐入可以共信之图书馆。"[①] 但当时所

---

① 《张元济友朋书札》，第260页。

想仅为"物力之艰"。

抗战进行到第三年，也即 1939 年 3 月中旬，沪郊全部沦陷，在日寇侵略势炽之时，叶先生深怕奴化教育的长期侵蚀，又目睹江南藏书纷纷流散，文化遗产之沦胥，夤焉心伤，其深忧图籍的散亡，遂有"发起私家图书馆之宏愿，誓当为死友保存之"的念想，这也是他想尽私人力量，捐书捐赀，毅然有创办私立图书馆之志。

叶先生办图书馆的宏愿，还可见他 1939 年 7 月撰《抱朴子跋》，云："壬申至今不到七周，而宗氏之书尽散。沈校鲁藩本《抱朴子》已入余书库。自战事以后，公私书藏，流转散佚，惨不忍言。余于是有发起私家图书馆之宏愿，誓当为死友保存之。己卯夏日，揆初题。"①

叶先生深知做任何事业，最重要的是得人，办图书馆，首先是人员的选定。1939 年 1 月 30 日，叶先生致顾信即有探询之意，云："燕京图书馆经费尚充足否？吾兄在校是否兼教员，每年收入若何？有契约否？暇乞见示。"

2 月 8 日，先生复信叶先生，云："龙佣书燕馆专任采访，因校例所限，不能兼任教课，既无聘书，亦无合同，月薪百廿五元，循资而上，暑后学校无恙，当可增加十五元，所幸此间生活程度较低（以房租而论，不过上海十之一耳），勉能维持。"②

2 月 13 日，叶又信致先生，云："弟所得之书，将来必为谋永久保存之法，或可以时故友于地下也。"③

叶先生正式向顾先生发出邀请，是在 3 月 15 日致先生的信，云："上海方面如有图书馆组织（私人事业，性质在公益方面），需要编纂校勘人才，吾兄愿意图南否？每月须有若干金方可敷用？移家需费用若干？幸斟酌示我。"

3 月 27 日，先生复叶信，云："承询一节，编纂校勘之事乃龙夙好，此间所为虽近乎此，但杂务丛沓，不能专注，不能从容，故龙既服务图书馆而又司采访之职，人佥以为可多读书，岂知不然。一书把手，序跋尚不及全阅，走马看花，虽多奚益，欲求横通而不能，终成吴谚'挨米囤饿煞'之诮。倘有稍可安心校读之机会，求之不得；且自亲朋星散，感切莼鲈，言旋海上，既可时聆教益，而与至亲亦可相会矣。至月用一层，现在此间可廿余元，出入差抵。然日来物价腾贵，终虑不敷，暑后即增，恐仍拮据，南北日用，想必相仿，惟房租一项，高下甚大，若租四、五间，恐即须五、六十元（至少有四间，须得一间以安砚席，而残书亦有寄焉）。他若小孩学费，似亦较昂，兹就目下所用盖以房租，估价即须有二百余元方可敷用，非敢有过分之望，迁家须费约四百余元（四人川资有行李书籍运费）。素蒙关垂，倾其肺腑，尚祈相机图之，无任感祷。"④

叶先生礼聘招贤，急于事功，在 3 月 15 日之后，又连发二信敦请，3 月 30 日之信云："以前尚

---

① 叶景葵：《卷盦书跋》，上海古籍出版社 2006 年版，第 84 页。
② 顾廷龙：《顾廷龙文集》，北京图书馆出版社、上海技术文献出版社 2002 年版，第 747 页。
③《叶景葵致顾廷龙论书尺牍》，上海科技文献出版社 1999 年版。
④《顾廷龙文集》，第 752 页。

有一函询兄，如沪上有类似燕大图书馆机会，兄能否屈就，所需报酬如何，希即示复。此为绝对有望之公共事业，与弟有深切之关系。故弟负有养贤之责任也。"①

4月1日，又详告创设合众图书馆之计划。云："奉廿八日所发复示，欣悉一切。弟因鉴于古籍沦亡，国内公立图书馆基本薄弱，政潮暗淡，将来必致有图书而无馆，私人更无论矣。是以发愿建一合众图书馆，弟自捐财产十万（已足），加募十万（已足）。（此二十万为常年费，动息不动本。）又得租界中心地二亩，惟尚建筑基金，拟先租屋一所，作筹备处。弟之书籍即捐入馆中。蒋抑卮君书籍亦捐入之。发起人现只张菊生与弟二人，所以不多招徕，因恐名声太大，求事者纷纷，无以应之也。惟弟与菊生均垂暮之年，欲得一青年而有志节，对于此事有兴趣者，任以永久之责。故弟属意于兄，菊生亦极赞许。今得来示，有意南还，可谓天假之缘。所示待遇一节，克己之至，必可在此范围内定一标准。弟意尊眷现在南来，虽出五六十元亦无屋可住，弟所拟租之屋，可以作馆员寄宿及住眷之用。在新馆未成以前有屋可住，则除去租费，酌定月薪若干（大约为一百五六十元）；新馆成则须自租屋住，届时再酌量加薪较为两便。至迁移费则可照尊示另送。现在所拟租之屋尚有纠葛，不能定准何日可以起租，一有起租把握，即行飞布，特以密闻，乞先秘之。"②

顾先生得信后，非常兴奋，在经过慎重思考后，决定南下，4月10日致叶先生信中，告知南下大致日期。云："叠奉三谕，拜悉种切。玄黄易位，典籍沦胥，有识之士，孰不慨叹，一旦承平，文献何征，及今罗搜于劫后，方得保存于将来。长者深谋远虑，创建伟业，风雨鸡鸣，钦佩奚似。龙自毕业之后，自顾空疏，力持孟子之戒，不为人好为之患，遂托迹佣书，浏览适性，劳形终日，浮沉六年。茫茫前程，生也有涯，心有所怀，无以自试。尝一助舍侄经营《禹贡》，方具规模，遭变而辍，殊深惋惜。窃谓人不能自有所表现，或能助成人之盛举，亦可不负其平生。兹蒙青垂，折简相招，窃寐之中得一知己，感何可言。菊老素所仰慕，曩在外叔祖王胜老斋次，曾瞻丰采，忽忽已十年矣，倘得托庇骈繁，时承两公之诲，幸何如之。柴愚之质，一无所长，惟以勤慎忠实、严自惕厉，生计可维，身心有寄，他日以馆为家，有所归宿矣。不识筹备已能就绪否？规模当由小人大，发起人外别有主任者否？他日趋前亦有名义否？甚念。龙在此间经手之事，须六月底可结束，儿辈读书亦其时期终，故南渡至早须七月中。尊处定夺后，拟早向馆中告辞，俾可聘人。虽学校视职员不重，而馆中主者与龙尚厚，不愿其骤不得替也。"③

4月18日，叶先生又有致顾先生信，进一步谈及图书馆发起人、总编纂及租屋事；云："奉示知于鄙人所拟图书馆事极荷嘉许，且许他山之助，感如挟纩矣。鄙意组织愈简愈好，大约即以弟与菊老及陈陶遗（彼在江苏，声望极隆）三人为发起人，即为委员，委员中或推菊老为主任。其下设总编纂一人，请吾兄作任之，不再设其他名义。总编纂下须用助手（总编纂或称总务），招学生为之。会计收支之类，委托敝仍信托部为之，扫除一切向来习气，使基础得以巩固，则可久而可大。

---

① 《叶景葵致顾廷龙论书尺牍》。
② 《叶景葵致顾廷龙论书尺牍》。
③ 《顾廷龙文集》，第753页。

大略如此，以后或有更改，亦不致过于歧异也。至何时可以设筹备处，则全视所欲租之屋何时可以起租（有无其他变局，尚不可知，因上海租屋，难于尘天）。屋能租定，则可以电请吾兄南来，否则来无住处，亦无办事之处，徒唤奈何！故现在请兄秘密，俟租屋有成议，当即电闻，彼时再与校中说明，至何时可离校，则全视兄之便利而定。"①

5月4日，叶先生正式租定上海辣斐德路（今复兴中路）614号房屋为合众图书馆筹备处。即日并致顾先生电报，告以"屋已租定"。②此外，叶先生又於5月23日，致顾信，告以合众租屋情形。云："奉函敬悉，此间筹备处已租定辣斐德路六百十四号……惟一切事宜全仗执事到后布置，尚望迅速料理，务于暑假开始即行南下。盼切盼切。立盼立复。"③

5月25日，张元济亦有致先生，云："敝友叶君揆初，雅嗜藏书，堪称美富，以沪上叠遭兵燹，图书馆被燬者多，思补其乏，愿出所藏，供众观览。以弟略知一二，招令襄助，事正权舆，亟须得人而理。阁下在燕京研究有年，驾轻就熟，无与伦比。揆兄驰书奉约，亟盼惠临。闻燕馆挽留甚切，桑下三宿，阁下自难恝焉舍去。惟燕馆为已成之局，规随不难，此间开创伊始，倘乏导师，便难措手。务望婉商当局，速谋替人。一俟交代停妥，即请移驾南来，俾弟等得早聆教益。异日馆舍宏开，恣众浏览，受惠者正不知凡几也。"④

6月10日，先生妇弟潘景郑亦有信致先生，云："昨揆丈邀谈，欣悉吾兄有南归之讯，阔别经年，聚首在迩，得罄积悰，何幸如之。揆丈旷怀迈古，其嘉惠后学之志，成兹宏业，为不可及，而吾兄能综理规划其事，他日首屈沪上，可预卜也。何日启程，拟搭何轮，务恳先行示及，当到埠恭迎也。至莅沪后，可暂下榻敝寓，仅可从容料理后再行商迁耳，万勿客气也。"⑤

顾先生在燕京大学从读书到服务图书馆，整整8年，我以为当时顾先生在抗战动期的心态是：北平沦陷后，敌伪气焰嚣张，所有有爱国心的中国人都怒形于色，义愤填膺，先生在那样的环境下也每感不适，此其一。其二是时值美国哈佛大学哈佛燕京图书馆通过燕京大学图书馆大力收书，先生眼看古籍外流，内心有所不甘，有脱身之念。其三是如若换至上海，上海作为孤岛，托庇租界，还可以呼吸自由空气。后来，顾先生也感受到仰外人之鼻息，也是不好受的。

所以，顾先生为了保存我国固有文化，愿意贡献自己的一切力量，既有新办图书馆见邀，又因叶先生素所知已，办事必多便利，易收成效，所以欣然应命，向"燕大馆"坚决辞职，欣然回沪，以助叶先生之事业，尤其这是一件并不为大家注意的工作。顾先生毅然决然于7月13日离开北平，至塘沽登"盛京号"前去上海，而于7月17日抵达上海太古码头。从此，"合众"在中国图书馆事业史上开辟了私立图书馆的新篇章，在图书馆史上也掀开了新的一页。

---

① 《叶景葵致顾廷龙论书尺牍》。
② 《合众图书馆小史》，1939年5月5日致顾廷龙函。
③ 《叶景葵致顾廷龙论书尺牍》。
④ 《张元济书札》，第167页。
⑤ 0294原信。

关于"合众"

"合众"之筹备与成立："合众"是在 1939 年 7 月，随着顾先生辞去北平燕京大学图书馆的工作，举家南下，抵达上海后才开始筹备成立并运作的。它的创办人除叶先生外，还有张元济（商务印书馆董事长，解放后任华东行政委员会委员、全国政协委员、上海文史馆馆长），以及陈陶遗（同盟会会员，北洋时代江苏省省长、戊通公司经理），也即发起人，他们都是身受民族压迫，并激发了爱护祖国文化的热情，而走到了一起。在初期的筹备阶段，都是三人在见面时商量并决定事情。

"合众"的发起人会，是 1941 年 8 月 1 日成立的，随即又于 8 月 6 日成立了董事会。根据当时国民政府所设私立图书馆规程，推选了陈叔通（商务印书馆董事，解放后任全国政协副主席、全国人大常委会副委员长）、李宣龚（清末举人，商务印书馆经理、华丰搪瓷公司董事）两先生为董事，组织了董事会。选举陈陶遗为董事长，叶景葵为常务董事。并公推陈叔通先生起草订立组织大纲，经过修正，决定在向上海市政府立案时，曾被指令修改了一次。

1946 年，陈陶遗去世，选举张元济为董事长，补选徐森玉（曾任中央博物院理事、故宫博物院古物馆馆长，解放后任上海博物馆馆长、上海市文物保管委员会主任委员）为董事。1946 年 3 月，在市教育局促迫之下，进行了立案，并于"私立"上，冠"上海市"三字。为专门问题咨询起见，聘请顾问三人，为顾颉刚（曾任国民参政员、历史学家、民俗学家，古史辨学派创始人）、钱钟书（曾为暨南大学、复旦大学教授，中国社会科学院文学研究所研究员）、潘景郑（藏书家，版本目录学家）为顾问，以便业务上的咨询。1949 年，叶景葵去世，补选陈朵如（浙江实业银行经理，解放后任公私合营银行副主任）为董事，选举徐森玉为常务董事。同年，扩充董事名额，增选谢仁冰（商务印书馆经理。解放后任华东行政委员会委员）、裴延九（中兴煤矿董事）、胡惠春（中南银行经理，解放后任上海市文物保管委员会委员）、顾廷龙为董事。1952 年，谢仁冰、李宣龚去世，补选陈次青（留学英国，学炼钢，解放后任矿冶局局长）、唐弢（作家，上海市文化局副局长，中国作家协会上海分会书记处书记）为董事。

叶景葵等人创办"合众"，自知非一人之力所能举办，特邀张元济、陈陶遗共同发起，关于"合众图书馆"之名，"合众"者，乃取"众擎易举"之义。盖出于明张岱《募修岳鄂王祠姆疏》，云："盖众擎易举，独力难支。"而定名为"私立合众图书馆"。

顾先生早在 1939 年 5 月即写有《创办合众图书馆缘起》一文，这是为张元济、叶景葵、陈陶遗代笔的文献，文曰："中国文化之渊邃，传数千年而探索无穷，东西学者近亦竞相研究求剞，吾国人益当奋起继承先民所遗之宏业。惟图录典籍，实文化之源，兵燹已还，公私藏家摧毁甚剧，后之学者取资綦难。心窃忧之，爰邀同志各出私人之藏，聚沙集腋，荟萃一所，命名曰合众图书馆，取众擎易举之意焉。同人平素所嗜皆为旧学，故以国故为范围，俾志一而心专，庶免汗漫无归之苦，洒得分工合作之效，精抄名校旧椠新刊与夫金文石墨皆在搜罗，而古今名贤之原稿尤所注重，专供研究高深国学者参考并拟仿晁陈书志欧赵集录，撰列解题以便寻览，风雨如晦，鸡鸣不已，不求近效，暗然日章，世有同情惠而好我，斯厚幸已。

1939 年 7 月 18 日，顾先生抵沪的第二天，也顾不上舟车劳顿，即草拟了《创办合众图书馆意见书》，请叶、张两先生审阅。

意见书大略如下：抗战以来全国图书馆能照常进行者，仅燕京大学图书馆一处，其他或呈停顿，或已分散，或罹劫灰，私家藏书亦多流亡。而日、美等国乘其时会，力事搜罗，致数千年固有之文化，坐视其流散，岂不大可惜哉！本馆创办于此时，即应负起保存固有文化之责任。为保存固有文化而办之图书馆，当以专门为范围，集中力量，成效易著。且叶揆初先生首捐之书及蒋抑卮先生拟捐之书，多属于人文科学，故可即从此基础，而建设一专门国粹之图书馆，凡新出羽翼国粹之图书附属之。至近代科学书籍以及西文书籍则均别存，以清眉目。否则各种书籍兼收并蓄，成普通图书馆，卒至汗漫无归。观于目前国内情形，此种图书馆虽甚需要，但在上海区域之中，普通者有东方图书馆，专于近代史料者有鸿英图书馆，专于自然科学者有明复图书馆，专于经济问题者有海关图书馆，至于中学程度所需要参考者有市立图书馆。他地亦各有普通图书馆在焉，本馆自当别树一帜。同时，另就图书采购、分类编目、读者对象、编印稿本等事宜表达了意见。

意见书经叶、张提出看法，并有黏籖贴于眉端，张元济并有批示，意见书大旨照先生所拟办理。8 月 1 日，张元济有复顾先生函，送还"合众意见书"。云："前日奉手示，并顾君意见书均谨悉。意见书展诵数过，已就管见所及签出粘呈，敬祈核定。顾君曾晤数面，持论名通，为馆得人，前途可贺。"①

同日，叶景葵持张元济批注赴"合众筹备处"，与顾先生商定，《意见书》大致按顾所拟办法。

"合众"的建馆之事，一直是叶先生为之操心之大事。顾先生到沪之日，也即日本侵略军进入租界、币制贬值、物价开始高涨之时。叶先生曾对顾说：现在物价飞涨，我们的图书馆，只好徐图发展，先事因陋就简地筹备起来罢。顾先生后来也回忆说：先是租的房子，后来房东赶搬场了，他们委托了律师，一次一次的来催逼，我们考虑到为长久计，还是勉力自建馆舍，那时已经物价一日数涨，只能先造一半，将来再造一半，可以连接。房子造好，加以每年的支出，我们的基金已去了一半，于是人员不能增加，日常开支尽可能节省。

1938 年 8 月 "合众" 开始筹备，并租屋在复兴中路（辣斐德路）614 号。1941 年 1 月开始，自建馆屋，馆屋之基地是由叶先生购置的，又由陈莱青等人热心捐助，并委托华盖建筑事务所设计，设计师为陈植，投标招工承保，由久大营造厂承造，建筑为钢筋水泥。委请浙江兴业银行信托部监工。1941 年 2 月 3 日正式动工，9 月 1 日新馆竣工，地址在蒲石路（今长乐路）、富民路口。计 3 层 18 间，书库 7 间，普通阅览室、阅报室、参考室、办公室各 1 间，储藏室 2 间，厨房 1 间，宿舍 4 间。建好后 5 日，即开始迁移。搬运图书是一件繁重的工作，幸得商务印书馆的友爱协助，借以

---

① 张元济：《张元济全集》，商务印书馆 2009 年版，第 1 卷，第 312 页。

汽车，既便捷又安全。迁入新屋之后，书籍上架费时甚多，内部整理编目，崇尚实事求是，不稍铺张。当时，馆屋虽属租界，但也在日寇控制之下，日人於我国文化遗产，向极注意，叶先生、顾先生恐为所忌，因此门上不挂牌子，使它跟一般住宅无二。为了不受敌伪的干扰，"合众"没有开过正门，来客都是从富民路上的后门进去的。

1941年9月26日，叶先生正式入住馆屋旁边之新屋。先生等贺之。叶氏记云："新居在蒲石路七百五十二号。余捐入合众图书馆十五万元，以其半为馆置地二亩，今年建新馆已告成，余租得馆地九分，营一新宅，订期二十五年，期满以后送馆。余与馆为比邻，可以朝夕往来，为计良得。昔日我为主，而书为客，今书为馆所有，地亦馆所有，我租馆地，而阅馆书，书为主，而我为客，无异寄生于书，故以后别号书寄生。"①

"合众"的搜罗范围及收书情况。其馆宗旨以蒐集历史文献图书为主，所以凡各时代、各地方以及与历史有关的各科学类，都在搜罗之列，包括图书、期刊、报纸、书画、书札、拓片、古器、服物、照片、照相底片及书版、纸型等，务使与考史有关之物，不致遭无人问津而毁弃。建馆之初，既得各家之捐赠，然各家多为有专门之藏，所以顾先生确是从两个方面来补充。一在原有各专门基础上补充，另一方面，把各家所缺乏而必须参考的尽力采购。故在1939至1940年收书方针是，凡属工具书类型的，如索引、辞典之类，便于参考的极力购置。其次各种总集，尤其是地方一姓的，可资地志、传记考订的，均大力收购。那时暨南大学大收总集，"合众"则改收清人文集、诗集。同时也收过一阵丛书，蒐罗的目的，盖因"合众"以日本东方文化学院东方文化研究所所收丛书为目标，力谋多多采购，总想胜过他。

考古工艺方面的书籍，为研究古史最重要的学科，出版物的价格最昂贵，印品又最少，买得迟一些，可能就要向隅。水利、盐务、地质以及近代史料，多是经常注意零星收集的。包括蒐集到的万余人乡会试硃卷，是传记中很重要的资料。进步书籍及革命文献，也在蒐集范围，"合众"所藏相当不易而得以保存。金石拓片，于考史关系最大，"合众"自定分类法，完成编目共计一万五千余种。

为了历史上参考的需要不同形式的资料，"合众"也注意保存，如书画，侧重于图咏。书札最富当时生活实况的。清末巨宦的服物，可以考据一种制度的。还有一部份零星古物，是用于标本的，以备阅读考古者的参考。往时的各种照片，可资纪念。至于日人所著关于各地社会调查报告以及有关少数民族资料，也都在蒐集之范围。

顾先生在"合众"不多久，时北平图书馆馆长袁同礼来访，顾先生告以"合众"创办之目的，是在搜集各时代、各地方的文献材料，供研究中国及东方历史者之参考。在收购上所拟标准是工具书、丛书、地方志、地方总集、稿本、批校本等。以私人力量办一专门性图书馆，前所未有。袁先生大为赞赏。

顾先生曾作了一次统计，从1940年7月至1941年6月，"合众"一年中抄书竟有170余万字，

---

① 《札记》，《杂著》，第221页。

完成草片 4 442 张，书志 703 篇约 52 万字，撰跋 20 余篇。一个馆仅有几个人，但工作量之大，实为现今之图书馆专业人员所汗颜。

据 1944 年 3 月 31 日顾先生写有"合众"职员工人及其他使用人名单，包括每人之职别、姓名、年龄、籍贯、住址、出身、月收及生活程度、备注等。其中干事潘景郑，41 岁，私塾，曾任太炎文学院图书馆职员，工资 400 元。干事朱子毅，37 岁，浙江人，东吴大学法科毕业，曾任教员，工资 160 元。书记黄筠，18 岁，江苏人，工资 40 元。勤务陆财生，36 岁，浙江人，私塾，工资 30 元。其中的重要职员朱子毅，浙江吴兴人，东吴大学法学士，曾任宁绍公司职员，又为叶先生司银钱多年。黄筠，女，江苏川沙人，曾在中华铁工厂任职。

顾先生在翻阅《大公图书馆目录》后，颇有感慨，他在 1940 年元月 2 日的日记里写下了一段话，云："吾国私人设立图书馆（学校附属者）在外甚属聊聊，大公实为最先，次则木斋，他无所闻。而两馆皆阑珊无所进展，吾馆崛起此时，任重道远，当弘毅行事，大公之目，他山之石也。"

《合众图书馆缘起》是顾先生于 1941 年 5 月 14 日起草的，文辞并不长，先生云："惟余不欲为大文章，不发宏论，力求平庸，庶免招忌，一意以暗然日章为吾鹄的。"一个月后，《缘起》脱稿，同时完成的还有《合众图书馆章程》。这两篇文稿当时送呈叶先生审阅，叶先生仅易数字。然而，为了慎重起见，顾先生又于 5 月 21 日，用语体文重撰"缘起"，完成后送叶先生，并转请张元济着人译成法文，付上海印务局排版。

在社会上，"合众"被第一次公开报道，是在北平的《燕京学报》第 26 期，标题为《上海合众图书馆筹备近况》，云："江南藏书，古今称富。历兹浩劫，摧毁殆尽。沪滨一隅，仅获保其万一，可胜痛惜。张菊生（元济）、陈陶遗、叶揆初（景葵）三先生，有感于是，乃即在沪有图书馆之组织。搜孑遗于乱离，徵文献于来日，冀集众力，以成斯业，因命名曰'合众图书馆'，亦众擎易举之意也……现已设立筹备处，以利进行。拟一面编纂目录，分卡片、书本两种，以资在馆内外检阅之便。一面校印前贤未刊之稿，嘉惠后学，以广其传。所谓风雨如晦，鸡鸣不已也。"

图书馆之经费来源，永远是图书馆发展的生命线，对于"合众"来说，大宗者如叶先生捐款法币 15 万元，指是为永久基金。陈莱青法币 5 万元，一半作新馆之建筑费，一半作永久基金。蒋抑卮捐出明庶农业公司股票 5 万元，指定作购书基金。而叶先生另又募集法币 45 万元，又法发英金善后公债票面英金 6 700 镑，成本作法币 10 万元。"合众"当年虽曾筹集了一些资金，原来核定用息不用本，但后来物价上涨，币制贬值，只得用"本"了。那是因为抗战时，法币变中储券，抗战胜利后，中储券变法币，又变关金券、金圆券，两作一、两百作一，还夹着军票、美钞、大头、小头，换来换去，处于空前绝后的经济混乱之局。"合众"这样的单位，如何经得起如此的大风大浪？所以所筹基金用光，反靠临时的捐募，但是叶先生、顾先生等人坚决不接受敌伪以及国民政府当局的任何津贴，因此经济一直拮据之中。

据顾先生后来的回忆，经费之窘，捉襟见肘，更反映在买书上。当时"合众"买书，一方面补充必备的普通书，点名捉将的访求。一方面各家随时流散出来的好书争取选购。每月虽有一定的购书经费，但高价的书，有时一部也不够买的。遇到好书，买不起时，有的借抄一部，有的校勘一遍，有的由叶先生买了送来，有时由几个熟人合买了捐赠，新出版的书就找人去索取，总之为了求书，方法已经到了淋漓尽致的地步。顾先生记得要买一部必备的宋朝大类书《册府元龟》，收录历代人物事迹甚详，一千卷，二百册，先则上海没有书，留心了一、二年，有了一部，而书品不好，但是没有第二部，定价很高，不买恐错过机会不易碰到，要买又没有这笔钱。后来由叶先生的亲友知道了，就由好几人合买了送给"合众"的。"合众"在无钱时，连买普通书也困难，甚至把自行车和寄书的木板箱都卖掉来补充图书的，所以像宋元善本，根本无法问津。

"合众"藏书的来源，在于叶先生的倡议，旨在保存国粹，联合气谊相投之友，各出所藏，以期集腋。叶先生不仅自己身体力行，而且动员他的友朋及社会各界将藏书捐出。1939年7月23日叶先生即将自藏精本第一批先行送来，计书架28只、图书84箱。叶氏当时所藏有2 800余部，30 000余册，有唐写本两种，宋元本9种，稿本、抄本、校本600余种，明刻善本400余种。其中最为重要者为惠栋手稿本《周易本义辨证》、钱大昕手稿本《演易》、张惠言父子手稿《谐声谱》、钱仪吉稿本《南朝会要》，尤以顾祖禹稿本《读史方舆纪要》百十余册、彭兆荪辑《全上古三代秦汉三国六朝文》底本为最珍贵。

张元济于1941年春，以历年收藏的嘉兴一府前哲遗著476部1 822册，赠予"合众"，并以海盐先哲遗徵355部1 115册，又张氏先世著述及刊印评校之书104部856册及石墨图卷各一，事先作寄存，冀日后宗祠书楼恢复或海然有地方图书馆之设，领回移贮，后经抗日战争，鉴于祠屋半毁，修复无力，本地之图书馆之建设更属无望，遂改为永远捐助。

蒋抑卮为浙江兴业银行董事，1941年赠书为32 800余册，连旧有之书6万余册，合当可得10万之数。顾先生当时曾云："全国图书馆满十万册者有几哉！"

后来叶恭绰捐赠山水、书院、庙宇等志书一批。李宣龚、陈叔通诸先生均将大批藏书送来，日本投降后，顾颉刚、潘景郑两先生藏书也陆续送来，数量也不少。1947至1949年中，吴兴章氏任缺斋、泾县胡氏朴学斋也大批的送来。鄞县张氏、无锡裘氏、慈谿冯氏均以先人校读之本相送，其他各家捐赠书日多。当时大批图书涌到，顾先生等人只求来的书赶快上架，做出草片，书到就能查取。又因为书库小，既不能各家完全各自为库，也不及照分类排列，也不能按书到先后排列，只能做到可以拿得到书。

各家捐书给"合众"，有几层意思：1. 他们的书很普通，送公家图书馆不被重视，或因重复而搁置。送私立图书馆，既可增加它的力量，又使读者多一检阅的机会。2. 有人说'合众'对于图书真正爱护，所以愿意送给它，既可保管得更好，又可让它把零星的集成系统的供人参考。3. 有的人愿意把稿本送来，认为可以永久的保存。在当时物价即起波动，经费亦感困难，因此"合众"重点在整理，而蒐集为次要。叶先生藏书多善本，编纂提要。

编目工作也是图书馆的基础工作之一。顾先生在创办合众图书馆之初，就把编制馆藏文献目录作图书馆业务工作的重点来抓。1946年10月，他与潘景郑合编的《海盐张氏涉园藏书目录》完成，成为合众图书馆第一种馆藏文献的专题目录。之后，合众图书馆又先后完成了《番禺叶氏遐庵藏书目录》、《杭州蒋氏凡将草堂藏书目录》、《杭州叶氏卷盦藏书目录》以及泾县胡氏、南通冯氏等十多种馆藏专题目录。这些目录均反映了各家捐赠图书文献的专藏，分类编目颇具特色，至今仍有其参考价值，同时也是了解合众图书馆当年馆藏及其文献发展的重要文献资料。

在采访编目的同时，合众图书馆的读者服务工作也同时逐步展开，读者多是持图书馆董事的介绍信至合众阅览图书的，所以读者多为各领域的专家或大学教授和学生。这些读者工作主要分为两个方面，一是读者阅览，二是读者咨询，其中又以读者咨询为主。合众图书馆以收集国学文献为主，以专供研究高深国学者之参考，因此，在读者阅览中，其服务对象多为各大学及各界之研究文史学者，如顾颉刚、郭绍虞、李平心、钱钟书、周谷城、钱南扬、蔡尚思、郑振铎、冯其庸、周予同、黄永年等，每天到馆的读者人数在二至四人左右，有时仅一二人。与此同时，合众图书馆更多的是为上海及全国各地的学者提供参考咨询，如协助其检索材料，有许多协助检索的参考文献是从合众图书馆以外的各处代为寻检的。一些著名学者如陈垣、陈寅恪、王重民、陈钟凡、向达、聂崇岐等都曾与合众图书馆信函咨询。

"合众"当年制订章则，确定本馆目的在于 1. 征集私家藏书，共同保存，以资发扬中国之文化。2. 蒐罗中国国学图书，及有关系之外国文字图书。3. 专供研究高深中国国学者之参考。4. 刊布孤椠秘笈。而且"合众"从事专门事业之理想，书籍专收旧本，专为整理，不为新作，专为前贤行役，不为个人张本，秘笈力谋流布，汇而刊之。一经印行，公之全球，功实同也。所以在战时，为了保存和传播它的收藏，"合众"出版了《合众图书馆丛书》，收 15 种图书，多为没有刊印过的手稿，内容为绘画、艺术、书法一类。

此外还编辑出版了一批收藏家捐献"合众"的目录，如《张氏涉园书目》、《叶氏遐庵书目》、《叶氏卷盦书目》、《蒋氏凡将草堂书目》、《李氏硕果亭书目》、《胡氏朴学斋书目》、《顾颉刚先生书目》、《潘氏宝山楼书目》以及《馆藏书目》、《馆藏书目二编》、《馆藏书目三编》、《馆藏期刊目录初编》、《合众图书馆藏书目录汇编》等。

"合众"的藏书特色

在 1946 年的《呈为设立私立合众图书馆申请立案事》的公文中，陈陶遗等较为具体地论述了合众图书馆馆藏文献的特色："先后承蒋抑卮、叶恭绰、闽侯李氏、长乐高氏、杭州陈氏等加以赞助，捐书甚夥。……赖有清高积学若秉志、章鸿钊、马叙伦、郑振铎、陈聘丞、徐调孚、王庸、钱钟书等数十人以及社会潜修之士同情匡助，现在积存藏书约十四万册，……采四部分类法，以史部、集部为多。先儒手稿本、名家抄校本、宋元旧刻本、明清精刊本皆有所藏。其中嘉兴、海盐两邑著述及全国山水寺庙书院志录网罗甚广，皆成专门；他如清季维新之书，时人诗文之集，著名者都备；至近年学术机关所出者亦颇采购，尤注意于工具参考之作，用便考据。此外有清代乡会试朱卷三千余本，陈蓝洲、汪穰卿两先生之师友手札约六百余家，皆为难得之品，金石拓片搜集约八千余种，汉唐碑拓一部分，尚系马氏存古阁旧物，其他以造像为大宗。又河朔石刻为顾氏鼎梅访拓自藏之本，较为完备。"

实际上，"合众"经过数年的努力，合众图书馆至1946年时，其馆藏已达14万册，而至1953年，已拥有了30万册古籍善本及线装书的收藏，金石拓片15 000种。通过历年社会各界的捐赠与采访，合众图书馆的文献收藏形成了以下五方面的特色与专藏：旧嘉兴府属先贤著述；山水寺院等专志；经学、小学书籍；名人钞本校本及稿本。

即以叶氏恭绰所赠之地理类书籍为例，其名山、胜迹、寺观、书院、乡镇之志，蔚成大观，此外有清人词集类，为从事《清词钞》之选辑，备一代风俗之史，若别集、总集通行者咸列插架，并有罕见秘籍为海内所无。又有美术考古类，为经眼文物之考证。若国内外所著有关我国文物之图谱、照片，广事搜罗，几无不备。

然而，也正是这么一个在一般人看来并不起眼的小图书馆，还有各种稀见的文献资料，它蒐集收藏了丛书1 800余种，地方志2 000余种，诗文别集4 000余种。上海地区地方文献较为丰富，其他各方面的图书也相当充实，对研究古代史和中世纪史的资料基本上可以适应。而尤注意于包括共产党早期文献，革命文献的访求，如马列主义经典著作，解放前中国译本有80余种，毛泽东单行著作如《论持久战》《论联合政府》《新民主主义论》等，有解放前各地区历年出版的100余种。第一次国内革命战争时期，1924年工人之路社编的《十月革命七周纪念》，沿海省省职工苏维埃排印；刘少奇1926年的《工会基本组织及工会经济问题》，湖北全省总工会宣传部排印。第二次国内革命战争时期，1934年上海中国书店印的《第二次全苏大会文献》，1931年以《指南针》伪装的《国际七月决议及最近来信》。抗日战争时期，1943至1945苏中三分区江潮报社编的《江潮报》等等。1954年10月，中共中央宣传部专门从"合众"调取革命文献及现代史料75种，都是他处不经见之重要史料、珍贵文献。

与稿本同样重要的原始材料还有前人信札原件，如《冬暄草堂所藏师友手札》及《汪穰卿先生师友手札》等，后者其中戊戌维新诸子，大都与有关兴办报刊、文教、工厂等讨论，和国内外时事的情报。又洪钧出使俄德奥时致李鸿章手札，报告关于邦交及购买军火等事。又李鸿章致友朋手札，讨论镇压捻军、太平军的计划等，都是研究近代史的重要资料。研究近代史的另一种重要资料是清末期刊，反映维新运动和旧民主主义革命的史料，蒐集到100余种，如《强学报》《湘报》。同盟会在日本编的以省份为名的月刊，如《洞庭波》《河南》等等。又有附《汉声》的《湖北学生界》全份，都很难得。此外戏曲文献比较丰富，如杂剧、传奇、昆戈、散曲、乱弹、梨园掌故、图谱、影戏词、地方戏等，基本上各艺完备。其中抄本旧刻甚多，还有出昇平署抄写的，均不易得。特别是1907至1947年京津各班的戏单，有3 900余张，尤为可贵。金石拓片为研究各时代历史的第一手材料，也是中国书法艺术观摩的范本，金文有《攈古录》的底本，石刻有宋拓《嘉祐石经》，以及碑记、墓表、造像等40 000余张，可称大观。

叶先生的离去

对于"合众"来说,叶景葵是创办人,是灵魂人物,没有叶就没有"合众"。但是,谁也没有想到叶先生会那么早离去。叶先生是因感冒而引起肺部、腰部发炎感染,乃至不治,于1949年4月27日去世。5月6日,顾先生有致叶恭绰信,述及叶先生去世之详情,云:"叶揆初丈不幸因心脏扩大不治,遽于四月廿七日作古,殊觉悲悼。先是陈伏庐先生于三月十六日去世,颇形伤感,十八日大殓,由揆丈题主,天阴有风,因之感冒,略有热度,迨诊治后,始知肺部、腰子均有发炎,而心脏扩大,针疗后似颇有效,不意廿七日上午十时二十五分,竟以大便虚脱。龙相依十年,不啻家人父子,尤为伤感。"

刊登《叶宅报丧》的启示,刊发于4月29日《申报》,文云:"叶揆初老先生痛于四月廿八日上午寿终沪寓正寝。兹择于廿九日下午四时在康定路(即康脑脱路)世界殡仪馆大殓。谨此报闻。叶敦怡堂谨启。"同日 浙江兴业银行总行隆重设置灵堂,吊唁叶先生不幸逝世。此后至叶先生大殓,亲友等陆续送到祭文、挽联、挽诗无数。

4月28日,张元济撰五律《挽叶揆初》。诗云:"小别才三日,徘徊病榻前。方欣占勿药(昨日以电话询君病,君弟答以更见轻减),胡遽及重泉?落落谁知我,梦梦欲问天。痛君行自念,多难更何言。"(《兴业邮乘》,复第54号)5月7日,张元济又有续五律三首《挽叶揆初》。诗注云:"闻赴后即作成一首,成殓之日送悬灵前,意有未尽,今又续成三首,亦聊掬哀情于万一耳。"诗云:"京洛论交始,今逾五十春。维新百日尽,通艺几人存(光绪丙中年余与夏地山、陈简始诸君在京师设通艺学堂,延师教英文、算术,君来共学)?变易沧田异,过从沪渎频(鼎革后君与余同居海上,往还较密)。新亭曾洒泪,情谊倍相亲。""故乡如此好,只手任撑扶。入市兴洪业(浙江兴业银行为君所创),趋朝索众逋(沪杭铁路政府收为国有,发给公债,后忽停止。君入都交涉,复允清偿,此案始结)。山头劳覆篑,江上快驱车(钱塘桥工政府亦以无资中辍。君从旁赞助,为集巨款,始得观成)。恭敬维桑梓,高风世或无。""万卷输将尽,豪情亦罕闻。君能城众志,天未丧斯文(君尽输所藏图籍,在上海创设私家图书馆,颜曰合众。募集巨资,买地建筑,落成有年矣。约余同为发起人,甚愧未能有所襄助也)。差比曹仓富,还防秦火焚。敢忘后死责,努力共艰辛。"(诗稿)

叶先生去世,合众图书馆同人也有挽辞,为:"藏室书仓遗规期勿失;泰山梁木后学更何承"。而顾先生的挽辞云:"晚岁创书藏,经之营之,嘉惠士林功不朽;平生感知己,奖我掖我,缅怀风谊报无从。"(《兴业邮乘》,复第54号)

叶先生御鹤西游后,顾先生的压力很大,在5月6日,顾先生致叶恭绰信云:"六日晨甫上一缄,告揆丈之耗,旋奉手书,即以此相询。龙自揆丈故后,心绪恶劣,加以杂务(军队相屋,派夫服役,友朋捐书)冗沓,以致迟迟,歉甚歉甚。揆丈之逝,出于突变,并无遗言。有嗣子二人,长维,寓平,前在东北大学执教,为胞弟叔衡先生长子,去年成婚。次绷,圣约翰毕业,习银行,现在美深造，为从弟幼达先生次子。现在家中惟如夫人及弟妇仲裕夫人，堂侄纯，浩吾先生孙，服务浙江兴业银行。诸子现由幼达先生为之主持，揆丈六十五以后即将所办之事陆续料理，自谓办理移交，创设图书馆亦此意焉。馆中经费虽甚困难，因开支尚省，勉可维持，俟大局安定，再筹长策。顷又奉大函，知六日一缄，尚未递达，盖平信稽延甚久也。挽联已写送叶宅，于揆丈生平均能表出。龙颇欲以揆丈行谊编一详细之记录，苦无材料，当年为述甚多，惜未笔录，长者与揆丈交久，如有所忆，乞随时写示。"是日，顾先生再致叶恭绰信，言及叶先生之后"合众"的近况，云："先生远居香港，不获时就请益，尤为怅惘，兹由菊生、拔可、森玉诸先生负责维持现状，俟局势略定，再筹长策。风云变幻莫测，草草布闻，便中仍希时赐教言为幸。"

"合众"在之后的日子里，先后收到了一些款项以渡难关。5月19日，浙江兴业银行致送金圆券5亿元与合众图书馆，作为叶景葵先生纪念金。

10月18日，钱永铭、周作民有信致张元济等人，捐款6 000元，以资合众图书馆。云："菊生、鸿宝、叔通、拔可、朵如先生钧鉴：奉别经时，正殷怀想，顷奉函教，敬谂兴居，同深忻慰。承示揆初手创之合众图书馆，年来因币制迭更，屡濒危境，诸公受故人之托，发恢宏续绝之愿，古道热肠，曷胜感佩，不独琳琅秘笈，赖以保存，而嘉惠中外学术，其功更大焉。弟等与揆老本属至交，又承诸公之嘱，敬各捐港币叁千元，共陆千元，除就近交与浙江兴业银行代收外，特此布复。"

顾先生晚年曾回忆叶景葵逝世后的一些情况，云："合众图书馆的创始人是叶先生，他可说是主要人物了。他与张菊老，若论亲戚关系，张要比叶长一辈，而且张菊老又有丰富的经验，所以叶先生请张菊老来做图书馆的董事。""不久，叶先生因病遽然去世，张菊老与李拔可先生两人来到图书馆，说：'起潜，你放心，有我们在，图书馆不会有问题。'我听了十分感动。当时叶先生刚刚去世，丧事还未办完。叶先生逝世之后，图书馆经费拮据，情况窘迫，其实这一情况，在抗战胜利不久即已出现。当时叶先生也打算向朋友募捐，但胜利后，政府发行建设公债，而叶先生认识的那些朋友，都是建设公债的主要认购者，在这种情况下，叶先生当然不好意思再向朋友开口。也有些人，你向他募捐，过不多久，他也会弄个名目来要你募捐。因此，这种人也不是很可信赖的。所以，抗战胜利后，合众图书馆的经费一直由叶先生自己设法，没有向社会上要过什么钱，虽然馆中费用支绌，总算还能勉强维持。但叶先生的突然去世，却是对图书馆的一个不小的打击。为了维持馆务，张菊老与陈叔通先生出面，给叶先生的一些老朋友写信，请他们帮助。结果，有人捐了一些，尽管不多，还算能应付，就这样一直捱到解放。"

"合众"在解放前的困境

"合众"在艰难的岁月中挣扎。当年赁屋在法租界，初误信托庇帝国主义可以相安，其实不然。每月收房捐的人，看"合众"不像住家，几度询问，只能告知是一个私立图书馆，尚在筹备。于是有人说：既非住家，要缴营业捐。于是顾又托人与法公董局中说明，"合众"馆不是营业的机关，而是一个文化机关。后来营业捐算是不要了。可是法巡捕房政事处认为，在这时候居然办起图书馆来，非和国民党必和共产党有关，否则谁愿办这只有支出而无收入的事业。同时因前市中心的上海市立图书馆的书不见了，又因"合众"馆名"合众"有一"众"字，遂以为与邑庙的群众图书馆有关了。

1941年1月17日，派督察朱良弼来作详细的调查。那时"合众"藏的全是线装书，没有一本当时的新书，后来他们也探明我们的发起人的身份，才算无事。日本人对"合众"很注意，曾派人到法公董局教育处声言，要合众图书馆的书。该处只说'合众'是几个私人办的小图书馆，书尚不多，也没有好书，才打发的。但不明来历的来调查的不少，因此，顾先生想到'合众'这个名称，很容易跟邑庙及市中心的图书馆搭在一起，恐多麻烦，曾一度想换名称，或改为'国粹'，最后叶先生决定不愿更动。这之后8月6日，法巡捕房政治部派冷峰，11月4日，法公董局教育处主任高博爱均来调查。1942年3月18日，日人山本鹤模自称法租界日本人会第五分会代表，要用"合众"作为会圻。6月21日，保甲办事处派人来说，要在"合众"做办公处。1943年11月2日，伪第八区教育处来调查。11月22日，伪上海市第一警察局特警处特高科文化股派刘淇沛来调查。12月21日，常熟路分局特高科派侯云根来调查。1944年3月15日，常熟路分局特高科派禹忠宪来调查。两年在帝国主义统治下，四年在敌伪统治下，"合众"实在恐慌中度日，心神很不安宁。

日本投降之讯刚传，国民党的军统、中统就到处活动，一时盛传将搜查敌伪刊物，藏者以汉奸论。顾先生又着急了，因为"合众"史料的保存，都是煞费苦心的蒐集，于是伪府刊物，又成问题，商之国民政府教育部来接管文教事业的人员，据云只有装箱保存。1945年12月5日，教育局派人来调查，并属应办立案，遂於1946年1月24日申请立案。2月23日，教育局派人来视察。5月23日，又来调查。1948年1月14日，教育局派人来视察。在复员四年中，经济更窘，为了反动派的倒行逆施，社会经济的混乱，币制贬值，物价腾贵，"合众"不敢随意捐款，免人觊觎，勉图维持，不愿开展，所以直到解放，大门不开，并不公开阅览。

1949年上海的情形已非常混乱，1月24日，有人自称防痨协会欲来借屋，顾先生以自己不够用的理由拒之。5月2日，国民党军队派人来看房子，要占用"合众"。那时"合众"工作人员不多，管理困难，一恐革命书籍发现了，立起大祸；二恐善本书刊撕毁了，损失不赀。所幸董事长张菊生先生、常务董事徐森玉先生均来坐镇，还有爱护我馆的同仁，络绎来慰问，24日下午1时，警察局派人陪了一个军人来看房子，坚要征用书库全部，蛮不讲理。25日晨起，知沪西都已解放，"合众"馆才算保全。

新中国成立初期的"合众"

1949年5月25日，上海解放，"合众"也获得了新生。没有多久，有关部门也接管了"合众"。当时的接管细节今已无法得知，但我们仍可以从顾先生存留的书信原稿中窥其大略。

11月1日，先生代陈叔通致信有关方面负责人陈虞荪，谈合众图书馆事。"叔通北京归来，人事栗六，致尚未趋候为歉。前以敝馆地价税，烦为申请豁免，已蒙核准，费神至感。惟房捐问题，夏季者，曾向财政局申请，尚未批复。此次秋季房捐，业已按照《解放日报》消息，经向主管机关教育局申请，曾承派员来馆调查，亦尚未有批示，深恐教局於敝馆情况，容未明了，谨为先生言之，祈代达于戴局长、舒副局长之前焉。窃敝馆于1939年春，由叶揆初景葵、陈陶遗、张菊生元济、三君发起，约李君拔可宣龚及叔通共同创办，组成董事会主持之，迨叶、陈二君作古后，补选徐森玉鸿宝、陈朵如选珍二君为董事。当时感于日寇侵凌，沪郊沦陷，图籍散亡，亟欲以私人之力，尽其保存之心，取'众擎易举'之义，命名'合众'，各出所藏，萃于一楼，以叶君揆初书为最多，次则亡友蒋君抑卮者，而叔通等亦皆有之。十年来，亲友响应，捐赠日多，所藏近20万册，随时整理编目，每成一种，即公开一部，以便众览。捐来之书，多属旧学，故以国学为范围，志在保存文献，并供专门之研究。亦有外埠学者通讯委查资料者，与普通图书馆性质略有不同，且私人财力有限，经费原甚艰窘，自始至今，一切简约，人少事繁，努力服务，区区成就，已感不易。当开办之初，虽筹有相当的款，自建筑馆舍后，即形拮据，加以金融动荡，旷古未有，十年之中，迭更币制，折蚀殆尽，以致捉襟见肘，开展无从。惟叔通等自当设法筹措，竭力维持，假以岁月，希为沪滨增一有力量之文化建设。所望主管机关了解鄙况，量予照顾，俾得实事求是，埋头苦干，早观厥成，敬将艰难孕育之情，略陈清听。诸惟亮察，倘荷时锡教言，以匡不逮，曷胜欣幸。再私立社教机关登记手续如何，已否开办，并乞探示为祷。"

在中国图书馆事业史中，建国初期的各种图书馆现实情况甚少报道，而1951年1月5日，顾先生又为"合众"办普通阅览室事致信陈叔通，其中也谈到了"合众"的人事、经费等现状：

> 最近教育局让教处群众文化科（此科即主营沪市图书博物馆者），有同志来谈，渠称本馆之设备，推为私立图书馆中最好，即'鸿英'亦不如，其他图书馆均甚简陋。又于本馆所作保存史料工作，认为亦相当重要，但今市立之图书馆仅两处，希望本馆开展业务，兼办普通阅览，俾多吸收读者，局方当公私兼顾，予以协助。龙告以开办普通阅览，亦曾考虑及之，只以人力财力有限，房屋偏仄，有实际困难存在，尚未能推进，以後当朝此方向进行，待房间设法调度，整理工作略事结束，再研究开展办法。彼云：主管上亦并非就要望其实现。

> 窃本馆开办之初，曾经商酌，是否须办普通阅览，经张叶两公郑重考虑，以为普通阅览所需人力财力房屋众多，非私人之力所胜，故决定不办。而办此专门国学图书馆，乃于拮据之中，勉度十一年，积书至廿余万册，故本馆目前主要业务实在存书之整理编目，以便参考，同时为研究者服务，倘能专心致之，收效较宏。如今本馆办理普通阅览，设备亦多不适（厕所就困难），况沪市文化水平较高，普通阅览并不甚少，如各学校工厂工会机关团体均各有其图书馆，而文化遗产之蒐集，可以供应参考者，实尚缺乏。沙彦楷先生尝称，本馆为上海旧文化中心，盖亦有便于众也。事必专一而后可精。观于出版事业，已经

分科，最为有见。仁老曾谓，本馆倘能由提高意义之主管机关主管之，较可相得，但无从觅此途径耳。本馆为实事求是，不图形式主义，能否改名为合众文物研究资料馆，或历史图书馆（即如市立博物馆，解放后，教局以其收藏偏于古物，即正名为历史博物馆），以示与负有一定的宣传教育之县市省立图书馆有别，学校可以有专科，何以图书馆不可有专门，即苏联莫斯科有历史图书馆、工艺图书馆、外国文图书馆，亦各有专门。龙总望本馆能维持其专门性质。

万一非办普通阅览不可，则因陋就简，聊应门市，拟分两部分，楼上旧书为研究部，楼下新书为普通部（楼下只可腾出会客室，但亦不易），另添报纸杂志，至新书一年来已添购有七百余本（教局同志亦言不少），不敷时，再向市立图书馆告借复本陈列。选购新书，均以社会科学为范围，不能兼及自然科学矣，普通阅览，自由取阅，相当时期后，再办出借。研究部则恢复介绍，一则便于管理，一则文化遗产，为配合抗美援朝，亦须将书籍审查，有无违碍，尺度能宽能紧，一时不易竣事，只好酌量公开，亦实际困难也。

关于人事，原为六人，朱子毅（总务兼任）、杜干卿（盖印理报照料阅览室）、王煦华（编目）三君，裱工一人、工友一人，及龙。现在裱工已停（汪穰卿藏札装毕已由森老介至文管会工作），改请朱女士专编新书目录，由王君辅导之。如普通阅览室开放，即由朱女士管理之。旧书整理方面，拟请潘景郑兄返馆从事。如此，实际仅加一人，诸事或可应付矣。

关于经费方面，原拟每月开支300万元，预计前年所捐港币可度1951年上半年（均已划沪）。但本馆薪给素小，同人不能久安，即以龙言，去年幸得商务校字之酬，始偿所逋，拔老、森老屡主酌加，爰拟自本年一月起经常费加为400百万元，则大约可支至4月。如办普通阅览，房捐每季73万元，当可请求全免。经常费不致再加，至开办时，须有临时费（如阅览桌椅等等添置），或可向教局申请一次津贴补助之。

关于捐款，前承示及裴君筹得港币万元，徐鹿君先生为森老言，亦如此。龙曾访裴君，拟以馆务等报告并请教，适均相左。昨由森老往访，意请裴君将捐款早日划沪，一则备5月后之支用，二则虑港币续跌，或竟阻梗，接济恐断，闻裴君即日北上，晤面时，希与妥商为幸。1951年1月5日。

"合众"普通阅览室是在5月10日开放的，其时中央人民政府文物局局长郑振铎适来沪，给予该馆许多指示和鼓励。同时，商务印书馆、开明书店、三联书店、连联书店年都向"合众"赠送了不少书籍。

1952年的5月，"合众"就开始酝酿向上海市人民政府有关部门的捐献事宜，这在陈叔通与顾先生的通信中可以得到印证。

7月20日，陈叔通有信致先生，云："至于捐献，亦又有条件，第一不分散，可以他处并入我处，不可以我处并入他处。第二，须为创办人留纪念。第三，仍由公主持到底。未知菊老以为何如？并商之诸董事，可先期提到，由森老代表提出，届时再以书面声明。陈叔通。一九五二，七，二十。"

12月14日，"合众"召开董事会第十四次临时会议，会议通过决议：将"合众"捐献上海市人民政府文化局，俾成一专门性之大规模图书馆。次日，合众图书馆董事长张元济上函文化局。函云："亡友叶景葵与元济等以私人力量创办合众图书馆，蒐集历史参考之图书，约二十四万册、金石拓片万余种，自置基地，并建馆舍，冀成一专门性之图书馆。艰辛经营十有四载，规模粗具，若欲扩而充之，以配合国家大规模建设，则非同人绵薄所及。兹经我会第十四次临时会议决议，呈献贵局，俾得大事发展。特推董事徐森玉、顾廷龙为代表，协商移交手续，即希查照赐复为荷。"

1953年2月，顾先生拟有"上海市私立合众图书馆捐献愿书"，计4纸9条，署名为董事长张元济，这份捐献愿书实为极为难得的图书馆重要文献。全文如下：

一、我馆创设虽已有十余年的历史，也得若干藏者家的热心捐助，但在反动政府时期处处碰到阻凝，以致不易发展。解放后，我政府在英明的毛主席领导之下，逐步走上文化建设的途径，对于民族文化遗产？所，搜罗不遗余力。我馆欣逢盛世，思贡献出一分力量，故由董事会议决，捐献上海市人民政府，俾可作有计划的发展。

二、我馆创办的目的，是在搜集各时代、各地方的文献材料，供研究中国及东方历史者的参考。因为历史的范围大，和它发生关系的学科很多，所以形式不限于图书，凡期刊、报纸、书画、尺牍、拓片、古器、服物、照明、照相底片及书版、纸型等类亦均收存，务使到馆研究者可以触类旁通，左右逢源。希望现在捐献之后，由贤明的市人民政府督导之下，得在原有基础上，踏实脚步，逐渐发展，使得确成为一个有计划的搜集历史文献的专门图书馆，凡住在上海的或到上海来的世界历史学者都能得到满意的收货。

三、我馆十四年来，因经费竭蹶，人员不多，以致编目工作尚未完成。现在根据不完全的统计，约有图书廿五万册，金石拓片一万五千种，其他尚未约针，希望政府派员会同检点，编造清册，一式两份，可能时再行编印正式目录。

四、各藏家捐赠我馆的图书文物，或为其个人历年所积聚，或为其先世累叶所留遗，均赖其苦心荟萃，蔚为大观。故虽零简断缣，亦为其精神所注，随处见出他的胸中成竹。此若干小系统，我馆得之可以组织成大系统，实为我馆的特色。更加补充，自可神采焕发，显出它的伟大功用。因此我馆渴望政府，尽量保存此优良传统，不予分散，庶乎各藏家数十百年所兢兢保持的永远完整。

五、我馆对于赠书各家借阅其自己捐赠的图书时，向来给以一切方便，使他们晓然于我们立馆的本意，凡捐于我馆的比较藏于私家更易于取览，而保管的妥赏则远过之，如此，可使藏家益兴起其乐捐之心。这一个办法希望政府继续维持。

六、我馆自有基地一亩九分六厘三毫，除一部分自用外，尚有九分五厘租给创办人叶景葵建屋，订有租地合同，定为二十五年，应至一九六六年期满，届时所有在租赁地上叶氏自建之房屋概归我馆所有。如期满前租赁关系已存续达十五年以上，馆中必要时可以收回，但须予以贴费。这条合同附在财度文件中。

七、我馆在基地上建有钢骨水泥三层馆屋壹所，现在图书已塞屋充栋，不易再受赠书，阅览室亦日益缩小，更形拥挤。好在旁有余地，捐献之后，政府尚可考虑基本建设，有计划、有步骤地加以扩充，使它发挥更大的作用。房屋登记后取得收据一纸，尚未发给所有权证。

八、我馆工作人员过去经常只有三四人，解放后，业务日繁，逐渐增加至九人，人数不多，而各人对于工作已相当熟练，业都很积极。希望政府继续任用，俾驾轻就熟，更能好好地为人民服务。

九、兹为捐献政府编有下列各项目录名册，祈予点收。

捐献人　上海市私立合众图书馆
董事长　张元济　常务董事　徐森玉

津按：津所见到的顾先生所拟草稿后，有顾先生另按，云："文化局接管后，人员未动，1953年更名上海市历史文献图书馆，1957年扩建书库，增加人员公开阅览。编印目录卡片，编辑《明末史料丛书》若干种，由古典文学出版社出版。开始编辑《中国丛书综录》。原'合众'董事当时所期望者，在科学技术图书馆、报刊图书馆、历史文献图书馆、上海图书馆四馆机构统一前实现。廷龙附志。"

在捐献"合众"时，顾先生另撰有《合众图书馆小史》[①]

4日15日，上海市文化局接管"合众"，批文为市府（53）沪府秘二字第1192号。批文中有"同意所请，准予接受合众图书馆。除组织小组另行商谈接办事宜外，特此函复，请予查照。"

陈叔通知道"合众"要捐献之事，非常关心顾先生的住居处境，5月10日，陈叔通有信致先生，云："合众接收后，已移眷至何处？租屋不易，至以为念，倘仍照原薪，则租屋费即不能包括在内，以前薪少有屋住，亦为附带条件，此层不能由菊老、森老面陈否。"

5月27日，刘放园又致顾先生信，云："叔通先生屡晤，日前在万松书屋午餐，徐森老亦在座，谈知图书馆已经接收，惟仪式尚未举行，大约须森老回申方有人代表呈献耳。接收后，情形如何，极以为念，倘能于公暇以大略见告，不胜企盼之至。"

合众图书馆捐献市文化局事之仪式，定于6月19日，这前一天，张元济很动感情地致顾先生信，云："今为'合众'结束之期，若干年来，弟尤得读书之乐，吾兄十余载之辛勤不敢忘也，苦

---

① 参见《顾廷龙文集》。

心孤诣,支持至今,揆翁有知,亦当铭感。"

据顾先生致陈叔通信,可知捐献事之情形。云:"文化局接受我馆捐献仪式,已于十八晚七时在锦江十四楼一号举行,到金仲华副市长、刘思慕、陈虞孙两副局长、沈之瑜处长、张白山科长、我馆森老、朵老、延兄、唐兄及龙。刘局长、金市长先后讲话,均对我馆已有成绩颇多奖饰,并称我馆文史专门图书馆之方针已经确定,基础很好,即从此基础发展,人民政府力量较大,必能办得更好。馆方由森老讲话。仪式后盛宴,皆公与菊丈德望所致也。我馆私立时代,善始善终,十分喜幸。今后如何进行,局中尚无指示〔截至现在为止〕。"

没多久,顾先生又致陈叔通信,谈"合众"捐献后事。"献馆举行仪式后,前日始有人事、财务、总务、图书各部门来接管,龙将董事会应移交之房地所有权状、股票、英金、善后公债、家具册、书画文物尺牍等清册、图书已编成之目录,及水电等保证金收据一并交出,但检阅一过,仍留交我,谓需要再来提取。龙继续维持,将来究竟如何,未有所闻。龙无办行政之才,新旧社会作事悬殊,终有陨越之虞。关于龙之住宿,决须迁移,惟尚未有人接替,不便骤然觅屋。前日局中来员,龙已申明,俟保卫制度确定后,我即搬出,彼等无一语。龙之所以决须搬者,为公私之分,同时各馆亦无此例,不应再住。"

1954年1月15日,先生致刘放园信,关于合众图书馆捐献后之事。"我馆目前一切如常,清点工作,已竟十九。我受之诸老,呈之政府,可释重负……龙十四年来,致力于斯,虽来馆作研究参考者亦无不称善,然无如公与菊老、叔老、厚老诸位相知之深,一言嘉许,实我知己,窃喜所耗心力,可谓不虚。将来新局如何,我固不知,惟有服从领导,尽心力而已……龙无行政之才,盐车十驾,事倍功半,于公于私,实非两利,奈何奈何!蒲柳之姿,年逾五十,精力就衰,旧稿垂成,迄难毕功,殊深忧皇耳。"

1954年3月12日,合众图书馆正式改名为上海市历史文献图书馆,从而完成了它14年的历史使命。

结　语

在旧中国,王绶珊等人均有志创办图书馆,然非但无成,所藏之书为日寇毁的毁,子孙卖的卖,非自己及早举办就无望的了。子孙不肖,则身后亦一卖了之,安能保存?子孙虽贤,不习这门学科的,就一无用处,徒然做蠹鱼的食粮,也不能保存。如果成立了图书馆,书籍既可保存,又可资学习,所以办图书馆是一件不重名利之社会事业。旧中国的图书馆寥寥无几,即使有几所,多是点缀门面而已,就是国立图书馆,也不过200万册左右。

在20世纪30年代的后期,上海地区已有不少图书馆,普通者如东方图书馆。1914年,黄炎培等设甲子社扩充而成鸿英图书馆。专于近代史料者有鸿英图书馆,专于自然科学者有明复图书馆,专于经济问题者有海关图书馆,至于中学程度所需要参考者有市立图书馆。国学图书馆在抗战中损失很大，收拾残余，到 1942 年统计，实存 18 万册。当抗战紧急之时，国学图书馆馆长柳诒徵先生叠次向教育厅请示如何妥筹安置，而教育厅一直置之不理，柳先生没有办法，只好自行妥筹处理之策。他于 1937 年 8 月呈教育厅文说："自平津肇衅，迄淞沪交锋，诒徵无日不在忧皇悚惧之中，迭经赴省请示，亦未能遽定迁移之法。延至本月十四日，诒徵知祸在眉睫，势难再缓，不得已走商故宫博物院南京分院马院长，请其顾念同舟，稍分隙地，保藏珍本。"最后又说："尚有十数万册，自维棉力，如蚊负山，仰屋兴嗟，束手无策。"旧中国政府办图书馆，原为点缀门面而已，苏州的一所图书馆也是省立的，以学古堂、存古学堂的藏书为基础，积累了三四十年，但到 1935 年，仅存十万五千余册。旧图书馆的一般情况是，经费仅能维持行政开支，至采购费为数极为微细，至一般省立图书馆，大多数是无声无息的。

私立图书馆，与团体私立又有不同，最早的当推宣统间武进盛宣怀所设的愚斋图书馆，虽则他曾经请过奖，收书相当富，印过目录，地址在成都路静安寺路口，但始终没有公开，后来就散掉了。一部份书捐入南洋公学，一部份捐入圣约翰大学图书馆，一部份是零星卖掉，还有剩余的存在祠堂里，被上海市文物管理委员会没收了。1913 年，无锡纱厂巨子荣德生的大公图书馆，印有目录，没有开门，到抗战中停顿了。虽荣氏收书到死，一直收书不停，可是没有正式公开成立。其他像刘氏嘉业堂、王氏九峰旧庐，都想成立图书馆的，不满十年，东分西散也都完了。

当年上海滩上的私立图书馆由私家藏书楼而进入私立图书馆，还不很久。民国初年的国学保存会藏书楼，盛极一时，不到几年就完了。与"合众"同时所筹备的几个私立图书馆，亦可谓极一时之盛。如灵素图书馆，亦名医学图书馆，张叔平创办。松禅图书馆，陈葆初创办。孑民图书馆，蔡元培门生故吏办。亚子图书馆，柳亚子自办。楚伧图书馆，叶楚伧一故吏办。而"合众"之董事，皆财力微薄，均以德望号召获助。然灵素图书馆，不到两年，就尽入书商之手。

私立图书馆之组织，原有司马迁所说的"藏之名山，传之其人"的意思。实际是反对反动统治阶级的一种行动，注意在反动统治阶级不注意之处，尽力收藏反动统治阶级所要禁毁的图书。除了一批假借图书馆名义，用来掩护或投机的不算外。我馆成长，在三种不同形式的反动统治之下（法帝、敌伪、国民政府），旷古未有的币制动荡之中（法币、军票、中储券、金元券）。

一个成立于 20 世纪 30 年代末，主要活动在 40 年代的"合众"，在数本所谓的中国图书馆事业史上，都没有一席之地，这也并不奇怪，因为在当年灯红酒绿的上海滩，蒲石路（今长乐路、富民路口的转角）746 号上的"合众"，确实从来就没有悬挂出自己的图书馆招牌，因为它不想张扬，不管是上海沦为孤岛后，抑或抗战胜利后，除了像郑振铎、钱钟书、马叙伦、胡适、徐森玉、顾颉刚、王重民等重要学者时有光临外，一般人是不知道"合众"的底细的，因为这是一个带有研究性质的图书馆，而不是公共图书馆。

在日伪和国民党反动派统治下，"合众"勉强维持到解放，差不多是奄奄一息。但顾先生在老辈们的支持下，因克支持 14 年，幸际盛世，归之人民，完成历史任务，实是不易。

早在 1940 年 1 月 4 日，张元济告顾先生："凡百事业，不能不求扩充，扩充则须人多，人多则意见分歧，分歧则无可约束，终归失败。盈虚剥复之理欤？吾与本馆之希望平稳，即是发展，不求躁进，不贪暇逸，不须人多，不事宣传，非如是，不足以持久也。"这是张先生办"商务"数十年来之经验，对顾先生来说不啻是金玉良言。

1941年8月23日晚，顾先生去叶先生处求教。叶说了一段话，云："图书馆前途之兴替，其枢纽在董事之得人及合作与否，故选举最为注重。现在五人，学问未必皆深，亦未必人人皆知图书馆之办法，但皆饱经忧患，有相当之修养，且皆无所为而为之。五人间相互有甚深之情感与直谅，故能知无不言，决无问题，但皆六七十之高年，可以同时老病，故对于递嬗之法，宜十分注意也。"①

顾先生长年在老辈身旁工作、学习，深得他们的教诲和器重，老辈们最看重顾先生的就是老成练达，品行学问。1931年7月，王同愈致顾先生信，云："内外孙辈中，惟足下与翼东最为老人所心折，学业、志趣、品行三者公备，恐千万人中不易一二觏也。"②

而张元济于1939年8月1日致叶景葵札中有对顾先生之评价，云"顾君曾晤数面，持论名通，为馆得人，前途可贺。"③

1943年9月13日，冒广生赠顾廷龙诗云："我识王怀祖，因知顾涧滨。异书探二酉，余事了千人。坠地斯文旧，忧天热泪新。叶公真好者，龙性不须驯。"④

在《叶景葵杂著》中有"集杜句赠顾起潜"，云："复见秀骨清，我生记子以为命；由来意气合，汝更少年能缀文。"诗作于1944年3月12日。

同时顾先生的办图书馆思想直接来源于图书馆的实践，津以为在四十年代后期他有致王南屏信，体现了他对办图书馆的见解以及困难之处言之历历，一览无遗，言词率直，坦诚相见，此札当可视为"合众"在四十年代煞费苦心保存传统文化之一斑。

信曰：南屏先生左右：奉示祇悉。关于敝馆规定星期例假停止阅览一点，对公务人员似有不便，执事曾摅高论布诸《大公报》（'鸿英'曩以星期休息，今亦反为星期日矣，可恨！），大文尚未读过，但于'公务员不便'、'鸿英之可恨'两语，征见台端读破万卷书，尚未验之于行事，若令乾嘉老辈获接先生，必延入钟山紫阳之斋，不致发不便之叹。先生不知办事难，办文化事业尤难，在非常时期为难之又难。私人办文化事业出于愿心，其愿心不必便于一二人，欲便于多数人；不必便于今世，欲以便于后世。故创办之时，即以不求闻达，阇然日章为旨。譬如粥厂，饥民嗷嗷，总须俟其煮熟，若急不及待，螽（冬改逢）湧于旁，视粥未必能入口，而锅有倾覆之虞，两无裨益。

办图书馆，较其他文化事业更难，即以聘请馆员而论，有学问者皆去当教授，无学问者不胜其任，稍知门径者可以当之。惟其有志上进、手不释卷，在他处固可取之才，在图书馆则否。事务将待，何人以理之耶？譬如庖工，日烹美味，不容大嚼，如庖工先自饕餮，则宾主何以成宴？来馆阅

---

① 语见叶氏《卷盦札记》。
② 王同愈：《王同愈集》，上海古籍出版社1998年版。
③《张元济全集》，第1卷。
④《顾廷龙日记》。

书之人，人数若多，每人半日之中，更换五六次，须若干人可以应付。请兄冥目一思之，即可有一概念。聘一馆员，薪水若干，不及公务员，几人之数，又将若干。

要之图书馆，有支出而无收入，收入持之捐款，现在经济情形之下，何处募捐？不比建庙造桥，出钱自身可以纳福，捐款图书馆者，本人不易享受。利人不利己之事，莫过于图书馆。捐款之难，难如登天。不以政府收税，一纸命令，通行全国。物价飞腾，开支日涨，收入无增，除紧缩尚有他策乎？紧缩自然人少，尚敷轮流值日之分配乎？为职员者，终日碌碌，愿吾兄抽暇往'鸿英'等处默察，其忙闲如何？敝处规模未具，不足为凭。

图书馆职员，亦寻常之人，不能并假日而剥夺之。尝有某君来商，因日间无暇，拟请每晚特许阅览。试问图书馆岂能适应每一人之愿望，不便于公务员者，又岂图书馆一业哉？银行、百货公司与公务员时间无冲突耶？足下何不并摅宏论以纠之邪？

总之，图书馆管理与阅者实处敌对地位，非身历其境者不知。仆为学生时，对于借书不能任性所欲为可恨，一日欲检《耆献类征》，照借书章程，每次两函，一再更调，余烦而馆员不烦，烦者燥急耳，不烦者秩序井然也。洎为图书馆员，遂深佩规定皆有意义。若欲满足阅览之心，则人人入库，自由取阅，几日之后，不知成何境地？从前北大、清华、燕京，均曾开放过，行不能通，一再改订管理规则，出馆有加以检查者，是皆中外服务者从经验中得来。此种条文之组成，不亚于《日知录》之各条考据也。

本馆书不能外借，亦从'鸿英'、'明复'等阅历而来，即余自身所受者可以奉告，余因馆书之不借友好，有情不可却者，遂以自藏借之。当时言论相从，以为即还，未记名氏，久而自欲取阅，遍检不得，亦无后索，还将静待见掷矣。自藏失之，尚可自恕，馆书失之，将如之何？龙遇借书者多矣，无不约二三日，结果二三十日，必待再催而后还。人之精力有限，无谓之消耗，实有不愿。况来此看书均属诸亲好友，或借或不借，徒然得罪，一律不借，亦仅衔恨，终成怨府耳。图书馆职员，实同大菜间之西崽，为人服劳役，伺候不慎，即遭物议。所望阅览诸公，设身处地，推己及人。

年来办图书馆之声甚盛，如子民图书馆（及门纪念）、松禅图书馆（陈某）、常州图书馆（江上达等拟办）、吴江图书馆（柳亚子）、梁燕孙图书馆（凤冈及门纪念）、灵素图书馆（张叔平），此外尚有，不能尽数，今雏型何在耶？开图书馆不比开跳舞场，舞场只要钱多人多，指日可成。图书馆钱多，办事固易，而有许普通书并不能立即可得。吾日前为馆配张文虎《史记札记》，各肆皆无，此一例也。若有一人来馆，欲阅此书，吾尚未备，必笑谓人曰：普通亦未全。若所欲阅之书均有，谁知搜罗之苦？馆员多，固办事速，然非忠实内行，必致大乱。积重难反，无形之损失更大。故美国国会图书馆书目之至今不能出，即因编目人时易其手，既不一律，并有错误，不能得一总纂以阅定。老实说，今日欲求一如纪文达之人，安可得哉！图书馆须俟其逐年生长，不能求其立成。在百业不在常轨之中，予以曲亮，书不尽言，复颂著安。"南屏者，不知何许人，或为徐益藩。

我以为顾先生和合众图书馆就是两部大书，顾先生的历史，实际上就是一部合众图书馆的历史，这是非常值得研究的两个题目。顾先生把图书馆当作一个事业，认为必须由小而大，倘一举宏伟，常易汗漫无归，结果一事无成。如今，"合众"把事业做得有声有色，成就巨大。而存于世的历次的合众图书馆董事会的会议纪录、董事会组织大纲、办事规程以及1946年1月24日陈陶遗等给当时的上海市教育局《呈为设立私立合众图书馆申请立案事》、创办合众图书馆意见书、合众图书馆缘起、合众图书馆捐献书等，都是研究近代以来中国图书馆事业史中私立图书馆的重要文献。"合众"的归宿，也是中国近代以来私立图书馆的典范。

2014年10月14日夜深于广州中山大学

附上海市私立合众图书馆史料一则

呈为设立私立合众图书馆申请立案事
（私立合众图书馆董事陈陶遗等呈上海市教育局）

呈为设立私立合众图书馆申请立案事，窃（陶遗、景葵、元济）等当昔国军西移以后，每痛楼寇侵略之深，辄念典籍为文化所系，东南实荟萃之区，因谋国故之保存，用维民族之精神，爰于中华民国二十八年五月发起筹设合众图书馆于上海，拾遗补阙，为后来之征。命名合众者，取众擎易举之义，各出所藏为创。初设筹备处，赁屋辣斐德路六百十四号，从事布置，先后承蒋抑卮、叶恭绰、闽侯李氏、长乐高氏、杭州陈氏等加以赞助，捐书甚伙。至三十年春，筹款自建馆舍于长乐路七百四十六号，即于同年八月一日成立发起人会。遵照教育部图书馆规程第十一条规定，决议聘请（宣龚、叔通）为董事。同年八月六日成立董事会，曾未几时，太平洋战事爆发，环境日恶，经费日绌，而敌伪注意亦綦严，勉力维持，军事外接，始终未与敌伪合作。赖有清高积学若秉志、章鸿钊、马叙伦、郑振铎、陈聘垂、陈聘丞、王庸、钱钟书等数十人以及社会潜修之士同情匡助，现在积存藏书约十四万册，正事陆续整理，准备供众阅览。采四部分类法，以史部、集部为多。先儒手稿本、名家抄校本、宋元旧刻本、明清精刊本皆有所藏。其中嘉兴、海盐两邑著述及全国山水寺庙书院志录网罗甚广，皆成专门；他如清季维新之书、时人诗文之集，著名者都备；至近年学术机关所出者亦颇采购，尤注意于工具参考之作，用便考据。此外有清代乡会试朱卷三千余本，陈蓝洲、汪攘卿两先生之师友手札约六百余家，皆为难得之品。金石拓片搜集约八千余种，汉唐碑拓部分，尚系马氏存古阁旧物，其他以造像为大宗。又河朔石刻为顾氏鼎梅访拓自藏之本，较为完备。间尝校印未刊之稿十又六种，以资流通。六年来，经过大概如此。前以交通阻梗不克呈请立案，兹值抗战胜利，日月重光，应将董事会之成立及图书馆筹设一并呈请核明立案，相应检同附件开列应具各款，俯乞钧局鉴核准予立案，批示只遵实为德便，谨呈上海市教育局。

计开

董事会应具各款

一、名称　私立合众图书馆董事会。

二、目的　详于附呈第一文件。

三、事务所之地址　上海长乐路七百四十六号。

四、关于董事会之组织及职权之规定　详于附呈第一文件。

五、关于资产或资金或其他收入之规定　现有资产基地壹亩玖分贰厘肆毫，上建三层钢骨水泥馆屋壹所。法发善后英金公债票面陆千柒百镑。

六、董事姓名籍贯职业及住址　详于附呈第一文件。

图书馆应具各款

一、名称　私立合众图书馆。

二、地址　上海长乐路七百四十六号。

三、经费甲经常费本年法币六十万元。

　　　乙临时费本年法币十万元。

　　　以上两项来源因基金公债尚未付息由董事筹募。

四、现有书籍册数　约计十四万册。

五、建筑图式及其说明　详于附呈第二文件。

六、章程及规则　详于附呈第一文件。

七、开馆日期　在筹备中。

八、馆长及馆员学历经历职务薪给等　详于附呈第一文件。

具呈人　私立合众图书馆董事　陈陶遗、叶景葵、张元济、李宣龚、陈叔通

从《中国丛书综录》到《续修四库全书》
——顾廷龙先生与上海古籍出版社的情谊

李国章

上海古籍出版社原社长

1996年，顾廷龙先生为上海古籍出版社成立40周年题词："中华古籍，先民智慧。五千余载，悠悠天地。国脉所循，国魂所寄。整理继承，启迪后世。发扬光大，开新世纪。"短短40字，言简意赅，顾老对祖国文化遗产的热爱，对整理和研究古籍孜孜不倦的努力，对弘扬优秀传统文化和开创新局面的期待，溢于言表。志同道合，这题词表达顾老与上海古籍出版社40载风雨同舟的思想基础。

顾老与上海古籍出版社的交往，应追溯到我社的前身古典文学出版社和中华书局上海编辑所。1956年古典文学出版社成立，当年就出版了顾老与王煦华选注的《汉书选》，该书精选《汉书》10篇，详加注释，为建国后较早出版的普及传统文化的读物。1957年，古典文学出版社又出版顾老所编《卷盦书跋》和《涉园序跋集录》，前者收录合众图书馆创办人之一叶景葵的古籍版本题跋两百余则，后者收集著名出版家张元济撰写的校印古籍序跋、论版刻之源流优劣的序跋两百则。此两书对研究古籍版本极具参考价值。

1958年，古典文学出版社改组为中华书局上海编辑所。顾老与出版社首次就大型古籍整理出版项目合作。1959年，为建国十周年献礼，由上海图书馆组织、顾老主编的《中国丛书综录》，集中北京图书馆、上海图书馆等全国41个图书馆的馆藏，所收丛书计2792种，收录子目约7万种，为最完善的全国性的丛书总录，是古籍整理研究和出版的极为重要的参考资料。从选题的提出到组织力量编纂、拟订定稿程序、分类表，从人员安排，到工作进度，顾老都全力投入，用一年又三个月时间，高效率、高质量地完成编纂任务。中华书局上海编辑所从1960年至1962年出齐全书。上海古籍出版社1994年重版。几十年来，本书是学术界和读者进行古籍整理研究必查的工具书。

"十年动乱"期间，中华书局上海编辑所被撤销，出版业务陷入停顿。1978年出版业务恢复，更名上海古籍出版社。此后近20年的时间，顾老与上海古籍出版社的交往更加密切，大型古籍整理出版项目《中国古籍善本书目》、《续修四库全书》，顾老与顾颉刚先生合编的《尚书文字合编》，均在此期间进行编纂和分批出版。

1975年10月，周恩来总理病重期间，指示"要尽快地把全国善本书总目编出来"。1977年，国家文物事业管理局为贯彻落实周恩来指示，决定北京图书馆和上海图书馆先行试点。1978年2月，顾老赴北京参加《中国古籍善本书目》的筹备工作会议，参与起草《古籍善本书目收录范围》、《古籍善本书目著录条例》、《古籍善本书目分类表》3个文件。1980年5月，《中国古籍善本书目》编纂委员会在北京成立，刘季平任主任委员，顾老任副主任委员，兼任主编。这部反映当代全国收藏古籍善本的大型目录工具书，著录了全国各省市图书馆、博物馆、大专院校图书馆等单位所珍藏的古籍善本约13万部，款目6万余条，一些稀少名贵的宋元刻本和著名学者的手稿本以及大量的明刻本和清初刻本都收入其中，书后附有古籍善本的藏书单位，极便学者检索。从1978年起步，到1990年全书定稿，费时12年。从1986年经部出版，到1997年集部出齐，费时11年。可见此书编纂出版的难度。顾老作为全书的主编，可以说尽心尽力，无私奉献。他除了经常往返北京、上海之外，多年来南北奔波，足迹遍及四川乐山、成都、广州、南昌、南京、天津、兰州等地，召开各类征求意见会，"全国古籍善本书版本鉴定及著录"工作座谈会，工作进展汇报会，经、史、子、集、丛部定稿会。他还举办西南、西北两省区古籍善本书编目学习班，与沈津先生共同讲授《古籍版本概述》。1995年4月，顾老在北京参加《中国古籍善本书目》编纂工作表彰大会，并作了"《中国古籍善本书目》编纂工作总结"的讲话，指出《书目》的编纂工作，从准备工作开始，经普查、汇编、审校、定稿等几个阶段，历时18年。前后参加此项工作的人员计数千人，参加单位近千个。他指出，该书"开创了中国古籍全国性书目的先河，并在编纂体例等方面既继承了中国图书目录学、版本学的优秀传统，又有所发展和创新。尤其是在确定是否善本问题上，制定了以古籍的历史文物性、学术资料性、艺术代表性为考察标准，具有较强的科学性、实践性和可操作性。《书目》也体现了中国当代古籍目录学、版本学研究的水平，它在古籍整理和研究理论上的建树与影响也是非常重要和深远的"[1]。对这部书的出版，顾老功莫大焉。

顾老和顾颉刚先生从20世纪30年代起着手编纂《尚书文字合编》，后因抗战爆发未能出书。1982年由顾老重新整理编纂，1990年交稿，1995年由上海古籍出版社出版。本书搜集不同字体的传世《尚书》二十余种，为《尚书》原始文献最集中最齐全的合编本。书后附有考订文章及藏本题跋等。旨在正本清源，通过探索其文字变迁之踪迹，以开拓研究之新途径，极具学术研究价值。对此书得以顺利出版，顾老感到由衷高兴，不禁感叹："从发动到成书，跨度六十四年，总算完成了，

---

[1]《顾廷龙文集》，第659页。

可以告慰颉刚先生于九泉。"① 此外，顾老还选编《王同愈集》、《叶景葵杂著》，为《宋人佚简》、《读史方舆纪要》、宋抄本《集韵》、宋刻本《艺文类聚》等珍贵古籍撰写"前言"、"序"、"跋"，表达对上海古籍出版社的热情支持。

顾老对《中华文史论丛》期刊的支持，更是令人感动。他参加该刊的创刊和复刊座谈会，并对办刊宗旨提出宝贵意见。1979年在复刊后第二辑上，发表《关于〈水经注〉版本的书札》，收有胡适之致顾廷龙书札计8通②。当时正值拨乱反正的初期，公开发表胡适书札，具有突破以往的"禁区"，推动思想解放的作用，引起学术界的热议，在全国影响很大。他校阅的《艺风堂友朋书札》，收辑著名学者缪荃孙与同时代学者论学的书信，涉及陆增祥、王先谦、李慈铭、沈曾植、王国维等157人，书札皆从未发表，由《中华文史论丛》作"增刊"出版。

顾老担任《续修四库全书》主编，是他年届九十为古籍整理出版事业作出的又一重大贡献。1994年5月，上海古籍出版社新一届领导班子成立，由我主持出版社的全面工作。5月26日，我同李伟国同志③即去拜访顾老，征求对古籍图书选题意见，对一些大型古籍整理的选题，他表达积极支持的态度。此时，在北京的宋木文同志④正在酝酿编纂出版《续修四库全书》的计划，并确定由上海古籍出版社负责全书的出版任务。1994年7月4日至5日，在北京龙泉宾馆召开了《续修四库全书》编纂出版工作会议。会议决定成立工作委员会和编纂委员会，宋木文任工作委员会主任，编纂委员会由工委会聘任，会议一致推举顾老担任全书主编，这是因为顾老是一位德高望重的版本目录学家，一生致力于古籍整理和研究工作，文化底蕴深厚；他担任《中国古籍善本书目》主编，编委会中，有不少版本目录学家，又有全国各主要图书馆的参与和支持，对于确定选目和取舍版本，对编纂工作是很有利的。顾老担任《续修四库全书》主编，可以说是众望所归。他对这项大型古籍整理出版工程也满怀热情，欣然接受主编的重任。其实早在1982年12月《文献》第十辑刊发的"关于古籍整理的笔谈"，其中有顾老撰写的《整理出版古籍小议》一文，十条建议中的第七条，即提出编选《中国善本丛书》，质量数量应超过《四库全书》⑤。1994年8月19日，他致杨如英函中提及："最近北京、上海、深圳有《续修四库全书》之举，承邀参加工作，固所愿焉。惟轾材任重，当努力为之。"⑥

顾老在承担《续修四库全书》主编的任务后，秉承他一贯为人治学的原则，不慕虚名，多干实事，从1994年至1998年逝世，在5年期间，做了大量工作。下面择要加以叙述。

1994年8月5日至10日，在北京召开《续修四库全书》编纂委员会第一次会议，顾老在讲话中指出：《四库全书》编成已二百余年，我们现在搞续修，是一项很有意义的工作。续修较之当年修《四库》，有不少有利和方便的条件，但工作量依然很大，一定要慎重从事。（《续修四库全书出

---

① 《顾廷龙年谱》，第776页。
② 内有一封上款为徐森玉、顾廷龙，并附胡适之致陈垣札、陈垣致胡适札各一通。
③ 时任副社长兼副总编辑。
④ 新闻出版署原署长、时任中国出版工作者协会主席。
⑤ 《顾廷龙年谱》，第622页。
⑥ 《顾廷龙年谱》，第749页。

版纪事》)

9月12日，顾老参加第一次《续修四库全书》工作委员会会议。会议决定增补顾老为工委委员。9月15日，顾老致宋木文信，就《续修四库全书》"选目"提出意见，包括字体问题、卷数的处理问题、选本的选择问题，如何对待原四库以附录处理的书等。①

11月12日，顾老主持《续修四库全书》学术顾问会议，并在会上发言："《续修四库全书》是三百年来一件大事，以前多次有人想做，都没有成功，我们今天真是天时、地利、人和的良好时机。这是光荣而艰巨的任务，单凭我们工作人员的一些力量是不够的，就是要依靠我们在座的顾问诸公。""由于宋木文同志之邀，由于自己喜爱编书、印书，所以不假思索，欣然应命了。后来想想是不适当的，一是年龄太大，二是没有专业研究。但又想我体力还可以，一直在图书馆整理古籍工作，真是难得的机会，好在有专家学者当我们的顾问，还有木文同志的领导，所以我又胆大起来了。请同志们多多指教，共同来完成这一文化学术界的大事。"②

1995年1月3日，顾老撰写《我对〈续修四库全书〉的一点想法》，随后又撰写《我对〈续修四库全书〉的随想》，对《续修四库全书》编纂的指导思想，收书原则，作系统阐述，并涉及具体的书目。③

当年1月4日，顾老为《续修四库全书》事致函国家古籍整理出版规划小组组长匡亚明同志，函云："一九九二年春，全国古籍整理出版规划会议时，忝为古籍小组顾问，实未能有所贡献，至为惭惶。创议编纂《续修四库全书》，此乃吾国古典文献整理之一大伟绩，亦为改革开放以来弘扬优秀传统文化、促进学术研究之重大举措。廷龙被推举为全书主编，虽已年逾九十，亦当奋力，共襄盛业。吾公主持全国古籍整理研究，德高望重，素所钦仰。今谨转奉出版工作者协会函件以达左右，亟盼有以指导、扶持。并望先生担任全书总监纂，祈请俯允。"1月22日，匡亚明先生为《续修四库全书》事覆顾老书札，指出："现代学术科技飞速发展，无论在出版速度、质量以至内容丰实上，均提供有利条件，并有宋木文、顾老诸先生及大批专家学者主持，或参与其事，深信在党中央、国务院关怀支持下，此宏伟工程，定能圆满完成。至于承邀鄙人任全书总监纂一事，非常感激。但因最近连续两次大病之后，体脑虚弱，实难胜任。为事业顺利开展计，谨恳另请高明，感甚，幸甚！"④

1月7日，《人民日报》发表题为《本世纪古籍整理出版的巨大工程〈续修四库全书〉编纂出版工作开展——宋木文、顾廷龙答记者问》一文，顾老就为什么要编纂《续修四库全书》和全书包含哪些方面的书籍回答记者的提问。

8月24日，为《续修四库全书》首批"经部·易类"40册问世，在北京人民大会堂举行出版

---

① 《顾廷龙年谱》，第750~751页。
② 《顾廷龙年谱》，第753页。
③ 《顾廷龙年谱》，第755~758页。
④ 《〈续修四库全书〉—古籍整理出版的宏伟工程》，上海古籍出版社2002年版。

座谈会，顾老介绍编纂工作情况，他感谢各界的广泛支持，并希望今后各方面更多的专家和学者参与到这一工程中来，共襄盛举，期于必成。

10月14日，《人民日报》（海外版）发表顾老署名的《〈续修四库全书〉编纂缘起》。

11月14—17日在天津召开《续修四库全书》编委会工作会议，认真总结经部编目的经验，提出史部编选工作的基本原则，在顾老和傅璇琮先生[1]的支持下，确定编目要做到编委会和学术界、图书馆界、出版社紧密结合，选书的学术价值和版本价值紧密结合。

1996年2月9日至10日，编委会邀请史部特邀编委及史地学家开会，进一步讨论史部的选目问题，顾老与会。虽然此后顾老较少参加会议，但对《续修四库全书》的编纂出版进度十分关心，常与有关学者谈及《续修四库全书》的编纂事宜。上海古籍出版社水赉佑同志负责全书的书目普查和借阅底本的工作，他曾多次赴京探望顾老，并请教工作中遇到的问题，顾老总是热情接待，表达明确的看法。如1996年3月30日顾老对水赉佑说："史部中《竹书纪年义证》要用刻本，不要用抄本。又《续修》不是稿本丛书，应尽量用定本。开目录的人要看书，读书人是直通，搞目录版本的人是横通。"[2] 水赉佑是顾老住院前见的最后一位友人，1998年6月20日，顾老同他谈了很多，谈到他一直提倡的"孤本不孤"的出版设想，也谈到在编《续修四库全书》应把清末王恩茂的集子收进去，因为他是我国第一位讲到马克思的人。[3] 顾老于1998年8月22日因病逝世，虽然他未能看到《续修四库全书》出齐，但他情系《续修》，为《续修》所做的贡献，是我们永远铭记在心的。

在《续修四库全书》工委会的指导协调下，经过编委会和上海古籍出版社的共同努力和深圳市南山区政府的大力支持，从1994年起步，到2002年全书出齐，历时8年，终于大功告成。《续修四库全书》收书5 213种，全套1 800册，每册平均700页，上下两栏，全书所收古籍多达250万页，这是一项浩大的古籍出版工程。2002年5月9日在北京人民大会堂举行的出版座谈会上，时任中共中央政治局常委、全国政协主席李瑞环同志，盛赞《续修四库全书》的出版，是"功在当代、泽及后世"的盛举。《续修四库全书》与《四库全书》配套，构筑起一座中华传统文化的大型书库，对保存、研究和弘扬中华民族优秀的传统文化，必将产生重大的影响。

40载悠悠岁月，顾老与上海古籍出版社互相支持，共同奋斗，结下累累硕果。2013年8月，由国家新闻出版广电总局、全国古籍整理出版规划小组公布的"首届向全国推荐优秀古籍整理出版图书目录"，从新中国成立60年以来所出版的25 000万种古籍图书中，推出第一批91种古籍整理出版的精品力作的杰出代表。顾老主编的《中国丛书综录》《中国古籍善本书目》《续修四库全书》，他和顾颉刚先生合编的《尚书文字合编》均列选该目录，成为古籍整理出版名副其实的精品力作。在古籍整理出版领域，顾老成就突出。

顾老与上海古籍出版社的同仁在长期合作过程中，结下深厚的情谊。从创办上海古籍出版社并长

---

[1] 时任全国古籍整理出版规划小组秘书长、中华书局总编辑，此次会议后与顾老并列全书主编。
[2] 《顾廷龙年谱》，第780页。
[3] 《顾廷龙年谱》，第807页。

期担任社长的李俊民同志,到随后几届出版社的负责人均同顾老保持密切联系。担任顾老主编图书项目的责编为数众多,代代相传,成为学者与出版社良好关系的范例。著名古典文献专家、古代中国科技史学家胡道静先生,时在中华书局上海编辑所任职,担任《中国丛书综录》的责编,他与顾老密切配合,就全书的内容、分类、版式、版面和校样的审读、前言的撰写,经常进行协商,顾老在晚年仍念念不忘他们之间的交往,1997年10月21日,顾老在为《章氏四当斋书目》作跋时回忆说:"此书为引得校印所排印,即以卡片付印,较为迅速,从始编到出版,仅十阅月。后来沪编印《丛书综录》,胡道静兄亦采此法,以草卡付排,胡君驻印刷厂,付排、订样、送书、成书甚速,而胡君辛苦极矣,深感不忘。"① 两位老先生的数十年交情,顾老曾赠手书给胡老:"白首论交久,江干话雨亲。"② 顾老在主编《中国古籍书目》时,与责编郭群一、吴旭民、徐小蛮、姜俊俊等同志交往密切,历时十余年,从排版格式到审读校样,都进行深入探讨,交情与日俱增。《关于〈水经注〉版本的书札》就是由郭群一同志提议,经顾老同意在《中华文史论丛》发表。③《中国古籍善本书目》出版后,顾老曾两次为吴旭民同志题词,第一次因《中国古籍善本书目》经部出版,题词曰:"旭民同志为此目责任编辑之一,相助甚力。今《经部》乐观厥成,为学术界同声庆幸。其余诸部尚望督促不懈。它日全功告竟,与君浮一大白,书此为券。丁卯元日。"④ 第二次题词曰:"一九九五年三月二十九日《中国古籍善本书目》五部分全部编辑完成志喜。顾廷龙记于北京。"⑤

与顾老的交往过程,也是责编向顾老问学和不断提高自己学识的过程。徐小蛮同志的学术水平的提高,得益于顾老的指导,她在《经典释文》的校点,编印《徐光启著译集》、《读史方舆纪要》,责编《中国古籍善本书目》、《续修四库全书》时,都认真向顾老学习,提高自己的版本目录学的研究水平,顾老还与徐小蛮同志合作撰写《中国古代的抄校稿本》、《中国古籍善本书目追记》。她撰写的介绍《尚书文字合编》的文章得到顾老好评。1996年10月5日顾老致信徐小蛮,感谢徐撰文介绍《尚书文字合编》云:"拜读再三,无任感愧!"⑥ 1997年12月24日顾老致信徐小蛮,谈《中国古籍善本书目追记》一稿修改事,说:"读了几遍,甚好,甚好。"⑦ 从《中国古籍善本书目》到《续修四库全书》,吴旭民、水赉佑、姜俊俊等同志自始至终参与责编工作。姜俊俊和陆枫、陈善祥同志为《尚书文字合编》作了大量校稿及复印资料的工作,袁啸波担任《王同愈集》的责编,他们的工作,都得到顾老的赞许。

顾老对上海古籍出版社的工作倾力相助,有求必应。我社出版的许多图书,都请顾老题签,《顾廷龙书题留影》所收辑的约600种的书名题签,其中我社出版的图书达116种之多。

---

① 《顾廷龙年谱》,第797页。
② 《顾廷龙年谱》,第623页。
③ 《顾廷龙年谱》,第607页。
④ 《顾廷龙年谱》,第673页。
⑤ 《顾廷龙年谱》,第760页。
⑥ 《顾廷龙年谱》,第785页。
⑦ 《顾廷龙年谱》,第800页。

在与顾老数十年的交往过程中,顾老淡泊名利、无私奉献的精神令人感动。他和顾颉刚先生所编的《尚书文字合编》出版后,他于1996年8月16日致信徐小蛮同志:"《尚书》稿费,请贵社迳送上图党委,我以党费上缴,不知已否接洽?极以为念!便中烦为一问。"[①]为落实此事,他于当年9月15日写信给我,谈《尚书文字合编》稿费及出版王同愈遗稿事。信中说:"稿费请转交上海图书馆王世伟同志代收,想为古籍部做点有益的事,亮蒙赞成。尚有我外叔祖王同愈的遗稿,已交贵社,希望慨予出版。王同愈先生为吴大澂的学生,前清光绪翰林,曾任湖北学政,工书画诗文,没于抗战时期。余为辑成遗集,已交徐小蛮同志设法印行,尚祈台端俯允所请,不胜感幸之至。"[②]顾老这两个愿望,都按他的要求实现了。

为纪念顾老诞生100周年,上海古籍出版社于2004年出版《顾廷龙书题留影》(顾诵芬、沈津、高桥智辑)和《顾廷龙年谱》(沈津编著)两书。今年是顾老诞生110周年,将出版纪念文集,特写此文,缅怀顾老高风亮节和敬业精神,铭记他为中国古籍整理出版事业作出的贡献。

2014年6月5日

---

① 《顾廷龙年谱》,第782页。
② 《顾廷龙年谱》,第784页。

顾老与《中国近代期刊篇目汇录》

李 文
上海图书馆

今年是顾老诞辰110周年。顾老对我国图书馆事业倾注了毕生精力，他常说"人不能自有所表现或能助成人之盛举，亦可不负其生平"。他的工作准则是："专事整理，不为新作，专为前贤行役，不为个人张本"。自谓"一生主要做三件事，就是为图书馆收书、编书、印书"。又说"我一生编过不少书，尤以书目居多，或个人独编，或集体合编，这是职业使然。"这也是顾老一生真实的写照。

但遗憾的是在众多涉及顾老的文章中或介绍他所编书目的条款中都未将顾老主持编辑的《中国近代期刊篇目汇录》列入其中。记得1996年上海图书馆举办《顾廷龙书法展》，我参与展厅接待工作，我曾询问顾老："顾老，书法展关于你履历的介绍中罗列了你参与主持编辑的大型书目很多，为何《中国近代期刊篇目汇录》（以下简称《汇录》）未提及？"顾老说："履历都是别人为我写的。"这，不能不是一大憾事，在顾老诞辰110周年之际，我将了解的有关《汇录》编辑的详情介绍给大家，以弥补这一缺憾！

1955年初我从鸿英图书馆调往历史文献图书馆，就住在顾老与师母卧室隔壁小房间。那时历史文献馆实行包饭制，一日三餐顾老让我到他房中与顾老、师母共同进餐三年之久，使我心中有家的感觉。饭后闲谈中，顾老曾谈到黄炎培先生创建的鸿英图书馆在20世纪30年代在资金匮乏的情况下，坚持编印《人文月刊》数年，为读者提供方便一事赞不绝口。他说，现在报刊图书馆已把当代国内中文期刊按时编制索引，而解放前的旧期刊如能编成索引，那真是了不得的大工程。我多次听到顾老提及此事，这几乎成了他的夙愿。

1958年迎来四馆合并，历史文献、报刊、科技图书馆三馆新中国成立前的旧期刊，全部集中到藏书楼，与上图旧期刊合并。这使上海图书馆近、现代期刊的收藏无论从品种和数量上，在全国都名列前茅。其丰富的馆藏在原始源上有着得天独厚的优势，以此作后盾，这为实现顾老的夙愿提供了扎实和可行性的必要条件。顾老一生尤以编书目居多，在他胸中蕴藏着一个庞大的书目编制计划，自他主持合众图书馆以来，书目编辑工作持续了他的一生。他在1959年5月17日致顾颉刚先生信中写到"我馆今年编《丛书综录》，明年拟编几种索引"[①]。可见顾老在主持完成《中国丛书综录》前，就已筹划编制近现代期刊论文索引了。

1960年4、5月份顾老找我谈话，说馆里拟把解放前旧期刊中哲学、社会科学方面有参考价值的期刊论文编成索引，并已得到上级有关部门批准，现正在筹备。又说你原是鸿英来的，就到徐家汇藏书楼筹备小组报到吧。他嘱咐我好好工作，在工作中好好学习。我听命前去向为刚先生报到。从此，我走上了编制期刊索引工作之路，直到1996年退休。

不久，汇录编辑小组正式召开成立大会，地点在藏书楼底层左首第一间办公室。会议由当时馆办公室主任徐钊主持，文化局方行[②]副局长和顾老亲自参加。顾老首先发言，特别介绍了此项目工作的重大意义，他特别强调把浩如烟海的资料编成一个完备的目录是为研究者积累知识，节省时间和精力的一门学问，勉励大家尽心尽责地完成任务。方局长做了动员和鼓励工作，最后徐钊发言，他说汇编工作是自1840年鸦片战争至1949年解放，跨度109年，今后汇编小组就简称"109"，并宣布业务总负责人由韩静华兼任（书目部主任），组长于为刚（藏书楼组长）兼任，组员黄秉实、王键、严振乾、夏祖德、朱根兴、李文等。藏书楼部分工作人员葛伯熙、彭惠堂、闵迪华、唐月娟、陈倩主要配合我们查库，及期刊出入库的登记工作。

这是四馆合并后的第一次查库，有卡无刊、有刊无卡、张冠李戴、残缺不全者不一而足，工作量之大，条件之艰苦可想而知。为了尽快完成任务，我们每天早上提前半小时上班，晚饭后还要加班到九时左右，每个星期日加班半天，后来形成制度，既没有加班费，也没有调休，大家自觉遵守，很少有人请假。查库工作一结束，即投入抄卡工作，除已定的工作人员外，还聘用临时工4人（都是馆内职工家属）担任抄卡工作，采取计件工资制，每条资料不管字数多寡以0.03元计。卡片是从纸品厂购买边角料，切割成卡片大小，纸质各不相同，一式三份（分类卡、书名卡、著者卡），再加二张复印纸共五层，用圆珠笔抄写，很吃力、速度较慢。后来又请徐家汇附近中学生帮我们抄卡。期间适逢北京大学图书馆系一批大学生来上图实习，就全部派到"109"小组帮助抄卡片，但绝大部分卡片仍是我们工作人员和临时工抄写的。顾老经常来"109"小组检查指导工作[③]。

---

① 见《顾廷龙年谱》，第534页。
② 顾老与方行：顾老在主持合众图书馆其间，对来馆阅览的读者无论是专家学者或是一般读者都诚恳接待，尤其对青年读者特别关注。解放前方行曾多次到合众图书馆看书而引起顾老的注意，顾老便主动与其交谈，了解他阅读需求，相谈甚欢。有次顾老提出让他留下住址以便联系，方行留下民国路××号的地址。此后方行很长时间未来看书，顾老就按方行留的地址前去访问，结果发现门牌号码有误。直到解放后方行已任华东区检察署副署长再来为历史文献馆借书并为之前所留地址一事向顾老致歉。顾老才知方行当时从事党的地下工作不便告知真实地址。此后方行调任市文化局副局长，分管社文口，与顾老的交往频繁。顾老为旧期刊编制论文索引一事多次与方行相商，得到方的大力支持。所以方行亲自出席《中国近代期刊篇目汇录》编辑小组成立大会并发表讲话。
③ 见《顾廷龙年谱》：1960年8月10日与徐钊同志去徐家汇藏书楼看"109资料"编纂情况。

当时"109"小组工作重点就是抄卡、校卡。1961年上半年卡片已积累相当规模。由于编制卡片是按库房期刊上架顺序（即笔画顺序）不分出版先后，凡认为稍有参考价值的期刊全部照录。资料范围涉及面比较广泛、庞杂。近、现代期刊相互交错，特别"五四"运动后中国共产党的成立，论文资料大量涉及政治、党派、人员等等问题，比较复杂，无法妥善处理。经多次讨论并听取多方意见，决定先编辑近代期刊论文索引，初步确定自1857年—1918年12月为止。编辑方针确定后，对工作步骤及人员安排进行了大调整[①]。原"109"小组成员除夏祖德、李文留任外，组长改由俞尔康[②]全面负责[③]。副组长王文锦负责考勤及期刊借还的登录工作。另增调杨鉴[④]、斯宝昶、毛云路、张贤俭。编辑组仍称"109"，隶属书目部领导。办公地点由徐家汇藏书楼迁到南京西路总馆西大楼（临黄陂路过街楼上），内设有保密库房，已备储存旧期刊之用。编辑方针确定后，如何整理这份历史文化遗产，是编辑工作的首要问题。我们在全面权衡得失，分析需要与可能的前提下，确定收入方针的基本点是：必须区别主次，分别对待，既要把已知的、有一定史料价值的期刊，全面加以收录，又要考虑在不同类型的刊物中加以选择，揭示其中较重要、而有代表性资料，坚持必须在大量期刊中，经过细致分析比较，认真选择，才能做到全而不滥，精而不狭。在统一思想的基础上，从而提出期刊种类选择的4条基本原则并具体化为6项收录标准。

四条基本原则：

1. 凡对科学研究有参考价值的期刊必收，无参考价值者不收。

2. 以选收全国和各省会以上城市（包括重要中等城市）出版的刊物为主。县级期刊除特殊情况外，原则上不收。

3. 在某一历史时期有代表性和早期出版的主要期刊必收。

4. 凡全国各兄弟馆收藏较全的主要期刊必收，若卷期过于零散，难以补充的期刊不收。

根据这些原则，我们在整理馆藏和征集、补充有关兄弟单位收藏情况的基础上，进一步具体化作六项收录标准：

---

① 见《顾廷龙年谱》：1961年4月6日与潘皓平等人谈关于《中国近代期刊论文索引》人力安排及工作步骤事，先生负责此项工作。

② 顾老与俞尔康：1956年文艺界在"推陈出新，百花齐放"的大好形势下，图书馆也迎来大发展，当年历史文献图书馆得到上级部门批准，可自主招收员工，当年由苏州新华书店推荐旧书店业主沈惠民、尹仲彬来馆担任线装书的整理工作。同年由郭沫若先生介绍黄怀觉（碑刻、拓片专家）来历史文献工作。而此时俞尔康同志则是毛遂自荐，我记得当时是浙江宁海某小学教师，他来信表达了对文史工作、对图书馆工作的兴趣，并随函附上用小楷书写的他研究明史的论文资料，顾老阅后很欣赏，让我约他来沪面谈。后经顾老、潘景郑、王煦华三位先生的面试各方面都比较满意，经函调报请文化局批准后正式参加历史文献图书馆工作。俞尔康不负重望，在王煦华之后成为顾老业务上的左右手。俞尔康作为《中国近代期刊篇目汇录》的主要负责人，为《汇录》的编辑出版尽心尽力，出色完成任务，他不幸于1973年因积劳成疾病故。20世纪80年代《中国近代期刊篇目汇录》发过唯一一次编辑费，一般编辑人员各80元，顾老根据俞尔康的贡献特批150元。顾老让我陪他到四马路原水产公司楼上上图家属宿舍亲自把150元钱交给俞尔康夫人，并进行慰问。从此事也可看出顾老的为人之道。

③ 原《中国丛书综录》主要编辑人员之一。

④ 原《中国丛书综录》主要编辑人员之一。

1. 凡属综合性、学术性期刊基本全收,一般性刊物选收。

2. 学校刊物,学术性或政治性及社会影响较大者收入,一般只反映校务和为纪念性者原则上不收。

3. 以宣传宗教教义和一般传教活动为主的宗教刊物不收。

4. 只适合儿童阅读的期刊一般不收,仅收其首创刊物。

5. 内容黄色和低级趣味者不收。

6. 政府公报、画报一般不收入总目,对某些有代表性的政府公报和专业性公报,视其内容选收。

据此,我们根据近代期刊种类既多,卷帙浩繁,收藏分散的特点,主动做了三道征访工作,即向主要图书馆作全面征访,有目的地向某些小型图书馆或古籍书店作缺期征访,向专业单位和有关专家作重点补缺征访,从而摸清了我国近代期刊的基本情况。从1857年至1918年60年间挑选出495种主要中文期刊进行编辑篇名总目,原抄卡片暂时封存。"文革"中所抄卡片全部作废纸处理。①

由于近代期刊受当时历史的局限,观点和立场在不同程度上都存在问题,我们在制定著录规则时曾对某些敏感材料的处理上引起过争论,但最后大家一致同意根据历史唯物主义的基本原则,坚持实事求是、尊重历史的精神对所有篇目均照原刊著录,不予改动。这也是顾老自始至终最坚持的一点。②。因此在期刊收录范围上做到兼收并蓄,力求完备;内容上着重考虑是否具有参考价值,是否为科学研究工作可利用;在篇目著录上,力求符合历史原貌,纲目清晰,款式统一。这样在一定程度上按照历史顺序概括了近代中国各个时期内期刊发展的历史,揭示了近代期刊文献资料的全貌。由于《汇录》是一部联合目录,所收各种期刊都注明收藏单位,包括全国各地51座图书馆,从而摸清了中国近代期刊的现存情况的基本脉络。其编制体例严谨,著录详细。各种期刊按其创刊年月顺序编次,把期刊创刊及停刊时间、编辑者、发行者、出版年月乃至分栏标题、篇名、著译者和本刊提要等分别著录,使《汇录》又成为一部资料殷实的中国近代期刊史。

由于编辑方针、期刊收录标准以及篇目著录等等都有明确的规定,篇目汇录工作进展顺利。1963年底仅用两年多的时间全部完成495种主要期刊篇目的编辑工作,并正式定名《中国近代期刊篇目汇录》,书名由顾老请吴玉章题写。现在出版的该书书名,就是吴老的墨迹。1965年12月《中国近代期刊篇目汇录》第一卷正式出版③。第二卷3册于1982年出齐;第三卷2册1983年出版,全书1280万字。出版后,受到国内外学术界、图书馆界、情报界交口赞誉。日本的东洋文库、东京大学东洋研究所、京都大学图书馆以及美国国会图书馆等都把《汇录》专门列架,供人阅读。《汇录》还入选《图书馆学、情报学、档案学简明辞典》条目。

综上所述,《中国近代期刊篇目汇录》的编辑成功,自始至终是由顾老亲自筹划,亲自领导的。

---

① 见《顾廷龙文集》,第654页,一本书的遭遇—关于中国近代期刊篇目汇录。
② 见《顾廷龙年谱》1961年4月7日先生至徐家汇藏书楼了解馆藏近代期刊论文卡片的情况,先生倾向于"有文必索"。
③ 见《顾廷龙年谱》,第565页。

对于期刊收入标准的选定、篇目的设置，资料收入范围以及人员的配备亦是在顾老亲自主持下进行的。最后《汇录》清样的审阅经顾老签字发排。这是继 1959 年《中国丛书综录》出版后的 1960 年至 1965 年间顾老重点负责编制完成的又一大型工具书。顾老这一功绩将永远记录在图书馆事业的发展史上。

当我们纪念顾老诞辰 110 周年之际，我们图书馆工作者一定要把顾老"专为前贤行役，不为个人张本"的精神发扬光大！

2014 年 6 月

顾廷龙先生与中国家谱收藏

陈秉仁

上海图书馆研究馆员

说起中国家谱,世人皆知上海图书馆是现今世界上收藏家谱原件最多的图书馆,也是唯一专设家谱阅览室的图书馆。而建馆于1952年的上海图书馆,历史并不太悠久,为何能在不太长的时间内收集如此之多的中国家谱呢?这不能不归功于著名图书馆事业家、老馆长顾廷龙先生,以其卓识远见与长期坚持的收藏理念,筚路蓝缕,不仅为上海图书馆的家谱收藏奠定了厚实的基石,同时也在中国家谱收藏史上写下光辉的一页。

梁启超 顾颉刚 顾廷龙

家谱,亦称宗谱、族谱,是记载一个家族世系与主要成员事迹为核心内容的史类文献,也是一个家族繁衍传承的档案。20世纪20年代,随着社会科学新领域的开拓,以梁启超为代表的一批学者,从人口学、优生学、遗传学、民俗学等新学科角度肯定了家谱的重要价值。1923年,梁启超在《中国近三百年学术史》中指出:"欲考族制组织法,欲考各时代各地方婚姻平均年龄、平均寿数,欲考父母两系遗传,欲考男女产生两性比例,欲考出生率与死亡率比较等等无数问题,恐除了族谱家谱外,更无他途可以得资料。"并呼吁:"我国乡乡家家皆有谱,实可谓史学瑰宝,如将来有国立大图书馆能尽集天下之谱,稗学者分科研究,实不朽之盛业也。"故而在他晚年(1925—1927年)任馆长的国立京师图书馆(今国家图书馆),自1928年起在《北平图书馆月刊》上刊载《征求家谱启事》,广泛征集家谱,开图书馆公开征集家谱之先河,但"碍于旧俗,应者廖廖",截至1950年,该馆收集到的家谱仅348种,可见要实现"尽集天下之谱"并非朝夕之事。

继梁启超之后，著名史学家顾颉刚也指出："我国史学领域尚待开发的两个大金矿，即地方志和族谱。它向为治史者所忽视，实则其中蕴藏无尽有价值的史料，为正史所难以悉记而不为人所知者。"顾颉刚先生是古史辨学派创始人，也是民俗学、历史地理学的先驱，他深知图书资料对学术研究的重要性，而收集图书资料又必须打破"圣道"和"古文"的传统观念，应该"用材料的观念去看待图书，用搜集材料的观念去看待图书馆事业"。① 20 世纪 20 年代末至 50 年代初，他在北京、广州、上海等地大学任教时，都兼任大学图书馆或当地图书馆的采购委员会委员，以其独特眼光指导图书采购工作。1927 年，他兼任广东中山大学图书馆中文部主任时，还专门撰写了一份《购求中国图书计划书》，将图书馆需要采访收集的图书资料归纳为 16 大类，并一一指出这些资料的范畴、作用与收集方法，其中第四类"家族志"云：

> 凡家谱、族规、家训、祖先图、世德记、氏族考等均属此类。
>
> 中国的社会基础，建筑在家庭上面，以家族为社会的单位。自科第，仕宦，选举（民国以来），婚姻，以至词讼，械斗，皆与家族有很深的关系；而置义田、设义庄，济弱扶贫，使大家族不至离散，亦为经济史上的重要事实。家谱即为记载此类事实之专书。又民族的迁徙，年寿的长短，结婚的早晚，生殖的多寡，种性的智愚等等问题，也可在家谱里勾索出来。只因以前史家不大注重此等材料，所以和中国历史关系最密切的家族制度竟无法研究。近数十年来，凡交通便利的地方，受经济的影响，人民散至四方的很多，义庄亦失去赡养全族穷人的能力，大家族制度已日呈衰落之象，恐怕再过数十年这制度也就消灭了，所以我们对于家族的记载应当趁现在时候赶紧收集。穷乡僻壤，聚族而居，往往若干村中只有一姓，一县中一族有若干万人。这种家族固然团结力很强，但怕他们没有家谱，这有赖于我们的实地调查了。
>
> 家谱等书，为书肆所不收，甚难购觅，我们应当登报征求。但家谱往往印刷甚少，每房限制发给一部，续修之谱竣事，原谱即须缴回销毁，故即悬赏征求，亦恐未必能得到多少。我们应于出资购取之外，更向人借钞，务使力所能及的不致诉之交臂才好。②

顾颉刚先生一生主要精力在于史学研究，虽亲自践行其采购主张的时间不多，可是他的收藏理念却对终生从事图书馆事业的顾廷龙先生影响巨大，其中当然也包括对家谱的认知。正如顾廷龙先生自己所言："我服膺先生之说，经常注意到正统以外的图书资料的搜求，亦略有所得。"又说："我从事图书馆古籍采购事将五十年，即循此途径为收购目标，颇得文史学者称便。"③

顾廷龙先生是顾颉刚先生的族叔，但年少 11 岁，又为其学生。自 1932 年燕京大学研究院毕

---

① 顾颉刚：《购求中国图书计划书》，1927 年《国立中山大学图书馆丛书》第二种；又《文献》1981 年第 2 期重刊。
② 顾颉刚：《购求中国图书计划书》，1927 年《国立中山大学图书馆丛书》第二种；又《文献》1981 年第 2 期重刊。
③ 顾廷龙：《介绍顾颉刚先生撰〈购求中国图书计划书〉——兼述他对图书馆事业的贡献》，载《文献》1981 年第 2 期。

业后，就留校担任图书馆古书采购工作，后兼任美国哈佛大学哈佛燕京图书馆驻北平采访处主任，历时六载，在该馆采购委员会洪业、邓之诚、容庚、郭绍虞、顾颉刚诸教授的启迪下，积累颇深。1939年，顾廷龙先生应邀南下，主持创办伊始的上海合众图书馆工作。馆该由发起人叶景葵、张元济、陈陶遗及董事陈叔通、李宣龚等"各出己藏"联合创办，以收藏历史文献为宗旨，但采购经费竭蹶，藏书基本以私家捐赠为主；工作人员也很少，经常3、4人，最多未超过9人。可是在顾廷龙先生艰辛主持下，以其敏锐的眼光，独辟蹊径，专事采集稿抄校本及稀见明本，并百方搜罗当时为人们所忽视家谱、朱卷、缙绅录、近人手札、专人档案等资料，始终不懈，聚沙成塔，日后一一都成为上海图书馆的特色专藏，影响遍及海内外。其中家谱专藏能称誉世界，顾廷龙先生实为肇始第一人。

家谱大抢救

如前所述，上海图书馆家谱收藏肇始于顾廷龙先生主持的合众图书馆，至新中国成立初，该馆收集的家谱已达313种，与当时北京图书馆的家谱藏量基本相当，但皆散见于各私家捐赠的藏书之中，而其专藏规模的形成则始于土地改革时期从废纸中抢救出的大批家谱。

新中国成立后的第二年，即1950年冬季，一场大规模的土地改革运动在新解放区（主要指华东、中南等地区）农村广泛展开。在改革封建土地制度、批判封建宗族思想的同时，象征宗族权力的祠堂被彻底摧毁，记载宗族历史的家谱也大量流散，不少被当作废纸送往造纸厂化浆。大家知道，华东地区的浙江、安徽、江苏、福建、上海及中南地区的江西、湖南、湖北等省市是中国明清以来纂修家谱最活跃、最普及的区域，现存家谱中80%以上都属于这一带，可想而知当时家谱流散之多。而上海是建国初期国内造纸工业的主要城市，"解放初期，共有32个私营造纸企业……各种废纸便成为上海造纸原料的一个新来源……在上海市内废纸供应不足时，间有向浙江、江苏、安徽、湖南、江西等省废品公司采购"，自"1951年3月起，（由）上海市造纸工业原料联购处统一收购，统一配售。"① 这就是各地不少家谱随同废纸一起流入上海的原由。

同时，上海又是华东局的所在地，就在"1951年，上海造纸工业委员会联购处（黄家码头）和日晖港华东工业部废铜仓库有大批废纸废铜即将回炉熔毁。华东文化部按照中央轻工业部《关于禁用旧版书做纸浆原料的通报》和中央文化部文物局《要大力抢救历史文献》的指示精神，即组织各旧书店及古玩市场的专业人员前往拣选抢救，经半年多时间努力，共计抢救出宋版书《磬老人集》（疑为《倚宋老人集》之误）及明版图书等15万册；铜器3万斤（内有商、周、秦、汉等历史文物）。为此，华东文化部特在武定路租房屋作为仓库（简称'文物仓库'）存放，并设临时机构予以

---

① 《上海造纸志·第五章原辅材料·第五节废纸》，上海社科院出版社，1996年。

保管，但不进行整理、编目、造册、调拨等工作。1952年华东文化部即将撤销，文物仓库就于同年12月20日移交给上海市文化局。1954年6月3日……原存放于武定路仓库的文物、图书也迁往虎丘路88号，作为文物仓库整理的库址。"①

其间，顾廷龙先生也参与了抢救废纸图书工作，他的回忆笔记是这样记述的：

> 此事由华东文化部与上海市文物管理委员会合作，抢救各地土改后运来上海造纸厂作纸浆的废纸。抢救废纸图书之事是各书店的伙友都参加。凡家谱皆保留，太平天国易知单、田契等皆在抢救之列。大批抢救下来的家谱等，原储华东文化部康定路（笔者注：当为武定路，因二路相邻，故误记。）仓库，很宽敞。后来华东文化部撤销，仓库也随之。管库来商大批家谱如何处理？时合众有法宝馆可存储，于是接收过来。②

顾先生的记述虽未注明具体时间，但对照上述《上海文物博物馆志·文物整理仓库》记载，以及1953年4月24日《（合众图书馆）议事录》："我馆藏书日增，无法容纳，近由常务董事向法宝馆借用空屋一大间，不收租费"③的记录，就不难推断出顾先生抢救大批家谱的时间顺序：1951年开始抢救废纸图书，历时半年多，大批抢救下来的家谱等原藏于华东文化部武定路文物仓库。1952年底移交上海市文化局管理。1954年武定路文物仓库撤销，原存的文物、图书迁往虎丘路，其中大批家谱则由顾廷龙先生主持的合众图书馆接收，并移至该馆借用的上海觉园法宝馆（北京西路1400弄），成为该馆专藏。

这里需要解读的是：1951年文物仓库抢救废纸图书时，顾颉刚先生尚在上海任教，并兼任上海市文物管理委员会图书采购委员会委员；顾廷龙先生则兼任上海市文物管理委员会顾问，可以肯定，抢救图书标准的制订与二位先生都不无关系，尤其是"凡家谱皆保留，太平天国易知单、田契等皆在抢救之列"的方案，正是顾颉刚先生倡导、顾廷龙先生长期践行的收藏理念的具体表现。

另外，1954年武定路文物仓库撤销，原存的文物、图书迁往虎丘路时，上海已有数家图书馆，特别是"四馆"合并前的上海图书馆已成立两年，亦收藏大量古籍（其中宋元本远超合众图书馆），且曾直属上海市文管会，如果该馆提出接收家谱，完全有优先权，可是却未见动作。而顾廷龙先生则欣然接收大批家谱，可见当时对收藏家谱认识之不同。

此后，顾廷龙先生还亲自参与了一次抢救废纸图书工作，那是：

> 1955年秋，某晚十一时许，先生接到上海市文化局社文处徐钊电话，说上海造纸工

---

① 《上海文物博物馆志·第三编管理·第一章机构·第二节 文物事业单位·文物整理仓库》，上海社科院出版社，1997年。
② 沈津：《顾廷龙年谱》，上海古籍出版社，2004年。
③ 沈津：《顾廷龙年谱》，上海古籍出版社，2004年。

业原料联购处从浙江遂安县收购了一批约二百担左右的废纸送造纸厂作纸浆，其中有许多线装书。顾先生获讯，连夜赴现场察看，发现废纸内有宝。次日，即率员前往翻检，在尘屑飞扬的废纸堆中，先生与工作人员不顾尘垢满面，汗流浃背，片纸只字，只要有资料价值，绝不轻易放过。经过连续十一天的辛勤劳动，抢救出一大批珍贵历史文献。从内容上说，有史书、家谱、方志、小说、笔记、医书、民用便览、阴阳卜筮、八股文、账簿、契券、告示等。就版本而言，有传世孤本明万历十九年刻《三峡通志》，流传稀少的明本《国史纪闻》《城守验方》，明末版画上品《山水争奇》，还有不少旧抄与稿本。①

这次抢救废纸图书也发生在上海造纸工业原料联购处，其中也有家谱，但皆为浙江遂安地区的家谱（这也是上海图书馆收藏该地家谱最多的原因），与先前顾先生接收的从"各地土改后运来上海造纸厂作纸浆的废纸"中抢救出的"大批家谱"（包括浙江、安徽、江苏、上海、福建、山东及江西、湖南、湖北、河南、广东等省市）还是有区别的。况且1955年土地改革早已结束，"合众图书馆"也已改名"历史文献图书馆"。此前，人们在论及顾先生抢救家谱一事时，往往将二者混为一谈，所以有必要予以厘清。

经过抢救废纸图书，顾先生在1956年1月12日的《新民晚报》上发表了《我在废纸中抢救历史文献中的一点体会》，并提出了搜集包括革命文献、档案、地方志等12类图书资料的主张，其中第4类就是"家谱"。这是他多年践行顾颉刚先生采购图书主张后得出的更精辟的总结。

限于人手，合众图书馆存放在法宝馆的大批家谱，直至1958年10月"四馆"合并后，在顾廷龙先生启动下，才搬入长乐路书库（即原合众图书馆），并于1959年底完成了初步整理工作，摸清了家底。据1959年12月27日《整理"法宝馆"家谱统计》：

编　目：　　673 种　　　6 985 册
造　册：　　8 011 种　　47 711 册
全复本：　　8 种 117 部　425 册
残复本：　　　　　　　　4 292 册
残　本：　　　　　　　　230 册
共　计：　　　　　　　　59 643 册　另散叶大小 26 捆

《统计》给人们最直观的反映，就是从废纸中抢救出来的家谱数量大、品种多。也就是说，共有8 684种59 643册又26捆散叶的家谱被从濒临毁灭的边缘中抢救出来，且一次入藏合众图书馆，使其家谱藏量一举领先于海内外图书馆，这在中国家谱收藏史上，不仅是空前的，也可能是绝后的。

---

① 沈津：《顾廷龙年谱》，上海古籍出版社，2004年。

另外，从废纸中抢救出来的家谱还有两个特点：

一是地域广、差距悬殊大。抢救的家谱涉及华东地区的上海、山东、江苏、浙江、安徽、福建及中南地区的江西、湖南、湖北、河南、广东等省市，与建国初土改的区域基本一致。其中以浙江最多，约占半数，依次为湖南、江西、安徽、江苏、上海、湖北、福建，而河南、广东、山东（该省不在解放初土改之列）皆未超过 10 种，地域间的差距悬殊甚大。究其原因，主要与历史上各地修谱的普及程度有关。

二是系统完整、连续性强。土改时抢救的家谱，不少出自宗祠，一个家族聚藏其内的历代纂修版本及各支派分谱往往尽被网罗。如《浙江金华东山傅氏宗谱》，明初至 1948 年共纂修 20 次，其中第九修（清雍正七年，1729）至二十修（1948 年）的各种版本皆被抢救出来，无一遗漏，连续性之长，现存家谱中已无出其右者，至于抢救的连修四五次的家谱则比比皆是。又如《浙江浦江龙溪张氏宗谱》有清乾隆四十年至 1944 年各种宗谱、支谱 27 种，《浙江金华金华莲池张氏宗谱》有明万历元年至 1947 年各宗谱、支谱 22 种，都被抢救保存下来，其系统之完整，皆为现存家谱之冠，比较系统完整地反映了一个家族的繁衍规模与发展。

当然，抢救的家谱也留下莫大的遗憾与惋惜，那就是足本少残本多。被《统计》列为"编目"的家谱，都是完整的本子（俗称足本），计 673 种 6 985 册；而列为"造册"的家谱，皆为残本，则有 8 011 种 47 711 册，二者的品种比例竟为 1∶12。许多残本家谱的世系中，时见人名被墨笔涂黑，抑或被剜去，甚至被整页撕掉，读者一看就知道是"运动"留下的痕迹，令人痛惜。

家谱大采购

如果说上海图书馆大宗家谱收藏肇始于合众图书馆，其收集方法主要是来自废纸抢救及接受捐赠，仅从数量上奠定了家谱收藏的领先地位，而其质量的进一步提升则始于"四馆"合并后的家谱大采购。

1958 年 10 月，原上海图书馆、上海市科学技术图书馆、上海市报刊图书馆、上海市历史文献图书馆（原合众图书馆）四馆合并，仍名上海图书馆，"各馆馆长分任原职，实行联合办公"，"1962 年 11 月 12 日，市人民政府任命顾廷龙为上海图书馆馆长。"[1] 新组合的上海图书馆无论规模、经费、人员、场所，较之合众图书馆（历史文献图书馆）都已不可同日而语，从而给了顾先生系统搜集图书资料，为科研服务的更大空间。他除了亲任《中国丛书综录》、《中国近代期刊篇名汇录》主编外，还启动了一系列历史文献搜集整理工作，诸如馆藏稀见古籍[2] 影印，近代名人书札资料[3] 整理，建国前旧书报刊补充。与此同时，在完成"法宝馆"大批家谱整理的基础上，家谱采购也首次

---

[1]《上海图书馆事业志·大事记》，上海社科院出版社 1996 年版。
[2] 如宋本《艺文类聚》、康熙本《台湾府志》等。
[3] 如《汪康年师友书札》、《李鸿章未刊文稿》、《唐绍仪资料》等。

列入了上海图书馆计划之中。

时值"三年自然灾害"前后，农民生活艰辛，各地常有家谱流向古旧书店，其中不乏明代版本，而又以皖、浙、赣、湘诸省为多。从1959年底起至1964年10月，上海图书馆的家谱采购北至辽宁，南抵湖南，足迹几乎遍及全国，先后从上海古籍书店、北京中国书店、屯溪古籍书店、徽州文物商店、南京古籍书店、苏州古籍书店、长沙古旧书店、杭州古旧书店、杭州松泉阁、济南古旧书店、沈阳古旧书店等共购得家谱1 302种20 564册。其数量与北京图书馆20世纪"50至60年代的20年间购入家谱1 500种左右"不相上下。而从采购家谱的质量来看，则彰显两大特点：

一是注重版本，尤其是明代家谱的采购。"四馆"合并后，上海图书馆所藏的明代家谱总共不满50种，且多为抢救家谱中的零星残本，善本书库所藏则几可罗雀。经过家谱大采购，共有179种明代家谱入藏上海图书馆，约占采购总数的14%，其中以明代徽州地区（包括原属徽州今归江西的婺源）家谱最为突出，如明成化刻本《新安孙氏重修宗谱》（成化四年修），《新安泽富王氏宗谱》（成化六年修）、《新安汪氏族谱》（成化十六年修）、《新安程氏统宗世谱》（成化十八年修）；明弘治刻本《新安汪氏族谱》（弘治二年修）、《休宁陪郭叶氏家谱》（弘治四年修）、《王氏会通世谱》（弘治十四年修）；明正德刻本《歙县罗氏宗谱》（正德二年修）、《新安毕氏族谱》（正德四年修）、《新安休宁长垄程氏本宗谱》（正德十一年修）等，皆为海内外罕见之本。又如明嘉靖刻本《祁门金吾谢氏宗谱》（嘉靖九年修）、《婺源溪源程氏本宗续谱》（嘉靖十二年修）、《休宁检潭琰溪吴氏同续谱》（嘉靖十二年修）、《休宁戴氏家谱》（嘉靖二十一年修）；明万历刻本《祁门沙堤叶氏家谱》（万历七年修），明天启刻本《休宁丹阳洪氏宗谱》（天启七年修），明崇祯刻本《婺源重修洪氏统宗谱》（崇祯间修）等，都已成为传世孤本。另外，明正德刻本《长沙青山彭氏大宗谱》、《长沙青山彭氏会宗谱》（正德十五年修）、明抄本《青溪徐氏福禄寿三派总谱》（成化五年修）则是湖南、浙江现存最早版本的家谱。从而缩小了与北京图书馆明代家谱的差距。

纵观当时国内各古旧书店流通的明代家谱，几乎全部落入北京图书馆与上海图书馆的囊中。这些明代家谱每种价格一般在人民币20~60元间，其中最贵的明嘉靖刻本《祁门金吾谢氏宗谱》2册，100元；《休宁戴氏家谱》4册，120元；《祁门张氏统宗世谱》4册，120元。这些价格，现今看来似乎低廉得微乎其微，但在当时也算一笔不小数字，作为主管的顾廷龙先生为此承担了不小的责任。

二是扩大收藏区域。如前所述，上海图书馆收藏绝大部分为华东、中南地区家谱，而北方及西南诸省家谱则为数较少，甚至空白。家谱大采购不仅增补了北京、天津、山西、河北、山东、河南诸省的家谱，更重要的是填补西南地区家谱的空白，采购了四川省《简州樊氏宗谱》、《简阳吴氏族谱》、《富顺余氏族谱》、《富顺自流井珍珠山王氏宝祠四修家谱》、《隆昌聂氏族谱》，云南省《大理史城杨氏族谱》、《大理史城董氏族谱》、《南绥钟氏支谱》，贵州省《毕节路氏长房族谱》《都匀解氏家谱》《平坝马武张氏族谱》等，从而使上海图书馆藏家谱基本遍及全国各地。

然而好景不长，1964年"四清"运动前夕，上海宣传文化系统单位进行"洗手洗澡"，上海图书馆大量采购古旧书刊受到上级"严肃批评",而家谱、鱼鳞册则是重点。当时笔者刚踏入历史文献整理工作的门槛,年初随老同志去上海古旧书店采购补充的近代旧期刊,不久就被命令悉数退回,经办的老同志只能在"学习"会上作自我批评。可想而知,启动古旧书大采购计划的顾廷龙馆长及主管此项工作的赵兴茂主任所承受压力。当然家谱的大采购也就此告一段落,其《财产登录簿》被定格在1964年10月15日。此后上海图书馆除1965年4月10日接收"上海无线电厂四清工作队"移交一部《云阳徐氏族谱》外,近30年再也未采购过家谱。"文革"开始后,极左思潮更盛,赵兴茂先生被批判,最大的"罪行"就是三年自然灾期间大肆收集家谱、鱼鳞册,而其"后台"顾廷龙先生则被打成反动学术权威,惨遭批斗。大采购时所得的179种明代家谱也无人将其编目入藏善本书库,致使《中国古籍善本书目》著录上海图书馆的明代家谱寥寥无几。

家谱大留存

众所周知,上海是一个近代移民大都市,鸦片战争后,达官显贵、富商巨贾、名流学者或其后裔寓居上海者层出不穷,他们往往将家谱携至上海,或直接在沪刊行。1966年"文化大革命"爆发,造反派抄家成风,上述人群是首当其冲的受害者,不少家谱随同大量私家藏书一起被非法查抄。据上海市文物图书清理小组(简称文清组)统计,自1967年4月后的两年间,文清组接收全市各单位上交的查抄图书400余万册(当时已处理的部分未计在内),除珍本图书外,98%的图书只记上交数字,而无详细清单(即目录)。中共十一届三中全会以后,开始大规模落实政策,退还查抄图书。自1979年3月起,历时十载,文清组先后采用填单申报、开仓认领、顶退发还、经济补偿等多种方式,"总计退还图书2 361 996册,其中珍贵图书101 109册,经济补偿260多万元,落实政策总户数为40 091户,涉及3 486个单位。"[84]1989年,清退工作结束,文清组撤销,将已接受经济补偿及无人认领的剩余图书移交上海图书馆,并由文清组原先租借的大场建材仓库迁入新落成的上海图书馆龙吴路书库。

同年11月2日,86岁高龄的顾廷龙先生在上海图书馆古籍部与上海古籍出版社影印室20余人陪同下,参观龙吴路书库及在该处举办的全国古籍修复培训班。当时笔者负责该库管理工作,尽地主接待之谊。在众人参观完建筑设施后,笔者专门陪顾先生察看了堆积在9楼、10楼的文清组剩余图书。顾先生说,1970年秋至1972年10月,即将落实政策的他被"工军宣队"派至文清组工作过两年,每日接收许多图书资料,别人往往弃多留少,而他所留较多。对特殊图书资料尤为注意,曾多次救回别人弃置废篓的珍贵图书资料,如李鸿章、李经方父子出访国外的大幅照片,康有为亲笔签名的在南洋的照片,以及翁同书信札等。为此,顾先生问笔者,剩余的书札、照片情况如何?笔

---

① 《上海图书馆事业志·第七篇文献收藏·第六章文献保护·重大抢救活动·清理"文革"期间查抄图书》,上海社科院出版社,1996年。

者说，剩余不多，但翁同龢信札与李氏父子的照相尚在。当他看到堆积在一起的家谱时，又说，家谱虽珍贵版本不多，零星一二种也可能看不出有多大作用，但集聚成规模，价值就不一样，所以要想办法将其汇集在一起，并按图书馆要求编目，以利于读者使用。遵循顾先生的教导，笔者特地申请返聘两名退休语文教师作助手，费时半年多，将文清组剩余图书中的家谱全部清理上架，并编制标准目录卡片，共得1 259种（不包括复本）18 000余册。数量之多，出乎笔者意料。笔者揣测，可能是落实政策时，收藏者（或其后裔）仍心有余悸，认为家谱在政治运动中容易"惹麻烦"，而且家谱多是清末、民国间的木活字、石印、铅印本，价值不大，还不如用其他更有价值的图书"顶退发还"，或直接"经济补偿"，故而在文清组剩余图书中家谱的比例要远高于其他古籍。

上述家谱论数量不如土改时大抢救的家谱品种多，论版本不及大采购的家谱价值高，但也有其独特之处，那就是近代名人家谱的比例远超前者。其中有清末官宦翁同龢家族的《海虞翁氏族谱》、孙家鼐家族的《寿州孙氏支谱》、刘秉璋家族的《安徽庐江刘氏宗谱》、周馥家族的《安徽建德县纸坑山周氏宗谱》、聂缉规家族的《荆林聂氏续修衡山族谱》、盛宣怀家族的《龙溪盛氏宗谱》；也有清末大实业家张謇家族的《通州张氏四修宗谱》、《南通张氏常乐支谱》，香港船王包玉刚家族的《镇海横河堰重修包氏宗谱》，建筑大师贝聿铭家族的《吴中贝氏家谱》，工商巨子荣毅仁家族的《江苏无锡荣氏宗谱》；还有清代学者钱大昕家族的《嘉定钱氏盛泾支世系考》、袁枚家族的《慈溪竹江袁氏宗谱》，以及现代学者马幼渔、马衡兄弟家族的《鄞东盛垫桥马氏宗谱》、胡适家族的《上川明经胡氏宗谱》，钱基博、钱钟书父子家族的《堠山钱氏丹桂堂家谱》、柳诒徵家族的《京江柳氏续谱》、章士钊家族的《长沙章氏族谱》，凡此种种，不一而足，都有很重要的史料价值。如上海社会科学院研究员费成康等撰写的《中国家法族规》就是最早利用这批家谱的读者。

1991年，为改善收藏环境，长乐路书库的家谱经过第二次熏蒸灭虫后，亦迁入龙吴路书库，从而大抢救、大采购与大留存的家谱首次会合，共计11 200余种98 000余册，前后历时整整40年。1997年初，所有家谱再搬入上海图书馆新馆，此后整理开发工作蒸蒸日上，已有不少文章介绍报道，笔者不再续貂。

兹值顾廷龙先生诞辰110周年，特撰此文，以志纪念。

2014年8月于寓所，时年七十又二

顾廷龙先生与经学

张 涛
上海社会科学院信息研究所助理研究员

关于顾廷龙先生的学问,他的弟子沈津先生曾言及:顾先生懂得校勘学、目录学、版本学、古文字学、图书馆学、历史学、文献学等诸多领域,并对中国书法艺术有精深造诣。这个概括基本上是比较全面的。近年在重印顾先生青年时代的名著《古匋文𪉷录》时,裘锡圭先生也指出:"顾廷龙先生以他对我国图书馆事业的巨大贡献以及在版本目录学和书法方面的精深造诣而广为世人所知。其实他在古文字学上的成绩也是很值得我们重视的。"的确,顾先生图书馆事业、版本目录学与书法艺术的光芒遮蔽了他在古文字学上的声名,然而夷考其实,顾先生的古文字学研究可谓本色当行。同样,尽管今天我们很少谈到顾先生在经学方面的成果,可是他在经学方面的素养仍然值得后学去了解、去重视。

经学是关于《四书》、《五经》、《十三经》等传统经典的学问,是中国学问的主要根柢。像老一辈的众多读书人一样,顾先生是从经学开蒙的。他自幼由祖父教读《四书》、《五经》,惟尚未读毕,即改读商务印书馆所编新式教科书。但他对传统经学典籍的兴趣不减。稍长,又继续攻读《四书》、《五经》及《左传》。顾先生在少年时代在家中见到吴中名士吴大澂以篆文书写的《论语》、《孝经》,爱不释手,写划勾摹,兴味盎然。这些童年经历,不但为其日后的书法成就埋下伏笔,也打下了他学问体系的经学根基。

通观顾先生一生,他的经学素养与成果可以从如下两个大的方面来加以了解、体会。

首先就是他在小学方面的研究。我们知道,小学是研究经学的基础,包括文字、音韵、训诂三大领域,十三经中的《尔雅》就是专讲训诂的小学著作,严格说来,小学就是经学的重要组成部分。像张之洞《书目答问》附录《国朝著述诸家姓名略》前言中所说的那句广为人知的"由小学入经学者,其经学可信"一样,清以来的读书人大抵先是略通小学再行研究其他经典。

顾先生少小读经，年值弱冠致力于文字学要籍《说文解字》，得识文字义例。他的外叔祖王同愈出清末学者吴大澂之门，对文字音韵训诂之学有数十年的功力。顾先生少时从外叔祖学，后来先入上海私立持志大学、后入燕京大学学习，得著名文字学家胡朴安、闻宥、容庚等人之教。他在容庚先生指导下，以《说文废字记》[①]为燕京研究院毕业论文。此后，他钻研甲骨、金文与战国陶文，根柢都在许慎此书。

音韵学的要籍有《广韵》、《集韵》等书，顾先生年轻时有一段时间曾致力于校勘《集韵》，他的校勘成果虽然没有能够流传下来，但是在他的书信、笔记中保留有不少研究心得。到晚年，他还曾为上海古籍出版社影印上海图书馆的朱学勤的结一庐旧藏，钱氏述古堂影宋钞本《集韵》撰写跋文，认为"《集韵》虽修于宋人，而故书雅记所载，奇字异音，甄采致备，其赅博超越前修，当为韵书之总汇"，故而称得上是"从事文字音韵训诂之学者所必读之书"。

顾先生于文字之学有《说文废字记》、《释克》、《释良》等篇与《古匋文䀒录》专书，于音韵之学有《集韵》的校勘，于训诂之学，则在晚年指导了他的学生王世伟撰著《尔雅导读》。由此可见，顾先生在文字、音韵、训诂三方面都有深厚的蕴藉。在《释克》、《释良》等篇中，顾先生博征典籍文献，尤其对于经学文献如《诗经》、《尚书》、《周礼》、《左传》、《尔雅》等书中的相关内容，信手拈来，显示出顾先生深厚的经学功底。

顾先生经学素养的第二个表现方面，就是与顾颉刚先生等合编《尚书文字合编》。《尚书》在经学典籍中来源最古，牵扯的难题也最多，比如经学中的重要问题，今古文是其一，而今古文的问题，以《尚书》最为复杂。《尚书文字合编》就是致力于解决《尚书》文字问题的资料集成。顾先生为此付出了大半生辛劳。

早在20世纪30年代初，顾先生族侄顾颉刚时任燕京大学教授，拟对《尚书》进行综合研究，但认为《尚书》一经流传已久，不无篇章窜乱、字划讹谬之处，亟需整理，如此才能恢复经典文献旧观，寻求字体演变规律。顾先生对此极其赞同，加以他从小爱好文字之学，遂发愿承担起《尚书文字合编》的编纂工作。

当时顾先生已到燕京大学图书馆任职，为了不耽误图书馆正常工作，顾先生有一段时间每天晚上都要加班一两个小时来整理《尚书》文字资料。裘开明先生请他闲时多多倾力于协助编印哈佛燕京汉籍目录，顾先生也以《尚书》为由婉拒。他凭借自己对版本目录学的精湛知识，并以在图书馆的公务之便，广泛收集不同版本的《尚书》文本和学术著作，以求全面占有资料，保证成书品质。除我们今天在《尚书文字合编》一书中所能见到的《尚书》版本和研究文献外，通过顾先生的现存著述，我们还能知道，顾先生历年搜罗了众多珍稀文献如清儒孙乔年《尚书古文证疑》、谢兰庭《古文尚书辨》、李富孙《尚书异文释》、臧庸批段玉裁《古文尚书撰异》等等。

这部《尚书文字合编》原定由顾先生写刻付印，但当时中国内外交困，社会动荡，这个想法迟

[①] 后更名《说文废字废义考》。

迟未能实现。直到20世纪80年代，才由顾先生指导孙启治先生等人按照原来的主旨重新编纂，到1995年始大功告成，分4册出版。

在20世纪90年代，顾先生已经年届九十，他还在为此操劳。遂将《尚书》影印资料基本编好的1992年前后，顾先生就累得大病了一场。他拜托当时的日本留学生高桥智先生代为复制日本伊势林崎文库所藏《古文尚书》写本，拜托远赴海外的弟子沈津先生在香港的图书馆中搜寻英法所藏敦煌《尚书》经卷的胶卷照片。顾先生晚年时常思考《尚书》文字问题。沈津先生所编《顾廷龙年谱》记录了一件特别具有学术史意义的事情，正可以看出这一点。1992年9月28日，顾先生写信给学生吴织先生说："我搞文字演变，经常见到文章中提到'科斗书'，究竟什么样？不知道。昨晚偶检旧笔记中有一条：《洛阳伽蓝记》说，写《春秋》、《尚书》二部，作篆、科斗、隶三种字，汉右中郎蔡邕笔之遗迹也。记得很具体，始知科斗文就是《三体石经》中之古文。"对顾先生提到的这个问题，当然可以作更深入详细的讨论，但从中可见，顾先生治《尚书》文字之学，老而弥笃，其精神不得不令人钦敬。王世伟老师曾讲，《尚书》文字难题，是顾先生的终身追求。这一评价真可谓是恰如其分。

顾先生关注《尚书》文字，连带着对石经也颇为重视。顾先生曾指出，经书"由于年代久远，文字多变，辗转传抄，以误传误。自汉至宋，多次校定，刻之石碑，所谓'石经'。'石经'之刻，在某一时期有校定成为标准本的意义。"尽管现存石经残阙不完，并且错乱很多，但仍是校勘《尚书》文字的重要资料。《尚书文字合编》收录资料共有7类，其中汉石经、魏石经[①]、唐石经以及不在七朝石经当中的晁公武石刻《古文尚书》，已占全部资料种类的一半以上。这一判断是符合石经在《尚书》文献变迁史上的地位的。

顾先生对《尚书文字合编》这部经始终生的著作是异常珍视的。1992年曾将早年写刻样本影印30部以为纪念。新版刊竣后，文献学者郑伟章先生去拜访他，他还向郑先生孜孜介绍。学术界对这部著作更是非常瞩目，早在1932年编纂伊始，顾先生的工作就引起了学术大师章太炎先生的注意，还托潘景郑先生约顾先生过往一谈。全书正式出版后，成为有关《尚书》古文的资料大成，为学者提供了不少便利，对于《尚书》文字研究的促进极大。仅以所收唐石经为例，《尚书文字合编》据上海图书馆所藏原拓影印，就胜出学界通常所使用的中华书局所刊民国皕忍堂双钩影摹翻刻本许多。当然，随着学术研究的进步，《尚书文字合编》也不乏有待补充之处，但总体而言所收资料仍是相当齐备的。如刘起釪先生虽然提到，应收入日本宫内厅书陵部藏有古写本《群书治要》中的《尚书》文字，为《尚书文字合编》所失收，但他对《尚书文字合编》的成就仍是赞不绝口。

顾先生虽然在经学方面有着深厚积累，但他的学术生涯主要是在其他学科、其他工作领域中度过的。在经学研究上，因为少年就嗜好小学，顾先生的兴趣也主要集中在文字、文献方面，而较少关注其间的经义。1981年讨论整理出版古籍时，他曾说："我认为古籍中难整理的是《十三经》和

[①] 即上述《三体石经》。

先秦诸子。我们不是为了要'尊孔读经'而整理它。章学诚早就说过'六经皆史'。这些书记载着我国几千年的政治、军事、经济、文化等历史资料。"这代表了他对经学的总体观点。

尽管精力有限，他还是以其深厚的学养，留下了一些经学成果，永远值得后人学习与感念，特别是在小学、《尚书》学方面，到今天我们研究相关问题，都必须要用到顾先生的著作。此外，他校勘过《古文尚书撰异》、《春秋左传集解考证》、《易说》、《周礼疑义举要》、《说文理董》、《说文古本考补》、《小尔雅义疏》等经学文献，撰写有《仪礼图跋》、《景宋礼记正义跋》、《春秋繁露跋》、《论语孔注证伪跋》、《经籍跋文跋》、《周秦名字解故跋》、《服制备考跋》、《薛允升服制备考稿本之发现》、《声韵考跋》等大批与经学文献相关的题跋、文章。

顾先生深厚的经学素养，对于他在其他方面的研究、从事其他工作有着潜移默化的影响，尤其是涉及图书文献学领域时，顾先生的学术判断具有历史的纵深，而与一般流俗不同。

比如谈到丛书的起源，一般大家遵从《中国丛书综录》的说法，认为我国最早的丛书是南宋俞鼎孙、俞经所编的《儒学警悟》。因为《中国丛书综录》是顾先生筹划编纂，所以难免会有人以为这就是顾先生的观点。

实则顾先生自己有明确的说法，他在《中国丛书综录的编纂经过》中说："有人以为雕版术发明以前，书皆手写，不可能有丛书裒集。照我看来，把二种以上的书刻在一起而正式命名为丛书的，确乎为时较晚；但把几种书编集在一起而带有丛书性质的，则其时较早。推其原始，若《尚书》二十八篇、《礼记》四十九篇，已略具萌芽。至东汉熹平四年（175年）诏诸儒正定《易》、《书》、《诗》、《仪礼》、《公羊》、《论语》六经，更可说是丛书的权舆。"

顾先生将汉代熹平石经当作是丛书权舆，甚至提出《尚书》、《礼记》等经籍已具备了丛书的雏形。这是贯通了经学史知识与现代文献学理念的观点。只有老一代文献学者具有深厚的经史素养，才能有如此的见识，像比顾先生辈分更高的汪辟疆先生，著有《目录学研究》，就说："丛书之名，至唐宋而始著；丛书之制，在周汉而已开。乐正四术，《诗》存三经，《书》有六体之殊，《易》有《十翼》之作。丛书之源，远肇于此。逮于炎汉，陈篇杂出，二戴删存仲尼弟子之所记，总萃群篇，排比次第……此丛书之权舆也。"晚近的教科书，如杜泽逊先生所著《文献学概要》也指出，一般谈丛书起源，就综合性丛书而言自是《儒学警悟》；而专科性丛书起源则很早，"最早的丛书恐怕要推'六经'，在先秦时即已形成"。这些都是通达之论，可与顾先生的说法互参。不过，像顾先生这样突出汉石经在丛书发展史上的地位的看法，还是不多见的。顾先生如此重视石经在丛书发展中的地位，可能源于他一生编纂《尚书文字合编》，对石经最为熟稔，因而见解尤为深刻。

再比如对《春秋》三传，顾先生根据经学史与书目文献知识，指出：《春秋》经文简要，单行本很少，而《公羊传》、《穀梁传》、《左氏传》则历代学者研究者众，相关著作非常之多，尤其清末在康有为、梁启超等资产阶级改良主义者变法运动的影响下，以《公羊传》作为改良变法的理论依据，故而《公羊传》著作最为盛行。存世文献基本上是三传的刊本中加有《春秋》经文，所谓"《春秋》一经实赖三传以行"。从这样的经学史事实来看，过去的四部分类法以《春秋》一经统三传的做法无疑是不妥的。因此，顾先生认为像《中国丛书综录》子母分类目录中将三传与总义并列的改动是非常适当的，并且为这一改动找到了历史依据，唐代开成石经中，《春秋》三传即是并列刊刻的。同样，对于经学的支流——谶纬，一改既往分类法的分厕各经，变为单立一类，也便于检查。这些都表现出顾先生与《中国丛书综录》编纂者对中国经学史特色的了解与独到的见解。

顾先生在小学方面的学养更是如此。比如顾先生认为，整理古籍要先识别文字。他的《古籍整理二三事》说："要整理古籍、整理稿本，不识字怎么行？稿本和亲笔尺牍，都是很重要的资料，假使字不认识，以意改之，全失真意；必致误己误人。"这完全是既深于文献学，又精通文字之学的人才能说出的见道之言。其他如认为薛允升《服制备考》"实为丧服之一总结"，指出吴大澂《古玉图考》"发闷于礼经"等等，都非熟稔经学的人不能道。

一个人的精力总是有限的。就像王世伟老师所提到的那样，顾先生本来能够对异体字进行系统深入的研究，但一直未能集中精力于此，去世前三年，不由得感叹自己"老不中用"。顾先生未能就此作出更大的学术贡献，真是令人非常遗憾的事情。在经学方面，我们也可作如是观。

纵览顾先生学问大体，可知经学并非是他主要成就所在，严格说来，顾先生算不得经学家。但是他在经学方面的深厚学养，对他在其他学术领域的建树有着重要影响。充分认识到顾先生在经学方面的素养，无疑对于深刻理解他一生的学行事功是有所助益的。今天我们纪念顾先生，要能够识得顾先生学问的全体，自然也包括顾先生的经学在内。而这，也是作为后学的我们亟应向老一辈学者学习仿效的地方。

宽厚凝重　独领风骚

——顾廷龙和他的书法艺术

杨泰伟

上海图书馆研究馆员

一晃，顾廷龙先生离开我们已整整16年了。今年，又恰逢顾老诞辰110周年，作为一名后生晚辈，尤其是在书法艺术上从先生处受益颇多的我，一幕幕的往事，历历在目。

顾廷龙先生是一位德高望重的学者型书法家，其真、草、隶、篆无所不能，榜书、蝇头小楷更见功力，所书金文，独领风骚，堪称一代大家。他在图书馆事业和古籍版本目录学方面，成就斐然，有目共睹；同样，顾老的书法艺术宽厚凝重，声名远播，享誉海内外。

书法之学　始自家缘

顾廷龙，字起潜，号匋誃，又号隶古定居主人，小晚成堂主人，笔名路康，江苏苏州人，属龙，1904年11月10日，即农历清光绪三十年甲辰十月初四，出生于苏州城东一条僻静的小巷——混堂巷内。

顾先生的书法自幼缘起家学，由于是书香门第之家，祖辈、父辈中不少在朝廷供职，对于国学更是精于此道，其父亲顾元昌为吴中书法家，又擅长书法教学，使他从小就受到家学耳濡目染的熏陶，在诵读四书五经之余，拿起毛笔徜徉于翰墨之中，日就月将，打下了十分扎实的书法基础。顾老曾在一封信中谈及学习书法之道，云："我的学字，是先君亲授的，先父顾元昌竹庵是吴中书法家，历任苏州中学、苏州女子师范学校、振常女学诸校教员。他教我写字要勤习博览，平淡中求出色，他自己是这样做的，所以胡朴安师题他的遗墨，有句云'屋漏折钗无滞踪，和风甘雨见天真。

异常要在寻常出，笔笔平凡笔笔神。'……中国书法重在实用，应重规范。"稍长，又受益于其外叔祖著名书画家王同愈，书艺则更上一层楼。他曾在为上海书画出版社编校《小篆疑难字字典》后记中写道，"龙早夕往来外叔祖王公栩缘家①，时见其伏案检校，盖补正《说文通检》之末一卷，名曰《说文检疑》。后龙学作小篆，往往为疑难字所困，读公书始有所获。"

顾廷龙先生幼年在苏州长大，小学、中学就读于苏州草桥小学、草桥中学②，1925年考入上海南洋大学机械系，后转入国民大学，当时的校长是章太炎，教授文字、音韵、训诂之学的是胡朴安、闻宥，这几位先生对他颇为器重，悉心培养，而顾先生刻苦努力，专心研读，国学之古文的研究时有长进，学识更为出色。不久，他又进入上海持志大学文学院国学系继续攻读，并获文学学士学位。20世纪30年代初，在著名历史学家顾颉刚的举荐下，顾廷龙先生考进燕京大学研究院国文系，1932年，顾廷龙先生研究生毕业论文题为《说文废字废义考》，受到了教授们的一致好评，并获文学硕士学位。毕业后，他应燕京大学图书馆馆长洪煨莲先生之邀到燕京大学图书馆工作，任中文采访部主任，由此也开始了顾廷龙先生一生追随的图书馆事业。20世纪30年代末，他应叶景葵、张元济之邀，南下上海共同创办合众图书馆，并任总干事，主持馆务，直至20世纪50年代初，合众图书馆的董事会将该馆捐献给上海市人民政府。1958年，合众图书馆和上海图书馆、上海市历史文献图书馆、上海市科学技术图书馆、上海市报刊图书馆四馆合并，由顾廷龙先生出任合并后的首任馆长。

顾老对于历史文献的收集、保存、整理、研究和传播可谓呕心沥血。在他和历届领导的共同努力和带领下，上海图书馆的古籍善本、名人手稿、信札、碑帖、拓片收藏日渐丰富，目前，所藏古籍达170余万册，碑帖收藏也是颇丰，登录总量已达25万件，其中善本碑帖2 182种，属国家一、二级藏品标准的就有200余种，内含宋元拓本100余种，海内孤本8种。明清及近代名家尺牍藏量近12万件。其中，最为出名的《化度寺碑》、《郁孤台法帖》、《淳化阁帖》（卷九）、《凤墅帖》等皆为海内外仅存之本，为世人所瞩目。还有《文征明诗文稿》、《颜氏家藏尺牍》、《国朝名贤于札》、《八大山人手札》等在艺术乃至文物收藏都具有极高的价值。这些上图的馆藏碑帖、手稿、信札精品也于前几年在上海图书馆分专题集中展出，并结集出版。

卓然的书品和人品

纵贯顾廷龙先生的书法作品，写得比较多的是楷书和篆书，且是端端正正、规规矩矩、收放自如、独具神采。从他早期的楷书作品中们可以看出是从欧阳询入手，舒逸俊朗，而晚年的楷书作品，更接近六朝写经，浑厚凝重。而他的篆书作品是深受吴大澂的影响，运笔藏而不露，结构稳重而自然。他曾在为刘正成主编的《中国书法全集》出版问世而写的一篇文章中写道："余好苏东坡

---

① 王同愈号栩缘。
② 今为苏州市一中。

书，学之数十年而未能得其奥秘，即东坡曾言，'大字难于结密而无间，小字难于宽绰而有余。'迨自己作书，心追手摹，而无一似。"顾老又曾谈及，"楷书喜临敦煌写经，三十年代来京，钱玄同、刘复梁先生都喜写六朝写经体。我亦颇爱好，因此，也学过一个时期，我写篆字，长期学习临摹金文。清人的篆书是爱钱坫、吴大澂。钱的小篆平正中有创新，吴则参金文为多。他写信用篆书，极优美。我学篆得到吴大澂之孙吴湖帆的教导为多，看到他写篆书的过程，写篆书要按规律，不能杜撰。"可见顾老写字之认真，我时有机会在顾老身旁观其作书，对于一幅书法作品的整体构思布局，顾老总是反复思索，直至成竹在胸才下笔，在书写篆书时，对于一些冷僻字或拿捏不准的时候，他还是要查找字典，一部不行，再换一部查，直至不出谬误。作为一代大书法家，对索书求字者的每一幅作品认认真真，杜绝差次作品出门，甚至有的书法作品不甚满意时还须重写、再写。作为先师的学生晚辈，我不仅学到的是书艺，更是懂得了如何做人和做事。

顾廷龙先生博学多才，学识丰硕，早在20世纪30年代，他就在古文字学领域有所建树，对甲骨文、金文、玺印文、古陶文都有整理和研究，早年就开始与顾颉刚先生联手合作编撰《尚书文字合编》，由于种种原因，这项工作停了下来，直至20世纪80年代，顾老重新整理编纂，于1996年由上海古籍出版社出版4卷本，引起国内学术界和书法界的广为关注，此书旨在正本清源，通过探索其文字变迁踪迹，将现存《尚书》历代出版的今文、古文、隶古定、楷书今字等几种字体全部囊括无遗。《古匋文舂录》是顾廷龙先生另一部关于古文字研究整理编撰的一部图册，于1936年出版，2004年由上海古籍出版社重新出版，此书是我国第一部搜罗最备，考释最精，以专书形式面世的陶文字典，对书法艺术的探索颇具文字学价值。不可否认，顾老对古文字学的研究成果绝非一般书法家所能及，他的学识涵养与他的书法艺术相得益彰，交映成辉。因此，我们现在欣赏他的篆书金文作品，就会发现其艺术的含金量和学识的高度。

顾廷龙先生是解放后上海书法界第一代领军人物，"1961年秋天，沈尹默先生倡建上海书法研讨会，意在探讨书艺，弘扬文化，根据沈尹默先生倡议'书法以研讨为主'，遂定会名为'上海市书法篆刻研究会'。当时选举理事七人，为沈尹默、郭绍虞、沙彦楷、潘伯鹰、朱东润、王个簃、顾廷龙等。"[①] 后来，顾老作为上海市书法代表团成员出访日本，载誉而归，声名日隆。

顾老的书法宽厚凝重，他晚年曾写道，"我学篆字，主要学金文，金文中爱好孟鼎、虢季子盘，史颂殷、秦公镈等文字。隶书，爱好《石门颂》、《封龙山碑》。草书好孙过庭《书谱》，在少年时即开始临摹。我不能学怀素，襟怀不同。行书则爱苏东坡，但学之数十年，并不能得其神似。中年临模多于浏览，现在浏览多于临摹。""我为研究古文字学，始习篆书，为影写敦煌本《尚书》，始学汉魏真书，皆出于性之所好。如吾拘墟不化的性格，学狂草如怀素、祝枝山断不可能。关于继承与创新，窃谓一个人每日三餐，经过消化，营养自然吸收，施之全体，而渣滓则自排泄。学字要自然高妙之致，而不能矫揉造作。至脱离实用，而图创新，则非我所敢知矣。"从这些文字中不难看

---

① 朱东润：《朱东润书法作品选》，上海书画出版社1996年版，顾廷龙作序。

做法无疑是不妥的。因此，顾先生认为像《中国丛书综录》子母分类目录中将三传与总义并列的改动是非常适当的，并且为这一改动找到了历史依据，唐代开成石经中，《春秋》三传即是并列刊刻的。同样，对于经学的支流——谶纬，一改既往分类法的分厕各经，变为单立一类，也便于检查。这些都表现出顾先生与《中国丛书综录》编纂者对中国经学史特色的了解与独到的见解。

顾先生在小学方面的学养更是如此。比如顾先生认为，整理古籍要先识别文字。他的《古籍整理二三事》说："要整理古籍、整理稿本，不识字怎么行？稿本和亲笔尺牍，都是很重要的资料，假使字不认识，以意改之，全失真意；必致误己误人。"这完全是既深于文献学，又精通文字之学的人才能说出的见道之言。其他如认为薛允升《服制备考》"实为丧服之一总结"，指出吴大澂《古玉图考》"发闷于礼经"等等，都非熟稔经学的人不能道。

一个人的精力总是有限的。就像王世伟老师所提到的那样，顾先生本来能够对异体字进行系统深入的研究，但一直未能集中精力于此，去世前三年，不由得感叹自己"老不中用"。顾先生未能就此作出更大的学术贡献，真是令人非常遗憾的事情。在经学方面，我们也可作如是观。

纵览顾先生学问大体，可知经学并非是他主要成就所在，严格说来，顾先生算不得经学家。但是他在经学方面的深厚学养，对他在其他学术领域的建树有着重要影响。充分认识到顾先生在经学方面的素养，无疑对于深刻理解他一生的学行事功是有所助益的。今天我们纪念顾先生，要能够识得顾先生学问的全体，自然也包括顾先生的经学在内。而这，也是作为后学的我们亟应向老一辈学者学习仿效的地方。

宽厚凝重　独领风骚

——顾廷龙和他的书法艺术

杨泰伟

上海图书馆研究馆员

一晃，顾廷龙先生离开我们已整整16年了。今年，又恰逢顾老诞辰110周年，作为一名后生晚辈，尤其是在书法艺术上从先生处受益颇多的我，一幕幕的往事，历历在目。

顾廷龙先生是一位德高望重的学者型书法家，其真、草、隶、篆无所不能，榜书、蝇头小楷更见功力，所书金文，独领风骚，堪称一代大家。他在图书馆事业和古籍版本目录学方面，成就斐然，有目共睹；同样，顾老的书法艺术宽厚凝重，声名远播，享誉海内外。

书法之学　始自家缘

顾廷龙，字起潜，号匋誃，又号隶古定居主人，小晚成堂主人，笔名路康，江苏苏州人，属龙，1904年11月10日，即农历清光绪三十年甲辰十月初四，出生于苏州城东一条僻静的小巷——混堂巷内。

顾先生的书法自幼缘起家学，由于是书香门第之家，祖辈、父辈中不少在朝廷供职，对于国学更是精于此道，其父亲顾元昌为吴中书法家，又擅长书法教学，使他从小就受到家学耳濡目染的熏陶，在诵读四书五经之余，拿起毛笔徜徉于翰墨之中，日就月将，打下了十分扎实的书法基础。顾老曾在一封信中谈及学习书法之道，云："我的学字，是先君亲授的，先父顾元昌竹庵是吴中书法家，历任苏州中学、苏州女子师范学校、振常女学诸校教员。他教我写字要勤习博览，平淡中求出色，他自己是这样做的，所以胡朴安师题他的遗墨，有句云'屋漏折钗无滞踪，和风甘雨见天真。

异常要在寻常出，笔笔平凡笔笔神.'……中国书法重在实用，应重规范。"稍长，又受益于其外叔祖著名书画家王同愈，书艺则更上一层楼。他曾在为上海书画出版社编校《小篆疑难字字典》后记中写道，"龙早夕往来外叔祖王公栩缘家[①]，时见其伏案检校，盖补正《说文通检》之末一卷，名曰《说文检疑》。后龙学作小篆，往往为疑难字所困，读公书始有所获。"

顾廷龙先生幼年在苏州长大，小学、中学就读于苏州草桥小学、草桥中学[②]，1925年考入上海南洋大学机械系，后转入国民大学，当时的校长是章太炎，教授文字、音韵、训诂之学的是胡朴安、闻宥，这几位先生对他颇为器重，悉心培养，而顾先生刻苦努力，专心研读，国学之古文的研究时有长进，学识更为出色。不久，他又进入上海持志大学文学院国学系继续攻读，并获文学学士学位。20世纪30年代初，在著名历史学家顾颉刚的举荐下，顾廷龙先生考进燕京大学研究院国文系，1932年，顾廷龙先生研究生毕业论文题为《说文废字废义考》，受到了教授们的一致好评，并获文学硕士学位。毕业后，他应燕京大学图书馆馆长洪煨莲先生之邀到燕京大学图书馆工作，任中文采访部主任，由此也开始了顾廷龙先生一生追随的图书馆事业。20世纪30年代末，他应叶景葵、张元济之邀，南下上海共同创办合众图书馆，并任总干事，主持馆务，直至20世纪50年代初，合众图书馆的董事会将该馆捐献给上海市人民政府。1958年，合众图书馆和上海图书馆、上海市历史文献图书馆、上海市科学技术图书馆、上海市报刊图书馆四馆合并，由顾廷龙先生出任合并后的首任馆长。

顾老对于历史文献的收集、保存、整理、研究和传播可谓呕心沥血。在他和历届领导的共同努力和带领下，上海图书馆的古籍善本、名人手稿、信札、碑帖、拓片收藏日渐丰富，目前，所藏古籍达170余万册，碑帖收藏也是颇丰，登录总量已达25万件，其中善本碑帖2 182种，属国家一、二级藏品标准的就有200余种，内含宋元拓本100余种，海内孤本8种。明清及近代名家尺牍藏量近12万件。其中，最为出名的《化度寺碑》、《郁孤台法帖》、《淳化阁帖》（卷九）、《凤墅帖》等皆为海内外仅存之本，为世人所瞩目。还有《文征明诗文稿》、《颜氏家藏尺牍》、《国朝名贤手札》、《八大山人手札》等在艺术乃至文物收藏都具有极高的价值。这些上图的馆藏碑帖、手稿、信札精品也于前几年在上海图书馆分专题集中展出，并结集出版。

卓然的书品和人品

纵贯顾廷龙先生的书法作品，写得比较多的是楷书和篆书，且是端端正正、规规矩矩、收放自如、独具神采。从他早期的楷书作品中们可以看出是从欧阳询入手，舒逸俊朗，而晚年的楷书作品，更接近六朝写经，浑厚凝重。而他的篆书作品是深受吴大澂的影响，运笔藏而不露，结构稳重而自然。他曾在为刘正成主编的《中国书法全集》出版问世而写的一篇文章中写道："余好苏东坡

---

① 王同愈号栩缘。
② 今为苏州市一中。

书，学之数十年而未能得其奥秘，即东坡曾言，'大字难于结密而无间，小字难于宽绰而有余。'迨自己作书，心追手摹，而无一似。"顾老又曾谈及，"楷书喜临敦煌写经，三十年代来京，钱玄同、刘复梁先生都喜写六朝写经体。我亦颇爱好，因此，也学过一个时期，我写篆字，长期学习临摹金文。清人的篆书是爱钱坫、吴大澂。钱的小篆平正中有创新，吴则参金文为多。他写信用篆书，极优美。我学篆得到吴大澂之孙吴湖帆的教导为多，看到他写篆书的过程，写篆书要按规律，不能杜撰。"可见顾老写字之认真，我时有机会在顾老身旁观其作书，对于一幅书法作品的整体构思布局，顾老总是反复思索，直至成竹在胸才下笔，在书写篆书时，对于一些冷僻字或拿捏不准的时候，他还是要查找字典，一部不行，再换一部查，直至不出谬误。作为一代大书法家，对索书求字者的每一幅作品认认真真，杜绝差次作品出门，甚至有的书法作品不甚满意时还须重写、再写。作为先师的学生晚辈，我不仅学到的是书艺，更是懂得了如何做人和做事。

顾廷龙先生博学多才，学识丰硕，早在20世纪30年代，他就在古文字学领域有所建树，对甲骨文、金文、玺印文、古陶文都有整理和研究，早年就开始与顾颉刚先生联手合作编撰《尚书文字合编》，由于种种原因，这项工作停了下来，直至20世纪80年代，顾老重新整理编纂，于1996年由上海古籍出版社出版4卷本，引起国内学术界和书法界的广为关注，此书旨在正本清源，通过探索其文字变迁踪迹，将现存《尚书》历代出版的今文、古文、隶古定、楷书今字等几种字体全部囊括无遗。《古匋文昏录》是顾廷龙先生另一部关于古文字研究整理编撰的一部图册，于1936年出版，2004年由上海古籍出版社重新出版，此书是我国第一部搜罗最备，考释最精，以专书形式面世的陶文字典，对书法艺术的探索颇具文字学价值。不可否认，顾老对古文字学的研究成果绝非一般书法家所能及，他的学识涵养与他的书法艺术相得益彰，交映成辉。因此，我们现在欣赏他的篆书金文作品，就会发现其艺术的含金量和学识的高度。

顾廷龙先生是解放后上海书法界第一代领军人物，"1961年秋天，沈尹默先生倡建上海书法研讨会，意在探讨书艺，弘扬文化，根据沈尹默先生倡议'书法以研讨为主'，遂定会名为'上海市书法篆刻研究会'。当时选举理事七人，为沈尹默、郭绍虞、沙彦楷、潘伯鹰、朱东润、王个簃、顾廷龙等。"[①]后来，顾老作为上海市书法代表团成员出访日本，载誉而归，声名日隆。

顾老的书法宽厚凝重，他晚年曾写道，"我学篆字，主要学金文，金文中爱好孟鼎，虢季子盘，史颂殷，秦公镈等文字。隶书，爱好《石门颂》、《封龙山碑》。草书好孙过庭《书谱》，在少年时即开始临摹。我不能学怀素，襟怀不同。行书则爱苏东坡，但学之数十年，并不能得其神似。中年临模多于浏览，现在浏览多于临摹。""我为研究古文字学，始习篆书，为影写敦煌本《尚书》，始学汉魏真书，皆出于性之所好。如吾拘墟不化的性格，学狂草如怀素、祝枝山断不可能。关于继承与创新，窃谓一个人每日三餐，经过消化，营养自然吸收，施之全体，而渣滓则自排泄。学字要自然高妙之致，而不能矫揉造作。至脱离实用，而图创新，则非我所敢知矣。"从这些文字中不难看

---

① 朱东润：《朱东润书法作品选》，上海书画出版社1996年版，顾廷龙作序。

出，顾老对于书法艺术的见解和脚踏实地默默耕耘的品行，笔墨的瞩目并不依赖于器宇轩昂，咄咄逼人，顾老的书法作品往往给我们的印象是，沉稳、敦朴、凝重中透露出高古和灵气，他的书法魅力是字外功夫的内得，深厚的国学功底凸显出作为一个著名学者的涵养。所以，顾老的书法作品那么地不同凡响，受到那么多人的赞扬。他从来没有刻意想成为一个书法家，然而数十年的学养对他在书法上的陶冶，日积月累的不懈功底，使顾老在不经意中成了一位大书法家。顾老多次与我谈到，"一个学习书法的人，不能首先想到功利，想到成名，而是要静得下心多下功夫踏踏实实地临摹古人的碑帖。"顾老不图虚荣，淡泊名利，从不以名家自居，也从不先谈及润笔费用，他经常挂在嘴上的一句话："我的字是为整理古籍的需要，不够书法家。"但仰慕顾先生书名者众多，许多年来，他为全国各地的名胜古迹、寺庙、碑林写下不少匾额、铭文、石刻，然而，顾老从不先与求书者谈润笔费，这是有目共睹并被广为称道。他曾将《元诗选集》稿本两册等4种善本书捐献给上海图书馆，发给他的5 000元奖金，却捐给《图书馆杂志》办刊之用；上海烈士陵园建成，顾老曾为之书写陈毅元帅的一首诗，稿费3 000元悉数捐给"希望工程"；《尚书文字合编》一书出版，顾老又将10 000元稿费交给上海图书馆作历史文献研究基金。[①] 顾老正是以高尚的品行情怀面对世俗名利，以他低调做人的人格魅力彰显其大师风范，受到了广泛的尊重。

为书籍锦上添花

顾廷龙先生的书法艺术还有一大亮点，就是他为许多图书、杂志、碑帖、图集题写封面，数十年来，顾老为多地出版社题签的书籍据初步考推，已经逾700余册，这个数字在当代书法名家中为书籍题签者或许无法望其项背，应首推顾廷龙先生，这也是无可置疑的。

归纳顾廷龙先生题签的书籍图册有四大特点，其一，是丛书、字典词典工具书类多，且是有分量的居多，如《续修四库全书》、《古今小说集成》、《中国古籍善本书目》、《康熙字典》、《佩文韵府》、《尚书文字合编》、《中国通俗小说总目提要》、《中国学术名著大辞典》、《中国工具书大辞典》、《中国近代史词典》、《中国地名词典》、《中国文物精华大辞典》、《异体字字典》等不下数十本，所以有句戏言玩笑话，全国多地搞文史哲研究工作者的藏书中大概都有顾廷龙先生题签的工具书。其二，顾老题签多以楷书为主，端庄古雅而独具特色，稍有书法常识的人，未见著书者之名，就可辨识为顾先生手迹，如《全明诗》、《红楼梦》、《古籍知识手册》、《王国维遗书》、《王同愈集》、《郑观应集》、《张元济诗文》、《胡适全集》、《于伯平全集》、《沈括诗词辑存》、《郑逸梅选集》、《叶景葵杂著》、《文征明集》。这些题签书籍的作者名头一个个如雷贯耳，再配上顾廷龙先生那自成一格的楷书，给人以浑朴凝重又不失精致肃雍。名家配名家，题签与书籍相映成辉，形成了视觉艺术的和谐，使人叹美不已。其三，题签的书籍杂志中与图书结缘的颇多。如《图书情报词典》、《中国古

[①] 在20世纪80年代，这些数字已是不小的金额。

籍文献大词典》、《文献学辞典》、《中国图书文史论集》、《古籍索引概论》、《中国图书馆馆长名录》、《中国善本书提要》、《美国哈佛大学哈佛燕京图书馆中文善本书志》、《访书见闻录》、《首都图书馆善本书目》、《杭州图书馆善本书目》、《中国藏书通史》、《二十世纪图书馆与文化名人》、《图书馆杂志》、《中国图书馆学报》等，从中不难看出，顾先生与图书馆的不解之缘和与图书为伴的情愫。其四，为毛泽东题古籍注释本，上海图书馆新馆开馆不久，时值全国人大委员长乔石视察上海图书馆时，披露一件逸事，毛泽东晚年看古籍时要看大字古籍注释本中，有一些是由顾廷龙题写封面的，但有一次，毛泽东指着一本注释本的封面说，这个字不是顾廷龙写的。这也说明毛泽东对顾老的书法还是比较熟悉和欣赏的。知道这件事情以后，时任上图党委书记王鹤鸣赶紧派人找我，送一本刚出版的《顾廷龙书法集》线装本给乔石同志。

顾廷龙先生为无数本图书题签锦上添花，这些书籍也是十分具有学术性且有一定价值的，其书法神韵与之相得益彰。被许多爱好者所喜爱并珍藏，先生生前也有夙愿，把他所题书签整理结集出版，1992年顾先生致他的日本学生高桥智的信上说："我题书签甚多，颇想印之，但编排不易，吾弟愿为设法编印，极感极感！名称暂题书题留影。"

2004年顾廷龙百岁诞辰之际，顾先生公子顾诵芬院士，学长沈津兄与高桥智合力编成《书题留影》，由上海古籍出版社出版。当今，由一位书法家所题600余条书签结集出版，也许这在国内是开创先河，独树一帜。

我与顾廷龙先生

认识顾廷龙先生时，我还只有20多岁，正在华东师范大学就读图书馆学系，顾老是名声在外的大书法家。第一次到上海图书馆古籍组参观学习，顾老十分和善地与我们交谈，并展示了上海图书馆藏的一些碑帖，让我既欣喜又满足。大学毕业之际，学校征求每一位学生的工作意向，在那个计划经济的时代，大学生毕业进工作单位时兴统一分配，学生可以填写分配意愿，我的第一选择就是上海图书馆，其中多半原因是可以让我走近追随顾廷龙先生，更多地聆听他的教诲。后来如愿到了上海图书馆工作，虽然我在参考咨询组工作，日常工作是举办展览，然而我不时到上图老馆夹层的古籍组，向顾老求教书艺学问，先生总是笑盈盈地与我交谈，十分耐心地回答我所提出的一些问题。我站在先生旁边看他写字，总感觉到是一种享受。20世纪80年代初，顾老的书名早已蜚声海内外，而我还是个初出茅庐的书法爱好者。然先生对于一个喜欢书法的后生总是提携有加，指点有方。第一次得到顾老的墨宝是一副对联，"柳骨颜筋，千秋楷法；朝潮苏海，万顷文澜。"因为知道我酷爱书法和文学，顾老所以选择了这副对联书赠予我，那时我才不到30岁，至今我还珍藏着这件十分有意义的墨宝。在上图工作不久以后，我萌发了编写一本书法与书目结合在一起的书。因为我的专业是图书馆学，我的爱好和特长是书法，何不将二者结合在一起。这个想法也得到了上海书画出版社编辑的肯定，郭铭虞先生也甚表赞词。顾老知道以后，不断鼓励我，不断帮助我，还亲自为我这本书写序，先生在序言里写到："书目索引为研究科学艺术的重要工具。我国书法篆刻艺术源远流长，传世的古今优秀作品，真可谓百花齐放，蔚为大观。欲作深入之研究，探幽觅隐，非赖书目不可。此书目搜罗广泛，资料丰富，充分反映了拨乱反正以来书法篆刻艺术之欣欣向荣。披览此目可知某种文字，某种碑帖，某种流派以及各地出版情况，来龙去脉，俱可追踪，亦可觇一时之风尚。一编在手，洵属便利……今泰伟君编纂成书，惠霖夙愿得偿，亦大快事。杨君在我馆工作有年，业余爱好书法，不自暇逸，又复从事此目之编纂，殊可嘉许。稿成属为序言，率书数语报之。"于是，也就促成了《书法篆刻书目简释》的出版，这也是我第一本著作的问世。那年，是 1986 年，顾老时年 83 岁。每每想到这些，感激之情，油然而生，顾老作为图书馆学和书法双重名家能为区区小字辈撰写序言，是相当难能可贵的，当然，我也会铭记在心的。

以后，我和顾老走得近了，知道我钟情于书法和摄影艺术，先生主动为我题写了斋名"墨影楼"，那是 1988 年，顾老写了几遍，挑选了其中一幅"墨影楼"给我，我十分喜欢，视若珍宝，虽然后来也有不少大名家为我题写过"墨影楼"的斋名，但我最珍爱的就是先生赐予的篆书"墨影楼"，后来又刻成了匾额，我 60 岁举办墨影之道书法摄影展览，挂在展厅作品前面的，就是顾老浑厚凝重的三个篆书"墨影楼"。

顾老对我的教诲和关照从来不计回报。但是我总感忐忑不安，心有余而力不足，平时为顾老做点小事，也是我的福分。时至 1994 年，那时候顾老寄居北京寓所，有一天，我收到顾老从北京寄来的一封信，信中谈及，他平生还从未举办过个人书法展，很想在上海举办一次个人书法展览，并征求我的意见。没几天后，我即禀报时任上海图书馆副馆长孙秉良，我们商量下来，由于当时的展厅正用于建设上图新馆的办公室，举办展览还是往后拖一拖，一个年逾 90 的上海图书馆老馆长，如果在上海图书馆新馆开馆之际举办首次个人书法展，其本身就是一个新闻亮点，既显隆重，且又更具意义，于是我回信予先生，把我们的想法告知，并征询顾老的想法，顾老回信说展览的时间节点想法很好，到时候并让我全权负责操办。不久以后，上海图书馆和上海科学技术情报研究所合并，由上海科学技术情报研究所所长马远良出任合并后的首任馆所长。我还十分清楚地记得，1996 年夏天，当时我正应邀在美国举办书法展览，马远良馆长也因公务出差到纽约，我俩在通电话时还说起举办顾老书法展览之事，回国没多少日子，馆所领导就召开会议，全面布置新馆开馆的多项活动事宜，其中一项活动就是由我负责策划实施顾廷龙书法展览的具体工作，并直接向陈燮君副馆长汇报工作进程。策划方案拟出后，我即飞赴京城，当面与先生商讨展览的多种事宜，包括书法作品的数量、内容，以及出版书法作品选集，我也提出，此次展览最好能反映多个时期顾老的书法艺术，但因为顾老年事已高，书法作品不可能全部应急写成，且顾老现有身边和家藏的书法作品也不多，那就需要向顾老的亲朋好友和一些单位商借。当时，我和顾老一起拟定了一长串名单，其中既有顾老的同事和学生，如王世伟、孙秉良、吴织、沈津、卢调文、萧斌如、任光亮、王翠兰、朱南、张敏捷、罗天云、孙幼丽、童芷珍等，当然，我也义不容辞地把珍藏的几幅先生墨宝拿了出来。还有与先生交往颇好的朋友同道唐振常、胡道静、丁景唐、徐小蛮、姜俊俊、周贤基、蔡耕、张森、林公武、董寿琪、王宗拭、谷辉之、盛家琪等。另外，顾老还为一些单位也书写过不少作品，有的还是大幅巨作，如延安饭店、上海市科学会堂、豫园、上海古籍出版社、浙江图书馆、绍兴博物馆、曹素功墨厂、静安寺、苏州园林博物馆、杭州市图书馆、上海市烈士陵园等等。

于是，在短短的几个月里，我不仅向馆里同事商借顾老墨宝，还马不停蹄奔波于福州、杭州、绍兴、富阳、北京等地，商借顾廷龙先生的书法作品。可谓功夫不负有心人，在众位顾老的学生、同事、亲戚朋友的鼎力支持配合下，汇集了不少顾老各个时期的书法作品，时间跨度长达60年，字体有甲骨、大小篆、隶书、楷书、行书、草书等，且形式多样，既有中堂、立轴、对联，也有横披、手卷、册页、扇面、匾额、碑文、题签，令人大开眼界，喝彩叫好。当我把这些情况禀告先生时，他十分高兴，当然，这也与顾老人缘颇好大有关系，只要听说顾廷龙要举办个人书法展览需要商借作品，二话没说，全力支持配合。

顾老举办书法展览，选择请哪位大书法家为顾老题写展览会标使我们思量再三。当时我提出是否可请启功先生挥毫题额，不料先生却对我说，千万不要惊动启功先生，我办书法展览只是小事，不要"小题大做"，所以想从先生那里得到启功先生的联络方式只能泡汤。无奈之下，我来到时任人民日报总编辑范敬宜先生那里，辗转代求启功先生为顾廷龙书法展题额，范总当即应允，一定会落实此事，但当时我是瞒着顾老的。没过几天，范总来电相告，此时已办妥，嘱我可以到报社来取。其实，顾廷龙先生与启功先生早在20世纪30年代就结识交往，顾老年长启老8岁，解放以后在上海鉴定书画时，和后来在北京编撰《中国善本目录》时，两老时有晤面。因此，启老获悉顾老将在上海举办书法展，欣然命笔，还端端正正的在落款时写上："启功敬题"，可见启功先生还是相当敬重顾廷龙先生的。欣喜之余，将此事告诉了先生，先生特意写下："启先生书法，一代宗师，承赐题字，无任感幸。"由此看来，二老相知相敬非同一般，此段佳话也在书法圈内传开。而时任中国书法家协会主席舒同闻悉顾老举办个人书法展览，特意发来贺信："上海图书馆、顾廷龙书法展览筹备委员会、起潜先生道席：欣闻先生书法展览将举行，先生以九三高龄始办个展，严谨文风值得学习、光大。余因老病，不克来沪观摩，至憾至谦。谨电致贺，祝展事成功。舒同，一九九六年十二月十六日北京。"

书法展览与上图新馆相映成辉

1996年12月20日，上海图书馆举行开馆庆典。顾廷龙先生受邀与中共上海市委书记和上海市市长三人共同剪彩，接着又举行顾廷龙书法展开幕仪式，上海的书法界、文化界、学术界、图书馆界来了许多名流嘉宾，真是高朋满座，上海图书馆底层展厅，650平房内悬挂着顾先生从1936年到1996年跨越60年的书法作品150多件。且形式多样，这些墨宝佳作，意气从容，赏心悦目。顾先生在陪伴嘉宾参观时谦虚低调不张扬，还不时用地道的吴语缓缓地说："写得勿好，写得勿好。"最令我感动的是一件小事，当年12月中旬，先生为上海图书馆新馆开馆和其书法展览开幕从北京返回上海，我与时任上海图书馆馆长马远良、副馆长陈燮君一行到上海火车站迎接顾老时，献上鲜花一番寒暄问好以后，顾老的第一件事情就是拿出一幅书法作品，并告诉我们，经他反复考虑思量，这次展出的所有书法作品唯独没有一幅是简体字，所以特意在动身回上海前三天写成这幅楷书"毛泽东词《念奴娇·井冈山》"而且是写了三遍才从中挑选了一幅最满意的拿来展出，并再三关照嘱咐，一定要把这幅作品在展厅中挂出来。可见顾老对于中国文字学，从繁简的实用与否，极为关注，这也使在场者无不为之动容。这件事情虽小，但却把顾老做事认真周祥刻画得淋漓尽致，一位九旬高龄的长者和大学者、大书法家却心里惦记着书法展览的细微小事。足见先生人品之高尚，行事之周密，实是吾辈学习之楷模，同时顾老也用行动获得了大家的尊重和敬仰。

1996年12月20日下午，上海图书馆，上海市书法家协会在豫园绮藻堂举行了"顾廷龙学术成就暨书法艺术研讨会"杜宣、陈燮君、王世伟、方行、丁景唐、唐振常、邓云乡、张森、王伟平、陈先行、林公武、董寿琪等学术界、书法界及新闻媒体30多人参加了此次活动。

著名作家杜宣先生在那次研讨会上谈到："顾老是我们的前辈，根据古代的说法，十年是一代，他整整长我一代。对他，我一直怀有仰慕之情，真所谓'高山仰止'，尤其是他的为人，很值得敬重，在他身上，我看到了中国知识分子的很多优点，都集中地体现了出来，像恬淡、不求名利、孜孜不倦地做学问，一如谦谦君子。他的书法很严谨，实实在在，没有火气，很有功力，看起来很舒服，不像有些人的字剑拔弩张，让人看了睡不着觉。总之，从顾老的人品到学术成就乃至书法艺术，归根到底一句话，即'文如其人'、'字如其人'。"

著名书法家张森先生谈到，"我对顾老很敬重，特别喜欢顾老的字，我很少向别人开口求字画，但对顾老的字很偏爱，便终于向他求了墨宝。所谓字如其人，字，代表一个人的修养、学识，是一点也没办法伪装的。现在有些人，一拿毛笔就是书法家，很可笑，回头看顾老，他这个人很静，很淡泊，你看看他写字一画一画好像没什么，但要是没有这么多的修养是写不出来的，我家里挂的四幅书法作品中就有顾老一幅，另外三幅是王蘧常、林散之、谢稚柳，其他的我都不挂。"

此次研讨会，发言者众多，上述二位的发言也只能是对顾老的学术、人品、书品作了一点认知。因为，顾廷龙先生不仅仅是一位著名的书法家，而且还是一位著名的古文字学家，他在图书馆学、目录版本学界所取得杰出成就在不经意中掩盖了他的书名，但是，顾老作为图书馆学界的泰斗级人物，已经享誉大江南北。同样，他的书名在我国当代书法界独领风骚，称得上一代宗师。

顾老虽然离开了我们，但他做学问、写书法以及做人的点点滴滴永远铭记在我的心中。值此顾廷龙先生诞辰110周年之际，我们缅怀顾老，纪念顾老，更重要的是把他对图书馆事业的贡献和对书法艺术的执著发扬光大。

顾廷龙先生是值得尊敬的，但，不仅仅是他的书名。

2014年7月8日于上海

纪念图书馆事业家顾廷龙先生

陈先行

上海图书馆研究馆员

有人说顾廷龙先生是位文字学家,缘其在文字学领域具有开创意义的《古匋文䍙录》被张政烺先生誉为"搜罗最备、考释最精,以专书形式问世第一部成功的陶文字典"。也有人说顾先生是近代史学家,他为吴大澂翻案而撰写的那部《吴愙斋先生年谱》掷地有金石声,乃至顾颉刚先生发出前人"毁誉不足以定是非"之感叹。更有人说顾先生是版本目录学家,享誉海内外的《中国丛书综录》、《中国古籍善本书目》先后在他的主持下问世,嘉惠学林,善莫大焉。而在我心目中,顾先生首先是位杰出的图书馆事业家,他为我国图书馆事业的建设与发展贡献出了毕生的精力。

顾廷龙(1904—1998),字起潜,号匋諀,江苏苏州人。受科技救国影响,1925年考入上海南洋大学机械系。旋因趣味不投,转入章太炎任校长的国民大学。后学校改组,又转入上海持志大学文学院国学系继续攻读,并获文学士学位。1931年夏,考进北平燕京大学研究院国文系,翌年以《说文废字废义考》一文获文学硕士学位。因曾在外叔祖王同愈影响下研治版本目录学,深得燕大图书馆馆长洪业先生赏识。故在燕大毕业之后,被洪先生招入燕大图书馆主司采购工作,由此开始其图书馆事业生涯。

自"七七事变"起,沿海各省相继沦陷,东南地区文物大量散佚。叶景葵、张元济先生遂联络上海文化界知名人士陈陶遗、陈叔通、李拔可等,藉创办上海私立合众图书馆以保存濒临毁灭的文献典籍。叶景葵,字揆初,别署存晦居士,又号卷盦,浙江杭州人。他是近代一位较有影响的实业家与藏书家。张元济,字菊生,浙江海盐人,光绪进士。曾任清刑部主事、总署章京,因参加维新运动,戊戌政变时被革职。此后致力文化出版事业,创建涵芬楼,广搜善本,校印《百衲本廿四史》,编印《四部丛刊》。顾先生与叶景葵先生相交始于1935年。叶先生对顾先生待人忠厚、办事踏实及其在版本目录诸方面的学问有所了解,经常以代购图书相托。顾先生则以其慧眼,先后为叶先生觅得钱大昕、臧庸笺注段玉裁原稿副本《古文尚书撰异》、王朝榘嘉庆五年写定稿本《王氏遗书二种》[①]、明人评点及清宗源瀚跋万历本《客座赘语》等书，极获叶先生的赏识。由于多年交往，叶先生深知顾先生的才能与抱负，当即向张元济先生推荐，邀其南下主持合众图书馆。顾先生在燕大颇受器重，待遇也不薄，他的职位实际上是哈佛燕京驻平采访处主任，但他既为得到叶、张两先生的信任而激动，又对前辈们热爱祖国文化遗产的崇高精神肃然起敬，一种保护历史文献的神圣使命感从心底油然而生。他在致叶先生信中说道：

"玄黄易位，典籍沦胥，有识之士，孰不慨叹！一旦承平，文献何征？！及今罗搜于劫后，方得保存于将来。长者深谋远虑，创建伟业，风雨鸡鸣，钦佩奚似！龙自毕业之后，自顾空疏，力持孟子之戒，不为人好为之患，遂托迹佣书，浏览适性，劳形终日，浮沉六年，茫茫前程，生也有涯，心有所怀，无以自试。尝一助舍侄颉刚经营《禹贡》，方具规模，遭变而辍，殊深惋惜。窃谓人不能自有所表现，或能助成人之盛举，亦可谓不负其平生。兹蒙垂青，折简相招，穷寐之中，得一知己，感何可言！菊老素所仰慕，曩在外叔祖王胜老斋次曾瞻丰采，忽忽已十年矣。倘得托庇骈蒙，时承两公之诲，幸何如之！柴愚之质，一无所长，惟以勤慎忠实，严自惕厉，生计可维，身心有寄，他日以馆为家，有所归宿矣。"

决心既定，顾先生遂向燕大递交辞呈，几经周折，终于取得主管部门谅解。而南下之前，他将多年从书肆地摊中觅得的诸如清宫内务府御膳房档案等一批文献资料捐给了燕大图书馆。

1939年7月17日顾先生到馆时，馆内正如叶景葵复信所说，是"空无一人，空无一物"，但在第二天他就拟出已经深思熟虑的《创办合众图书馆意见书》。《意见书》指出，"全国图书馆能照常进行者仅燕京大学图书馆一处，其它或呈停顿，或已分散，或罹劫灰，私家藏书，亦多流亡。而英美各国，乘其时会，力事搜罗，致数千年固有之文化，坐视其流散"。因此，合众图书馆的办馆宗旨，首先在于保存固有文化典籍。基于当时上海普通图书馆有东方图书馆，专于近代史料的有鸿英图书馆，专于自然科学者有明复图书馆，专于经济问题的有海关图书馆，至于中学程度所需要参考的有市立图书馆，而"合众"所藏以古籍为多，他遂提出要根据馆藏特点，独树一帜，办成一所历史文献专门图书馆。"合众"虽属私办，但同仁欲化私为公，服务于公众事业，那么除了典藏，还须谋以传播，即在条件许可的情况下，一要向专门学者提供阅览，二要将旧本秘籍刻印流布。他随即提出了对名人未刻稿、抄校本及罕见之本进行校勘编纂的意见，并明确表示，"编纂的目的，专事整理，不为新作；专为前贤形役，不为个人张本"。

确定了办馆宗旨，《意见书》还就一些具体工作提出了方法措施。如卡片目录，他认为要编制四套，除书名、著者、分类外，还须有一套著者地域片，可作地方文献备考之用。这件事看似极简

[①]《十三经遗书》、《唐石经考正》。

单，只要在款目着录时注上作者籍贯，根据籍贯编排一套卡片即成。但就是这样简单而又有利于学术研究的事，至今还没有哪家图书馆做过。唯独顾先生想到，原因在于他重视乡邦文献的搜集，并了解搜集的困难；也在于他研治目录之学不是停留在理论上，而是注重实验，强调目录的实用性。对于编制馆藏书本目录，根据各家所捐之书各具特点，他提出采取因书制宜、因条件制宜的办法，以捐赠各家分编专目，作为馆藏总目之分目，这样既能反映各家藏书及治学特色，又能照顾到当时人力、物力的条件。

合众图书馆于1939年8月正式开始工作，由叶景葵、张元济、陈陶遗三人领导，顾先生任总干事，主持馆务。"孤岛"时期的上海，币值暴跌，物价飞涨，原来筹募的基金，瞬间贬值许多，《意见书》中的一些计划一时不能开展实施，顾先生即抱着"不求近效，暗然日章，风雨如晦，鸡鸣不已"的宗旨，因陋就简，惨淡经营。因缺乏人手，馆内一切冗务都须他亲自操劳。尤其是在1941年图书馆从辣斐德路（今复兴中路）临时馆址迁至长乐路富民路口新址前后一段时期内，他的主要精力都花在新馆筹备、搬迁工作之上。尽管如此，他仍挤出大量时间，或主要是用业余时间进行检书。随着一家接一家的捐赠，他一部又一部的检览整理上架，对善本之甄别，以及各家藏书之了解熟悉，呕心沥血，到了不遗余力的地步。正如他后来对吾辈所说："要识书熟书，须得亲自阅览原书。'合众'25万册藏书，我本本翻帘一过，所以能象认识的朋友似地一回想就能记起他们。因为泛览群籍，就难顾及自己的兴趣，我最初也有这种遗憾，身在书海之中，却不能从容浏览，有如庖丁烹调盛宴，为主人享客，而自己不得染指。但久而久之，也就乐在其中了，图书馆就是为人服务嘛！"

合众图书馆未正式公开阅览，但实际上，其读者遍及全国各地，他们有的登门求索，有的通信咨询，章鸿钊、秉志、冒广生、郭绍虞、钱钟书、钱南杨、周谷城、周予同、蔡尚思、李平心、顾颉刚、郑振铎、牟润孙、陈乐素等，都曾到"合众"探骊寻珠；朱启钤、陈钟凡、陈寅恪、陈垣、邓之诚、聂崇岐、王重民、向达等，亦先后发函查询资料。蔡尚思曾在自传中专门提到在他治学道路上曾受惠于"合众"；而从20世纪80年代初《中华文史论丛》曾披露有关胡适研究《水经注》的资料中，亦可看到"合众"与顾先生对其研究所给予的帮助。

顾先生并非仅对已成名的专家学者热情，只要有志于文史研究者，他都诚恳接待。当时读者中不乏大学生，一般都是为写论文而来，如冯其庸、沈燮元、王运熙、黄永年、洪廷彦、陈左高、陆萼庭、贺卓君、潘雨廷等。亦有为编写专著而来搜集资料，如王庸、沈文倬辑校《全五代文》，陆维钊编校《清词钞》，刘厚生撰《张謇传记》，李俨、严敦杰撰《中国算学史》等。冯其庸在所撰《蒋鹿潭年谱考略》一文中回忆道："三十五年前，我在上海读书，除上课外，剩下的时间绝大部分是在顾起潜先生主持的合众图书馆看书，有时我整天在图书馆，有时是半天在图书馆，当时我就是在撰写《蒋鹿潭年谱初稿》。使我十分感谢的是，我时时能得到顾老的指点和关照，我读的书图书馆单给我存置一个书架，每天到后就取出阅读，不浪费一点时间。"刘厚生在《张謇传记》出版后记中写道："《张謇传记》的材料百分之七十都是向图书馆搜集，而图书馆馆长顾廷龙先生特别热心，不嫌烦碎，我所指定的史料，顾先生能于十分钟内在杂乱的书城之中取出供我阅读。顾先生待我之热心，使我深为感谢，其胸中的渊博，尤不能不使我表示钦佩也。"他在致其侄欢曾的信中又说："合众图书馆对于研究学术之贡献极其伟大，尤其如顾君起潜之博闻强记，小叩小应，大叩大应；而且对于馆务，埋头工作，愿以此业终其身，环顾国内，罕见其俦。"

利用馆藏便利编印图书，是顾先生梦寐以求的事，他视之为图书馆事业的重要组成部分，是存亡续绝、保护与传播图书的又一途径。20世纪30年代在燕京，他曾与吴丰培等为禹贡学会编印《边疆丛书》，出了数种，因故中辍。自1940年至1948年，在李英年等爱国人士的资助下，他主编了《合众图书馆丛书》一、二集，多为清代先贤未刻稿本与抄本。其中稿本有罗以智《怡养斋文钞》、徐坚《余冬琐录》、焦循《里堂家训》、丁晏《论语孔注证伪》；抄本有陈骥德《吉云居书画录》、潘奕隽《三松堂书画记》、许兆熊《凫舟话柄》、张鸣珂《寒松阁题跋》、黄锡蕃《闽中书画录》等。这些书大都经他悉心校勘整理。那时物价经常变动，为省工省时省钱，有些书系他熬夜手书上版，其强烈的事业心由此可见一斑。

在合众图书馆藏书中，叶景葵、张元济、蒋抑卮、李拔可、陈叔通、叶恭绰、胡朴安、顾颉刚、潘景郑、周志辅、胡惠春等捐藏图书各有特色专攻，顾先生对之十分珍惜，决心使这些图书充分为社会所用。在他主持下，经其内弟潘景郑之帮助，先后编印出版了《海盐张氏涉园藏书目录》、《番禺叶氏遐庵藏书目录》、《杭州蒋氏凡将草堂藏书目录》、《杭州叶氏卷盦藏书目录》等十数种馆藏分目。这些目录从著录到分类编排各具特色，迄今仍为古籍编目工作者所参考，为文史研究者所利用。

1953年6月18日，合众图书馆的董事会将该馆捐献给上海市人民政府[①]。当天早上，张元济先生致函顾先生："今日为'合众'结束之期。若干年来，弟尤得读书之乐。吾兄十余载之辛勤，不敢忘也。苦心孤诣，支持至今，揆翁有知，亦当铭感！"[②] 自创始至捐献的14年中，合众图书馆的创办者当初的期望——得到了实现，他们为我国近现代图书馆事业谱写了光辉的一页。

顾先生十分重视抢救历史文献包括革命文献。1949年以前有关传播马列主义、宣传革命与进步、介绍中国共产党的活动情况以及中国共产党自身出版的书刊资料，无论印制于革命根据地抑或发行于国民党统治区，数量都不大，这些资料流传至今很少。顾先生那时虽然还不是一个马列主义者，但他拥护共产党抗日救国，又出于职业敏感，意识到它们具有珍贵的文献史料价值，所以在合众图书馆时期就千方百计注意搜集保护这类书刊资料。有一次，他打听到贵州大学图书馆有一批革命文献，原属汉奸陈群的旧物，他们正为如何处理这批书刊发愁。于是他不失时机与对方联系，用合众图书馆的一批复本书籍与对方进行交换。为防事生意外，他灵机一动，专门请人镌刻一方有"贵州大学图书馆移存图书"字样的印章钤盖其上，并将革命文献秘藏在书架顶端与天花板结合之处，以免被人发现，直到解放后才取出。在那白色恐怖的年代，他为搜集保存革命文献所承受的风

---

① 合众图书馆1955年改名为上海历史文献图书馆，1958年与其他三馆合并为新的上海图书馆。
② 叶景葵先生于新中国成立前去世。

险，旁人是很难体会的。新中国一成立，中共中央宣传部即派员到上海征集有关革命史料，他们在政府机关、档案馆等许多地方空手而归，却在合众图书馆觅得一大批缺失资料，计有1921年版《列宁全书》第一种《劳农会之建设》、1926年版《中国农民运动近况》、1927年版刘少奇著《工会经济问题》与《工会基本组织》等百余种。惊奇之余，他们不住地夸合众图书馆"真有远见"。顾先生晚年回忆起此事时，依然抑制不住激动的心情，他说："当时我为自己是一名'合众'的成员而感到骄傲，那欣慰之情，真是难以言表。"

顾先生一生几未有过净几焚香品茗赏鉴的日子，却有着在垃圾堆里披沙拣金的经历。1955年秋，上海造纸工业原料联购处从浙江遂安县收购了一批约200担左右的废纸送造纸厂做纸浆，当他获知其中可能有线装书的消息，立即带领人员前往察看翻检。工作现场是纸屑尘灰四处飞扬的垃圾堆，他于此全然不顾，解捆拆包，翻册阅页。经过连续11天的劳作，一大批珍贵历史文献被抢救而出。从内容上说，有史书、家谱、方志、小说、笔记、医书、民用便览、阴阳卜筮、八股文、账簿、契券、告示等。就版本而言，有传世孤本明万历十九年刻本《三峡通志》，流传稀少的明本《国史纪闻》《城守验方》，明末版画上品《山水争奇》，还有不少旧抄与稿本。须指出的是，大批家谱与清代硃卷之获得，在当时的历史条件下人们并不以为重，以致后来顾先生在上海图书馆继续搜集购买这方面书籍时曾遭非议，但在今天，当这些资料成为学术研究与读者阅览的热门时，人们不得不敬佩他对史料的独到认识及为保护民族文化遗产甘心吃苦耐劳的职业道德。

鉴于此次从废纸堆中发现的大量有关经济、教育、风俗等史料，顾先生当即在报刊上撰文，呼吁各地文化教育机关必须关心当地图书文化情况，向群众进行广泛宣传，以杜绝将珍贵文献弃为废纸的现象。譬如旧社会死人，大都要发"讣闻"，有的附上小传，有的附上哀启，若将许多小传汇编起来，就会起到类似明朝《献征录》、清代《碑传集》的作用。又如旧的电影说明书，汇集起来，就是中国电事业发展史的重要资料。通过这些浅显的举例说明，以期加深人们的印象，使全社会都能关心文献资料的保护工作。

再如对旧平装丛书的搜集。旧平装丛书指民国时期出版的丛书。1980年，在顾先生的倡导下，上海图书馆根据馆藏编印了《中国近代现代丛书目录》。尽管由于人力物力等因素，该目录的编纂及印制质量尚有不足之处，但因其收录宏富[①]，较为实用。类此大型旧平装丛书书目向未编过，原因有三：其一，民国时期丛书预先编定和成套发行者较少，大都先定丛书的名称，然后陆续编印，种数无定；即使事先拟定了总目录，也往往受条件限制，出多少算多少，因而许多丛书究竟包涵多少单种难得其详。其二，由于上述情况，各图书馆对此类丛书一般不作整体的著录[②]，而仅以所收子目[③]作为独立款目，这就更无法了解一部丛书的全貌。其三，最为关键的是，从收藏角度而言，人们往往对近期及同时代文献资料较为忽略，认为价值不显，所以对民国时期的丛书几乎没人刻意加

---

① 计丛书5 549种，子目30 940种。
② 即以整套丛书作一款目，在丛书总名下详细著录其子目。
③ 即丛书的零种。

以收集整理。可以说，没有一个图书馆能拥有上图这样丰富的馆藏。而上图能够编成此书目，得益于收集此类书籍比较早。全国刚解放，顾先生就有对民国时期出版物及时作总结的构想，特别注意对旧平装的收集。后来他在筹划编纂《中国丛书综录》时，又考虑将来以民国时期丛书目录作为续编，以求目录的连贯性，所以又对旧平装丛书十分留意。那时他经常去福州路逛古旧书店，有一次发现店里工作人员忙于旧平装按丛书名配套，便询问原委。书店人员说，旧平装在内地无销路，在香港却有市场，但香港方面需要成套丛书，对零种兴趣不大，因此书店尽可能配套出口，以求善价。他听后大为吃惊，对这样的市场信息，图书馆的采购部门竟一无所知。于是他以上海文管会出口鉴定委员会副主任之身份及与旧书店的交情，一面劝阻出口，一面尽可能动用图书馆采购经费购藏。当时社会上提倡节约，有人便指责他这样做是浪费国家财产，而他不顾政治压力，针锋相对地提出，政府每年所拨购书经费不用完就是没有完成任务，"节约"购书经费是对工作不负责任。当然，他的言行在"文化大革命"中没有少挨批判，但在那书多价廉的年代，如果他不那样做，上图怎么会有如此丰富的馆藏，又怎么会编出这部《中国近代现代丛书目录》呢？

"文革"伊始，顾先生首当其冲，"片纸只字皆是宝"的史料观被肆意歪曲与嘲弄，因致力搜购家谱、鱼鳞册等，被污蔑成为地主阶级树碑立传、收藏"变天账"，从而被打入"牛棚"。那时他每月只有16元生活费，精神与肉体倍受折磨，伴随几十年的贤妻经受不住这种打击，含恨而死，他甚至连为妻子草草安葬的钱还得向人借贷。在这样的逆境中，他并未顾及个人安危得失，而是考虑怎样保护那一大批堆成山汇成海的所谓"四旧"的抄家图书。他又一次抓住了机会。1968年，在"接受再教育"的名义下，他被派往当时的上海市文物清理小组工作，在那里整整蹲了3年，他使出浑身解数，抢救出了大批珍贵历史文献。在向吾辈回忆往事时他说，"那时候，一些有价值的稿本，如陈元龙、屠寄、姚石子、刘半农等人的日记，硬是凭眼光才发现的，稍一疏忽，就会失之交臂"。至于宋雕元椠、明清精刻，自然更是逃不过这位版本专家的法眼。但令人遗憾痛心之事也不是没有，如他曾发现两本曾国藩的奏稿，经曾氏亲笔修改，不料"造反派"说这是"曾剃头"的反动东西，随手便扔进了乱纸丛中，以后再也没有找到。每忆及此，他总为之扼腕。

我国古代典籍之收藏，大多随政局之变化而兴废。"文革"是场大浩劫，全国各地公私收藏的图书资料遭受损失在所难免。但在上海，经过顾先生等人的努力，使一大批珍贵图书得到有效保护，而经上海图书馆保管的抄家图书，顾先生还想方设法组织人力对破损者进行精心修补。当"文革"之后落实政策时，许多私家收藏者做梦也未想到经过"横扫四旧"，自己的藏品会被上图保存得如此完好。一些爱国人士为顾先生奋力保护民族文化遗产的崇高行为所感动，纷纷将发还他们的藏书捐献给上图，其中就有仁和朱氏结一庐旧藏及祁阳陈氏郁斋藏书，从而使上图馆藏善本又一次得到大规模的充实。

为使图书馆事业能持续发展，顾先生极为重视人才培养，当年编纂《中国古籍善本书目》伊始，他虽年逾古稀，却不惮四处奔波劳顿，前后两年，传道授业，为各地图书馆培养年轻专才付出了极大的心血。我在顾先生身边工作了整整25年，深受为人、工作与治学之教益。兹仅举三篇拙文撰写发表之经过以为说明。

20 世纪 70 年代末，我曾参与修订《中国丛书综录》工作，发现所谓清顺治四年李际期宛委山堂刻本《说郛》，实为集明末武林一带所刻书板，采用剜板之法编辑重印而成，且每次刷印都有所增损，而与之相关联的丛书，更有《雪堂韵史》、《广百川学海》、《水边林下》、《雅说丛书》、《唐宋丛书》、《五朝小说》、《绿窗女史》、《续百川学海》、《居家必备》等一大批，因未及研究并限于目录体制，《中国丛书综录》只能作客观著录，但这样的著录不能揭示版本脉络，我便撰写了《说郛再考证》一文，投稿于《中华文史论丛》。我知道顾先生并不赞成年轻人急于发表文章，他希望我们能把学问做得扎实，耐得住寂寞，大器晚成[①]，而且他当时又担任《中华文史论丛》的顾问，故我事先未敢请他审正。等到文章发表后，我以为会遭他斥责，未料他对我在工作实践中能发现问题颇为高兴，他认为从事图书馆工作不可能置具体工作于不顾而专门写文章，但需在实际工作中进行研究，以研究的眼光去对待每一项工作，才能提高业务水平，做好服务读者工作。

20 世纪 80 年代中期，我看到某出版社出版"点校本"《宋稗类抄》，是用乾隆翻本为底本，且根本未用其他本子校勘。此书真正作者为李宗孔（字书云），后被潘永因攘窃，这件事在历史上颇有争议，但持歧见者并不知该书有康熙初刻本。而我在主持编纂上图普通古籍书目时，发现了康熙本，于是撰写了《宋稗类抄作者、版本考辨》一文呈顾先生审阅。他看完拙文，既肯定我采用版本比对方法进行个案考订，同时又将文章首尾涉及批评他人的文字一并删去，而且颇为严肃地对我说，"写文章只要发表自己的研究心得即可，人家会看得懂，不必牵涉他人"。其仁厚之心、中庸之道，让我明白治学第一要务是学会做人。

20 世纪 80 年代末，顾先生倡议编印历代诗歌总集，由于无合适人选，上海三联书店约我担任影印《元诗选》的责任编辑。《元诗选》纂辑者顾嗣立是顾先生的八世从祖，在香港大公报创办三十周年的纪念刊物上，顾先生曾应邀撰写过《顾嗣立与元诗选》一文。为了选用合适的影印底本，我遍检馆藏众本，发现《元诗选》有版本异同，尤其是《元诗选二集》，将初印本与后印本作比勘，即可知后印本对所收 34 家的诗作进行了增补。而这些情况顾先生之前的文章未有提到。时他养病在京，于是我将详细笔记邮呈。他阅后赐告，中华书局《书品》杂志正向他约稿，要我将笔记整理后径与《书品》编辑部联系。我遵嘱连缀成文，署顾先生之名寄出。而当《书品》发表此文时，作者变成两人，原来校样送至顾先生处，他作了修改后特地添上我的名字。为前辈做些琐事本属寻常，他却不没后生劳动，令我激动不已，此生能与顾先生等前辈成忘年之交，是何等幸运。

顾先生沉酣图史垂 70 年，作为一个图书馆事业家，他不逐名利，不慕虚荣，全心全意为图书馆事业服务。他说，"我的一生主要干了三件事，就是为图书馆收书、编书、印书"，可谓"平生之志与业皆在其中"。他不重名山之业，甫进上图的大门，便提出使孤本不"孤"的印书计划，并

---

① 他自己就有个斋名曰"小晚成堂"。

专门建立影印工场，使大批珍贵古籍得以化身千百，服务社会。他认为，"人生时间有限，与其个人出书，不如为印行先哲遗稿多花点精力，聊尽后死之责。"他生活朴素，常以"勤能补拙，俭以养廉"自勉，而对国家，他又是那样慷慨，将珍藏数十年的清顾嗣立《元诗选》未刻稿本、《明四皇甫诗书卷》及清初顾祖禹、朱用纯、余怀等题诗的《马藩候像赞册》等珍贵书籍捐献给上海图书馆。

顾先生离开我们整整 16 周年了，今年 11 月 10 日是他 110 周岁生日，缅怀前辈，感念恩泽，他为我国图书馆事业所作的贡献将永垂青史。

先行按：本文撰写于 2008 年 11 月，时值顾老 105 虚岁生日，发表于内部刊物《古籍整理出版情况简报》，兹略作修改。

2014 年 7 月 4 日

"流到前溪无半语，在山做得许多声"

——怀念顾老，学习顾老

林其锬

上海社会科学院研究员

顾廷龙先生是当代著名的文字学家、版本目录学家、杰出的图书馆事业家、书法家。他早在1934年年方34岁时，就协同叶揆初、张菊生、陈叔通等社会名士创办了私立合众图书馆并主持馆务工作。1949年后，长期担任上海图书馆馆长职务，主持编撰了《中国丛书综录》，主编了《中国古籍善本书目》等许多具有深远意义、并在国内外产生重大影响的著作，所以他早就誉满国内外了。余生也晚，同顾老年龄足足相差30岁，顾老的大名，早就如雷贯耳，敬仰之情久埋心中，但却无缘直接交往，也不敢贸然前去打扰，也只能是"遥闻声而相思"而已。只是到了20世纪80年代初，因为校理《刘子》，由于顾老的主动关心，"奇缘"天降，在往后直至顾老逝世为止，整整16年时间里，越来越多地得到他老人家的关怀、提携、支持、帮助，对我从事的《刘子》、《文心雕龙》和"五缘"文化研究三个主要领域，都产生了深刻影响；并且由于交往日益密切，有幸成了他的忘年交。1998年8月22日，顾老不幸因病在北京去世之后，哀恸之余仍时时怀念，每当经过我过去常去的淮海路吴兴路顾老生前的寓所，都不禁驻足仰望二楼那紧闭的门窗，追忆他那简朴、宽厚、平和、慈祥的长者形象，他那浓重吴语的亲切声音，仍然鲜活地在耳边回荡。我一直感到顾老是既平实又特别崇高，但又不知该怎样才能比较准确地加以表达。有一天，我在书房里望着装裱后挂在墙上的顾老在1994年惠赐给我的一幅墨宝：

初疑夜雨忽朝晴，乃是山泉终夜鸣；
流到前溪无半语，在山做得许多声。

宋杨诚斋诗
其铄吾兄属正　癸酉夏日顾廷龙时年九十（"顾廷龙"章）

吟咏揣摩之间，突生顿悟：对呀！"山泉"！"山泉终夜鸣"，"流到前溪无半语，在山做得许多声"！这不就是顾廷龙先生毕生事业和他的崇高精神吗？联系自己同他16年的交往经历并得到他的精神滋润和实际教益，可以得到完全的验证。

《刘子》"奇缘"，无私提携

笔者治《刘子》，与对《文心雕龙》和刘勰的研究兴趣有关。笔者大学读的是中文系汉语言文学专业，20世纪60年代初，在中国大陆曾在所谓"调整"时期出现过短暂的学术放松。那时在周杨等人的倡导下，以《光明日报》"文学遗产"为代表的全国报刊，展开了对古代文论《文心雕龙》的研究与争鸣，内容涉及《文心雕龙》的《原道》、《风骨》、《神思》、"批评论"、"创作论"、"风格论"以及刘勰的世界观、美学思想乃至其家世等等。这场讨论激发了笔者对《文心雕龙》和刘勰研究的极大兴趣，经常利用星期天跑到上海图书馆寻找、阅读全国报刊有关的争鸣文章，两年多时间里竟读了140多篇，并作了4厚册40多万字的摘录笔记。"史无前例"的"文革"期间，虽遭批斗，但仍搜阅"批判"《文心雕龙》和刘勰的资料，并且偷偷研习《文心雕龙》原著，做了700多张卡片，还按事类编辑成册，题为《刘勰〈文心雕龙〉资料汇编》。正因如此，粉碎"四人帮"后，我便投奔上海社会科学院，为的就是想搞《文心雕龙》和刘勰的研究。可是，进入社科院时，文学研究所尚未正式成立，只好委身于经济研究所当刊物编辑，后又转到经济思想史研究室从事中国经济思想史研究，一搞就是8年。

在经济思想史研究室，我先是参加集体项目《秦汉经济思想史》的研究和编撰，同时还和陈正炎教授合撰了《中国古代大同思想研究》。在完成《秦汉经济思想史》项目之后，研究室又有续撰《魏晋南北朝经济思想史》计划。出于尽量拉近《文心雕龙》和刘勰研究的"私心"，我自告奋勇承担"南朝经济思想史"研究的任务。仍按老办法，从普查南朝时期有关文献资料的目录着手。也就在普查中，与《刘子》遭遇了。《刘子》之所以一触就强烈地吸引了笔者，主要原因有二：一是此书安邦治国思想将经济民生置于政治之前；二是新、旧《唐书》和许多版本都明确著录"《刘子》刘勰撰"。前者正符合课题研究的内容；后者则触动了笔者搞《文心雕龙》和刘勰的研究的神经。说实在，由于自己的孤陋寡闻，在此之前我从来没听说过刘勰还有这么一本书。但在进一步考察时发现关于《刘子》的作者也有不少异说，于是打算另列课题研究，可是多次申请皆未获批准，而且被视为"不务正业"。由于不能列入研究项目，只得在课题外"业余"进行，一无经费；二缺时间，条件相当艰难。正因如此，在上海图书馆进行校勘《刘子》时，早出晚归，中午也不敢回家，只在底楼大厅里花2角8分钱买两只包子、一杯淡咖啡果腹。

笔者先在社科院图书馆校了五六种《刘子》版本，然后到上图校勘。大约过了一个多月，有一天中午，当我吃了点心回到古籍部取回寄存在那里的稿本文具在阅览室准备继续校勘之时，善本保管员王翠兰同志抱着一大包牛皮纸包的古籍进来，笑嘻嘻地对笔者说："林老师，您额角头真高[①]！你的工作得到我们顾老关心了！"我感到突然。她接着解释："今天中午顾老到部里来，问起最近读者的情况。我们对他说：'上海社科院有一位先生经常来校《刘子》，每天中午也不回去，现在他吃点心去了。喏，他的稿本放在桌子上。'顾老听后仔细翻阅了你的稿本。看了后他对我们说：'看来这位先生在《刘子》校勘上已经花了不少功夫了，我们应该支持他，把我们馆藏的宋本《刘子》拿出来给他看看。'"王翠兰同志说完便小心地打开那一层又一层夹着防蛀药的牛皮纸包，最后露出了用黄绸包着的那部由著名藏书家孙星衍考定为"南宋版本"、并留有黄丕烈（字荛圃）手跋的十卷本《刘子新论》。末了，她还郑重地宣布："这是国宝，看时要特别小心：一、不要带钢笔进来；二、不要用手指沾口水翻书；三、不能用纸盖在书上描图记。"

说实话，我当时真被这个天降的"奇缘"震呆了，面对桌上的国宝，似梦非梦，因为虽然知道存在过曾被清代著名藏书家、校勘学家黄丕烈称之为"孙星衍校藏残宋本"并"不惮至再至三"用以"一破群疑"的《刘子新论》，但在民国初年已被傅增湘宣告"今已不传"了。此国宝养上图"深闺"并不对外，因此鲜为人知，藏书卡是查不到的，突然出现完全出乎意料。此时真是又惊又喜，对刺鼻的防蛀药全不觉得，赶紧小心翼翼地翻看，想先探个究竟。果然，此本虽说是"十卷"，其实真正宋刻只有八卷，第一二两卷乃是明复宋刻本，从《爱民》第十二"开始的第三卷以下才是南宋刻本，而且还有残缺和后人抄补者。整整半天，翻了一遍，犹似饿汉见到一盘香喷喷的白馒头，恨不得将它全吞进肚子。

闭馆时间到了，王翠兰同志前来催还，我依依不舍，小心地将其包好交给她，说明日定来续校。离开上图，我没有回家，骑着自行车，直奔香花桥马伯煌教授家，他是老专家、我们经济思想史研究室的主任。一进他的书房，便兴奋地向他报告："今天我见到了宋本《刘子》了！"笔者把下午的情况向他叙说了一番。没料到，马老听我说完后，摇摇头说："不可能！"他还以自己为例："我参加由周恩来总理亲自抓的国家教委重点中华书局出版标校《廿四史》的《宋史》项目，当时得知辽宁图书馆藏有宋本《宋史》残卷，我是带着国家教委的介绍信到沈阳去，结果也没能看到，他们借口因战备转移了，不让看。所以你说看到宋本了，不大可能！"他的一席话犹如一盆冷水，把笔者的满腔兴奋之情，浇得灰溜溜地。那天晚上笔者想出一个办法，第二天一早，便带了铅笔、圆规、三角尺和卡片，一开馆就进古籍部阅览室，借出宋本《刘子》，费了整整一天时间，把书中28枚印章，按1：1量好尺寸，一个个照原字体描绘在卡片上。到了闭馆时，带着当天描下印章的卡片，又直奔到马伯煌先生的家里，对他说："这是我按原件描下的藏书章，请马老帮忙鉴定看是否是真宋本"。马老非常认真，戴起老花眼镜还另加放大镜，十分仔细地把所有图章

[①] 上海方言，意为运气真好。

逐个审看一遍，然后取下眼镜，大腿一拍，翘起大拇指兴奋地说："是宋本！真是不容易！"笔者一颗悬空的心，终于落地了。此后又花了两个星期，用宋本校了三遍，仔细地记下书中的每一细节。

顾廷龙先生出于支持后生学术研究的公心，指示给国宝宋本《刘子》供笔者作校勘版本，对于提高校勘质量和后来成书出版都起了关键的作用。由于见到了宋本，更使笔者下决心，找当时所能找到的40多种版本加以集校；由于有了宋本，更提高了集校本的质量和价值，所以使《刘子集校》出版比较顺利。当笔者得到宋本进行校勘时，大概是由于马伯煌先生将此消息透露给上海古籍出版社，他们还特地派一位编辑到上海图书馆古籍部阅览室"考察"。笔者还记得：有一天正在专心地把宋本与底本进行比勘时，阅览室来了一位"陌生人"坐在对面，他似乎也在阅读。但过了一会儿就同笔者搭讪了。他开口问："先生在校勘《刘子》吧？"答："是的！"又问："先生手上在对勘的本子是宋本？"答："是的！"接着他就取了放在桌上的一卷宋本《刘子》认真地翻阅了几页，然后又问："先生准备将你的校勘书在哪个出版社出版？"答："我尚未校好，还没有考虑。"他说："成书后能否拿到我们上海古籍出版社出版呢？"答："搞好后再考虑吧。"事后才知道，这位"陌生人"就是上海古籍出版社后来担任《刘子集校》责任编辑的李伟国同志。因此，天降"奇缘"，顾老主动关怀、无私提携后进，在推进《刘子》研究中起了关键作用，这对笔者的学术生涯也起了深刻影响，这是终生难忘的。

高深造诣，热心帮助

我们同顾廷龙先生的直接交往是在1982年的冬天，亦即得到他特许校阅宋本《刘子》之后两三个月。此时我们从广州某单位得到一种题作"影宋抄本"的大字本《刘子》复印本。此书有注，十卷，分装五册，无框线，每半叶九行，行十五字，注纸一格，版心上标卷数，下标页数。不署作者姓名，但题"播洲录事参军袁孝政注"，卷末有影写黄丕烈"己卯季冬"手跋，书中留有"天一藏书"、"东莞奠氏"、"叶启芳藏"、"天涯芳草"、"叶启芳丁酉六十藏书"、"印庐所藏精品"等26方印章，在该本"卷之八"阅武章第四十一第15页反面第一行有旁注"宋阙依明本补"6字；在"卷之七"慎陳章第三十三的"魏后泄张绣之仇"句注文："张绣是袁绍下军将，与曹操格战"，"与"字则为倒文。藏书单位藏书卡明题："影宋抄本（善本）共五册"。我们见到明题"影宋抄本"并且书中也有"宋阙依明本补"的佐证，确是十分珍贵，但由于有"与"字倒文又不免心生疑问，因为倒文之出现只能在较晚的活字本才会有。为此我们曾捧实物向多位先生请教，他们都认为此本有"天一藏书"印记，证明乃由天一阁流出，又有书内"宋阙依明本补"实证，断为"影宋抄本"无可怀疑；可是我们还是难下决断。为难之际，我们打算冒昧上门拜访顾廷龙先生，一则向他请教，请他为我们做主；二则也乘此机会当面向他表示对我们工作关怀的感谢！

决心下了，在一个星期天，事先也未经电话联系（因为我们也不知道他家里的电话号码），我和我的夫人陈凤金带着"影宋抄本"有关的复印件便冒昧登门拜访了。初次见到心仪已久的大学问家，不免产生紧张和拘谨。进门后我们作了自我介绍并说明来意。不料顾老一听便说："啊，你就是校《刘子》的林先生，现在进展的怎样了？"态度非常随和、亲切，好像是对自己家里的晚辈。我向他简略汇报了几个月来校勘的版本情况和碰到的"影宋抄本"问题。他老人家先叫我们坐下，自己也坐在桌子旁边点了一支烟，聚精会神地听着，一点也没有大学问家的架子。听完我的汇报，他又仔细地翻阅了我们带去的复印资料，末了他说："你们把这些资料和复印的东西留下，一星期后再来。"我们高兴极了，也来不及当面表达对他给看宋本的感激之情。一周之后，我们如约又去了。顾老说："这个本子（影宋抄本）有问题，书中'天一藏书'这个章看来是木头章，天一阁范钦他们是不会使用木头章的！"笔者感到惊讶，心想：凭复印的藏书章怎么能分得出是木头章还是金石章呢？顾老大概已经觉察到笔者的疑惑，他仍然和蔼地指着复印件上的"天一藏书"印记向笔者解释："你们看：这个图章的边线和字的外沿都有点化开，因而比较地粗。木头章质软，吸印油后多少会有点膨胀，所以盖上去就易于化开；金石章质硬，就不会发生这个问题。天一阁主人范钦父子是绝对不用木头章的，所以说它是天一阁藏本是有问题的！"接着他又指点我们同北京曾从其老师傅增湘处见过天一阁《刘子》藏本的孙楷第（子书）先生和宁波天一阁藏书楼负责人邱嗣章先生联系，并且还给我们提供了孙、邱二位的地址。我们遵照顾老的指示给二位写了信，并附上"影宋抄本"的复印资料。过了几个月，我们得到孙楷第老先生的复函："我在傅先生处见的范氏天一阁抄本，其模样形式、行款、笔划，与您们寄来的天一阁影宋本，完全不同，也没有'叶启芳印'、'东莞莫氏印'。可以断定：您们在广州所见范氏天一阁影宋本与我在傅先生处所见的范氏天一阁抄本，不是一个本子。"而浙江天一阁骆兆平先生也代邱嗣章先生复函证实："影宋抄本"上的"天一藏书"章，天一阁没有这种印记。孙、骆二先生的复函完全证实了顾老的判断。那么，"天一藏书"的"天一"究竟是谁？在顾老指导下我们又作了深入考证，最后弄清楚了："天一"者，实际就是民初广东商人莫伯骥之号，"天一藏书"、"东莞莫氏珍藏"等都是他的藏书章，民国二十七年就编有《五十万卷楼藏书目录初编》。再经过深入比勘，我们发现：所谓"影宋抄本"的书貌、款式、文字与上海图书馆藏的"传钞黄丕烈藏本"《刘子》完全相同，而且书末影写之黄丕烈"己卯季冬"手跋亦同是影写。但是两本的藏书章则完全不同，后者有"璜川吴氏收藏图书"、"汪士钟印"、"阆原父申"、"惠栋之印"、"字曰定宇"等五枚墨章，另有"台山骆氏家藏"和"上海图书馆藏书"两枚朱章。细考，两钞本影写之黄丕烈"己卯季冬"手跋内容，可以断定此跋原题于本为周锡瓒（字仲涟，号猗塘，又号香岩居士）所藏、后归之于黄丕烈的"旧刻专本"（或称"旧刻"、"活字本"），我们在北京图书馆（国家图书馆）藏的黄丕烈校并跋的明钞《刘子注》"嘉庆庚午"手跋中又得到重要线索。该跋云："我友周丈香岩家多秘书，向假得活字本校如右"，还在卷首天头记录了"活字本"书貌："活字本校，每叶十八行，行十五字，注低一格，大字，'第'作'章'"。而上海图书馆藏的陈乃乾过校本《刘子新论》曾以"黄丕烈藏本"对校，他也记下该本的书貌："黄氏士礼居旧藏本《刘子袁孝政注》十卷，每半叶九行，行十五字,线黑口单边,首行题播州录事参军袁孝政注,以下各卷并同。注比正文低一格,中缝记叶数、册数,首有璜川吴氏、惠定宇、汪阆原、潘菽坡诸印记,后有复翁跋。"黄、陈二氏所记之"旧刻"本、"活字本"的书貌,除没有"黑口单边"和藏书章不同之外,其他与莫伯骥藏本完全符合。陈乃乾过校本还另有一跋记录了黄丕烈"旧刻"本之流通过程:"黄氏旧藏《刘子注》('旧刻''活字本'本)十卷,向在陆叔同家,癸亥(1923年)为上海古籍流通处所得,将售于吴中许傅明,因假归留阅一霄,校异同于此本上。黄本不知刻于何时,即荛翁(黄丕烈)鉴别版刻至精,凡遇疑似之本,但呼旧刻……余见此书时,陆君指为活字本,余未敢信,及假归校阅,见互倒立之字甚多,始疑之;而卷七十一叶中,竟有倒文'與'字,方知此书之为活字本无疑矣。"细勘陈乃乾在他所校的子汇本《刘子》上过录之黄丕烈"旧刻"本《刘子》文字,也与黄氏藏之影钞本相同,而且还发现陈乃乾在他的过校本《刘子新论》和子汇本《刘子》中,在"阅武第四十一":"遽击金而退之"的"金"字下和后半叶"众缮修戒器"的"器"字下,作一横线记号,同时在过校本天头注:"旧刻本阙一叶"。在子汇本天头注:"活本阙一叶"。这就同莫伯骥藏影钞本"慎隟第三十三"中的"與"字倒文以及"阅武第四十一"第15页注"宋阙依明本补"相对应了。由此可以得出结论:一、莫藏影钞本当是原出于黄丕烈校跋的"旧刻"活字体;二、"宋阙依明本补",实出于后人把活字本断为宋本之后加于活字本补写的第15页的[①]。可是,比勘至此虽然莫藏抄本非"影宋抄本"可以肯定,而黄丕烈从周锡瓒(香岩居士)处得到并校跋"旧刻"活字体("旧刻专本")却不知下落;我们又在南京图书馆见到"海宁陈氏"(陈乃乾)于"甲子季夏"(1924年)影印的《刘子袁注》十卷即原于黄丕烈之"旧刻"活字本[②],但有框栏行线,中缝有向下之单鱼尾,却没有倒"與"字,也未有缺页和"宋阙依明本"注。我们又生疑问:为何底本没有倒"與"字,而影抄本却有倒"與"字?笔者又只好拿南图藏的陈氏影印本此叶的影印件再去向顾廷龙先生讨教了。经顾老拿了放大镜细心辨认,他说:"影印本没有倒字是陈氏影印时挖补扶正的!"他还说:"陈乃乾好心反给后人添了麻烦。"后来我们又在湖北省图书馆见到陈乃乾的影印本。"與"字挖补确有明显的挖补方框的痕迹,于是顾老的判断完全得到了证实。至此,所谓"影宋抄本"得到了辩证。为辩证此本的真伪,前后花了两个多月,曾多次得到顾老的指教,顾老起了关键性的作用。在这个过程中,可以看到他老人家在版本鉴别上的博识和深厚的功力,他的严谨过细、一丝不苟的治学态度,以及帮助后进不厌其烦、谆谆诲人的长者风度,都给我留下了深刻印象,也为后人作出了榜样。

1985年我们经过4年努力而撰成的《刘子集校(附作者考辨)》要交付上海古籍出版社出版了,我们请求顾老为此书题签,他欣然答应。当得到通知到他府上去取的时候,想不到短短的9个字,他老人家却写了6、7张,笔者进门后他拿出一张一张分开铺在桌子上,叫笔者和他一起挑选,笔者

---

① 很可能出于莫藏影抄本的抄写者。
② 傅增湘在扉页题作"旧合字刘子十卷"。

觉得都好，而他自己则反复比较，最后挑一张给我们。此事看来平常，但却对笔者震动很大。心想一个高龄的大学问家、大书法家，9个字的题签都这样地严谨、认真、谦逊，相形之下，我们自己有时表现出遇事不耐烦、浮躁而不虚心的态度又是多么渺小、可笑！

心系《刘子》，不遗余力

1985年10月，笔者和陈凤金合撰的《刘子集校（附作者考辨）》在上海古籍出版社出版了。书一出来我们便首先奉上一册送给顾老，一是向他汇报；二是请他批评教正。顾老也为我们高兴，他还写了一首诗鼓励我们：

佳偶懿行与照圆，同心合著似前贤。

《雕龙》万古翔文苑，济世经邦贵此篇。

其锬、凤金贤伉俪合著《刘子集校》书成，深佩其考辨精博，当为不朽之作，率成俚句奉正。

一九八五年十二月　顾廷龙时年八十二

顾老在诗中用郝懿行、王照圆夫妇共撰《尔雅义证》的典故勉励我们，同时把《文心雕龙》和《刘子》并列肯定我们对《刘子》作者的考辨，这又是多大的支持和鼓励！书出后，承蒙时任国务院古籍整理与出版规划领导小组组长李一氓的青睐，将其列为1985年古籍整理出版"质量也有所提高"的四本书之一，并加评语云："上海古籍出版社出版的《刘子集校》囊括了该书的现有善本，包括敦煌残卷多种，宋刻一种，明刻明钞十多种，搜罗广博，所取得的成果大大超过前人。"同时还推荐给中国文心雕龙学会会长张光年，引起了张光年、王元化等先生的关注。张光年特地来上海同王元化一起找我们谈话、了解情况，邀请我们参加1996年4月在安徽屯溪举行的"中国文心雕龙学会第二届年会"，并让笔者在大会作了汇报，引起了《刘子》作者问题的广泛争鸣。

顾老对《刘子》研究特别是作者问题的争鸣是很关心的。在校理《刘子》过程中，我们不仅搜集到六种《刘子》敦煌残卷[①]，而且还搜集有5种题为《随身宝》、《杂抄》、《益世文》、《珠玉抄》等敦煌本唐代小类书，其中都有《刘子》作者的著录。考虑到这些残卷和著录文献资料的宝贵，也有助于《刘子》研究和提供作者谁属的佐证，我们打算将其集中并加整理出版《敦煌遗书刘子残卷集录》，得到顾老、张光年、王元化等先生的支持。王元化先生推荐出版社，顾廷龙先生亲自写了《敦煌遗书刘子残卷集录序》。他用毛笔字写，毛边纸八开张整理写了3张，每张8行（竖行）每行19到20字。在《序》中追叙《刘子》传播历史影响，高度肯定敦煌残卷文献、书法价值。关于《刘

---

① 其中一种我们新发现的未被《敦煌遗书总目索引》所著录的刘幼云（廷琛）旧藏本，也是经顾廷龙先生审定的。

子》作者归属，他列举证据作出了明确的论断。他说：

> "《刘子》作者为谁？《隋志》仅书'梁有'，而未题作者；《唐志》始著录'《刘子》十卷，刘勰撰'。唐释慧琳《一切经音义》亦有'刘勰，梁朝时才名之士也；著书四卷，名《刘子》'之记载；今在敦煌遗书《随身宝》钞本中，均有'《离骚经》屈原注，《流子》刘协注'之著录；伯三六三六卷中'九流'条下，著有《刘子》第五十五〈九流〉篇，并注'事在《流子》第五十五章'，足证唐人称为《流子》者，即今之《刘子》也。有三亦云：'《流子》就是《刘子》；刘协当即刘勰'。两《唐志》并著录'《刘子》十卷，刘勰撰'，到今天还在流传。因就今日可见唐人著录，皆以为《刘子》刘勰著，此我国历史记载已甚明确。又日本《新雕刘子》五卷，为日本宝历八年（相当我国清乾隆二十三年）刊本，所据为日本应求（相当我国明洪武年间）写本，亦明题'梁刘勰著'。首有播磨清绚、平安咸愿，末有城南滕璋等序跋，悉称'《刘子》刘勰所作'。可见海外流传，不仅亦已久远，而作者谁属亦甚明确。"

顾老此序写的时间是 1988 年 1 月，时年八十有五，所以他在序末自己名字之下盖了两个图章："顾廷龙印"、"起潜八十后作"。因为《刘子》是适应社会由分到合，学术思潮由"析同为异"到"合异为同"的杂家代表作，曾盛行于隋唐，并远播边陲海外，只是到了南宋开始作者才无端遭疑，甚至被打入"伪书"之列，因而被边沿化了。所以顾老此序对《刘子》敦煌残卷价值给予了高度评价，特别对《刘子》作者问题言简意赅，态度鲜明，结论明确，论据确凿，对澄清是非、推动《刘子》研究具有重大的学术意义。此外此序书法工整、秀丽多姿，也具有很高的艺术价值。正因如此，当上海书店见到此稿时，从总编到编辑都一致提出要在书首影印而不用铅印。当我向顾老转达出版社意见并提出请求时，顾老谦虚地说："写得不好"，并未马上允诺。经笔者再三恳求，他才勉强答应，但要回原稿逐字审视，最后把自己认为不满意的几个字加以挖补重写才交笔者送出版社。于此也再次看到老人家谦虚、严谨、一丝不苟的学风。

《刘子集校》出版后，笔者遵王元化先生的意见奉寄给日本著名的《文心》学家、《文心雕龙》日文全译本译者、九洲大学教授户田浩晓先生请教。1986 年 7 月 25 日他给笔者来信，信中说："大作已拜读，其中附录二《刘子作者考辨》，对我特别有帮助。《刘子》的作者是刘勰的说法很早以前就形成了……我手头有宝历八年（1758 年）刊的《刘子全书》五册，皆川淇园的序中断定：《刘子》刘勰作。在日本，从古代开始，因为一直认为《刘子》的作者是刘勰，从来没有人对此进行研究。因此，大著以及'校记'、附录《作者考辨》，对于学者们的研究肯定会有很大的帮助，我对此确信无疑。"户田浩晓先生的来信，笔者转告了顾老、王元化和张光年先生，张光年又转告了李一氓同志，他们都很高兴。特别是他们得知我国明、清之际已经佚传了的五卷本《刘子》还在日本流传，更感兴奋。因为早在唐代，《刘子》便已传入了日本，在今存的日本成书于相当我国唐昭宗年间的《日本国见在书目》"杂家类"，就有"《刘子》十、《刘子》五、《刘子》三"的著录，说明当时就有十卷本、五卷本、三卷本三种《刘子》版本传入日本并被著录。五卷本《刘子》我国失传了，而日本还存在，所以特别引起了顾老等几位前辈的关注，他们提出要想法将五卷本《刘子》引回影印出版以补文献之缺。笔者先是托赴日本的学者去寻访，在日本皇宫（今国会）图书馆见到了，想复印一份该书的《序》也不准，只好手抄了一份带回。要复印全书更不可能了。张光年和王元化二先生商量要派人去，还有人提出用我们的古书交换，但都未能实现。顾老说："还是让我想办法罢。"后来他通过自己带的一位日本研究生，利用暑假回国的机会想办法去弄，但是这位日本学生回来时只带回一部由日本古籍研究会编的和刻本《诸子大成》第 6 辑，其中缩小影印了《（新雕）刘子》即日本宝历八年刊五卷本《刘子》。顾老拿到书之后就打电话叫笔者去，他说："你是搞《刘子》的，就交给你去研究吧！"笔者喜出望外，心中十分感激顾老。但是几位前辈还是说要想法引进原版加以影印出版。经过多年努力，探知台湾"中央图书馆"也有日治时期流入的宝历八年刊五卷本《刘子》，直到 2012 年才得到原本电子传真盘片，并于 2012 年在华东师范大学出版社出版的拙著《刘子集校合编》中影印出版了。可惜当年关心此书引进出版的几位老前辈皆已仙逝，未能亲见此本影印出版，只能默祷以告慰前辈们的在天之灵。

为国储宝　泽被学林

顾廷龙先生是杰出的图书馆学家、事业家，他从年青时在燕京大学图书馆任采购工作，到主事上海合众图书馆务工作，再到长期担任上海图书馆馆长工作，为图书馆事业献出了毕生精力。顾老既有渊博的版本文献理论造诣，又有丰富的鉴别版本、文献实践经验，所以他对图书文献有自己独特的、高明见解。1985 年冬，顾老的好友北京图书馆副馆长兼《文献》季刊主编李希泌先生来上海，特地约请顾廷龙先生从图书馆工作角度发表对"文献"的理解与看法，因而二老作了一次具有重要学术和实际意义的对话。李希泌先生乃名宿辛亥元老李根源之子，章太炎入门弟子，他也长期从事图书馆工作，著有《中国古代藏书与近代图书馆资料》、《曲石精庐藏唐墓志》、《唐大诏令集补编》等多种，笔者也是因校理《刘子》与之结缘的。承蒙二老厚爱，有幸被邀参加此次对话，并作记录，后又整理成文，题作《从图书馆工作的角度谈文献——顾廷龙、李希泌两先生的一次对话》，送交二老审阅之后，于 1986 年《文献》第三期发表。二老对话是于 1985 年 11 月 27 日下午在顾老上海寓所进行的。笔者意识到此次对话重要，怕记不下来，故特地借了录音机带去，采取了笔记和录音并举的办法，所以此次记录是比较完整可靠的。

二老对话的主题是由李希泌先生提出的。他说："现在关于文献的界说、文献学研究的对象、范围、性质，众说不一，今天想请顾老谈谈这些方面的看法。"接着主要由顾老谈，涉及"文献"一词的出处、宋人马端临给"文献"下的定义，"文献学"的范围、"文献"同"文献资料"和"文物"的区别、联系以及图书馆应该如何对待文献和文献资料的搜集、整理、保存、利用等诸多问题。末了顾老还提出应该建立传记学科的建议，李希泌先生认为"是具有创造性的，是很重要的，可是现在还没有人注意这个问题。"在谈话中,顾老是结合自己的工作经历和经验来谈文献和文献工作的,所以内容非常丰富。他说:"文献和文献资料还是有区别的。书本中有文献和文献资料,但是有的文献资料并不属于书本的。"又说:"图书馆应该重视这些文献资料的搜集整理工作。可以利用的,印刷出来使用就广……假使能整理印出来,既可以播之远方,也可以传之久远。这对于原始资料来说,本身保存好的自然好,如果保存的不好,也可以还有印本。所以我主张能够尽量地把资料编排影印出来。这种资料就是文献资料。"顾老说:"我对文献资料范围起初也不明确,在燕京大学图书馆任采购工作,在邓之诚、郭绍虞、顾颉刚诸先生指导下(他们是收购委员会委员),通过实践,逐步认识的。"他很赞同顾颉刚在 1927 年为广东大学图书馆而撰写的《购求中国图书计划书》中提出的理念:"要能够用了材料的观念去看图书,能够用了搜集材料的观念看图书馆事业。"他强调:"图书馆应该从保存的角度出发对待文献资料,要能够识别真龙,防止'叶公好龙'"。他举例:"1955 年初,上海造纸工业原料联购处从浙江遂安收购了一批废纸,约二万担左右。我们组织了六个人从中挑选有用的东西。我们挑出了 2 000 斤,其中有明代民间用书《万宝全书》、讣闻、哀启等。在挑选过程中有一书为明张铨撰《国史纪闻》,有三位同志各捡得一册,共得三册,缺一册,感到遗憾。后经一位同志回忆,他亦见到一本以为残而无用,便把它丢了。这一例子说明熟悉古籍者所见相同,不熟悉的,弃之如敝屣。总之,要实践出真知,不能象叶公好龙那样。"他还说了一个例子:"1931 年 10 月书友郭石麒君收购了嘉兴沈氏藏书,其中有门簿一册,以为无用,但我认为可作史料,因承见赠。这册门簿是封建社会官场的遗物,可以看到酬应的一些礼节。因此特请当过京官的熟悉情况的张元济、冒广生两先生写了一段题记,不致后人看了无用。有这两位身历其境的老先生写了题记,使它成了珍贵的文献。"二老对话涉及的具体事例很多,如上图收了很多的鱼鳞册[①]、登料录、珠卷、同年录等等。顾老说:"这些都是传记资料,是顶好的材料。"从顾老谈话结合自己经历列举的诸多实例中,我们可以看到:他为国觅宝、储宝,不仅独具慧眼,而且还具有化腐朽为神奇,让常人看不起眼的东西经他点石成金成为珍贵文献的工夫。

  顾廷龙先生从燕京大学图书馆到合众图书馆,再到上海图书馆,经他的手和在他领导、指导下,一生为国觅了多少宝?储了多少宝?大概迄今尚未有人做过调查和统计,我相信数量一定是很可观的。在合众图书馆创办人叶揆初的《卷盦剩稿》中就有顾老许多购书、校书、鉴定版本的记录:"起潜选购丰华堂余籍一批,有卢抱经校《傅子》、谭复堂校《词学丛书》本《词源》、塘栖劳氏校方凤《存雅堂遗稿》、并有浙江人诗集、文集六十余种,内有稿本、抄本、罕见本。百足之虫,屡经鸒让,尚多零缣断璧,在今日已难得矣。"对于顾老选购之书,叶揆初多有佳评。如:"灯下再阅《存雅堂遗稿》,系《四库》改定之名。此为顺治原刊十三卷本,名《方韶卿遗稿》。卷中除劳氏昆仲墨校外,又有鲍渌饮朱校,并有学林堂印,为高宰平先生旧藏,更当刮目相待,宰平先生为东城山长。"又:"丰华书,有乾隆刻《国朝浙人诗存》十二卷,钱塘柴杰编注,专取五七律,七律诗

---

① 地主家记录田产方位、官府记录田地分布、田赋分配等的图册。

有王穉登，注云：宋百穀，钱塘人，康熙癸丑进士。奇极。"叶氏不仅有顾老选购珍贵稿本、善本记录，还有多处有关顾老对版本进行鉴别、校勘等的记录。如："阅张皋文批点本《前汉书》，后有其子彦惟过录跋，而楷法则确为皋文，疑莫能明。""起潜来云：皋文批点系彦推所过录。文简书确有与石臞不同处，皆由书法中辨别之。"又："阅彭注《五代史》毕，刘金门之孙咸校本……此校本为淮安静思轩宋氏藏。倩起潜录一副，校勘之功甚细，有益于读此书者。"类似记录尚有，虽只是吉光片羽，亦可推见一斑。当年顾老为之网罗善本，鉴别墨迹，亲自校勘辛苦经营之合众图书馆，1949年后并入上海图书馆，其藏书亦尽归藏于上图，成了这个聚宝盆中的一部分，真是嘉惠士林，功德无量。

顾老不仅为国觅宝、储宝鞠躬尽瘁，同时重视发挥珍贵历史文献的社会作用。上海图书馆藏有元至正十五年（1355年）由嘉兴知府刘贞主持刻于嘉兴郡学的《文心雕龙》孤本，这是今存最早的《文心雕龙》全本，也是明代以后产生诸多版本的母本，长期以来，鲜为人知，包括范文澜等在内的诸多《文心雕龙》学家都未能亲见，更不知天地间犹存此瑰宝者，甚至以为"徒存其名，至今并无实物传世。"1984年上海举行中日学者《文心雕龙》讨论会，是顾老和王元化先生主持，由上海古籍出版社承担，首次影印出版了元刊本《文心雕龙》，这对《文心雕龙》的文字校勘和内容研究，都起了重大推动作用。王元化曾给予高度评价："通过杨著的校语[①]，可以看出元至正刻本这样几个特点：一、在校出的异文中，有四分之三左右较底本为优。二、与唐写本残卷相比，在同样的篇幅内，元至正本的异文有一半与唐写本完全一致的。三、弘治甲子吴门本、嘉靖庚子新安本、嘉靖癸卯新安本、万历己卯张之象本、万历壬午《两京遗编》本等，与元至正本出入甚少，由此可推出它们大抵属于同一版本系统。以上三点说明此一刻本在校定《文心雕龙》原文方面所具有的资料价值，弥足珍贵。"的确，不少问题，因此本出而冰释。比如《文心雕龙·原道》有："惟人参之，性灵所钟，是谓三才。为五行之秀气，实天地之心生。"元刊本虽佚"气"字，但"生"字尚存。明、清诸多版本为上下句对称也把"生"字删了，遂成为："为五行之秀，实天地之心"，于是歧义百出，难以确断。此本出，大家都认定"气"、"生"二字当有，方能正确释义。我们在20世纪90年代末校理并出版《敦煌遗书文心雕龙残卷集校（附宋本太平御览引文心雕龙辑校）》和《元至正本文心雕龙汇校》等书，也都得到了顾老的鼓励、支持和帮助，元刊本《文心雕龙》影印本就是顾老惠赠的。

在此，有必要特别提一下顾老三次谈关于《文心雕龙》尚有另一种敦煌写本问题。

现在可见到的敦煌遗书《文心雕龙》残卷，是被斯坦因所掠、藏于英国伦敦大英博物馆的版本，原编目为斯5478号（S.5478），翟理斯（Giles）新编列7283号的唐写本。笔者因为校理此本曾多次持从伦敦影印回来的斯5478卷向顾老请教。有一次，顾老说："我于解放以前从张菊生（元济）处见到过一种《文心雕龙》敦煌写本，好像同这一种字体不一样；那一种字写得端正，也比较大。"笔者听了，由于粗心并未留意。又有一次，大约在1988年夏天，顾老又对笔者提起此事，说："我

[①] 指杨明照《文心雕龙校注拾遗》以养素堂为底本校以元至本所得170多条校语。

从张菊生那里见到的《文心》卷子也是手写本，字体不是草书和行书（按：英藏斯 5478 号是行草），而是楷书，字比较大。我记得是菊生过八十岁生日，他为避寿，随带这卷子来到合众图书馆，并叫我校一下，所以我记得很清楚。"此次我感到重要，特地向时任中国文心雕龙学会副会长的王元化先生作了汇报。1995 年 8 月，我要到北京参加中国社会科学院举办的华人经济学术研讨会，事先写信告诉了时已移居北京的顾老。顾老即给我回信：

其铼兄：

手书敬悉。

旬后台驾有来京之讯，非常高兴，又可把握。

我忽想起我说的一本《文心雕龙》一定在台湾，不知在台湾谁手？将来总会发现的。

我想兄方便的话，替我买两瓶上海的玫瑰腐乳，还有请替我买点福建肉松。福建肉松吾在上海时已买不到了。现在如无真福建肉松，那就作罢。尊府在静安寺，商店林立，福建肉松真假易别。一笑！

晤谈非遥，率复，顺颂

俪安

弟　龙上　七月十七灯下

按：顾老信只署月、日，未署年，信封邮戳为 1995 年。

我接到信非常高兴，临行在静安寺买了四瓶上海玫瑰腐乳，在石门二路鼎日有买了二斤福建肉松带到北京，记得住北京饭店与广州暨南大学华侨华人研究所所长陈乔之教授同房间，他见我背腐乳送人还讥我"小气"，会一结束便赶往北苑顾老儿子顾诵芬同志家，那天只有顾老和一位四川籍的保姆在，其他人都上班去了。当时顾老正在修改即将出版的《尚书文字合编前言》。他见到我非常高兴，叫我看并征求意见。我自知浅薄，不敢置喙。顾老一定要留我在家吃中饭，饭后他又提起敦煌本《文心雕龙》的事。此次我比较认真，当即索笔纸作了记录。顾老说："《文心雕龙》敦煌写本肯定尚有一种。我清楚记得：一九四六年农历九月廿八日，张元济八十岁生日。当日下午，他为避寿来到合众图书馆，陪同来的是他女婿。他的女婿姓孙，名字记不得了，只知道他的祖父是大官，安徽寿县人。这个姓孙的女婿是在法院工作的，后来到台湾去了。张元济来时拿了一卷敦煌写本，是黑底白字的复印件，是直接照书扣照的，是《文心雕龙》写本，大约有几张；还拿了一部《四部丛刊》本《文心雕龙》。他把两种本子都交给我，并叫我校一下。我一看，那敦煌写本是正楷写的，所以校起来很快，一个晚上便校好了，到第二天上午就送走。这件事我在张元济儿子主编的《张元济年谱》征求意见座谈会上也谈过，后来他收入了。"顾老停下，随即取出《张元济年谱》翻到第 517 页，指给我看"一九四六"中的一条："十月二十二日，先生八十寿辰，为避寿赴合众图书馆一天，带敦煌本《文心雕龙》嘱顾廷龙读校。"接着顾老又指着放在桌上的敦煌唐写《尚书》

影印件继续说："我见到的张元济先生的那种《文心雕龙》写本，字体大小同这个《尚书》本子一样。"我记录了后，还念一遍给顾老听，他说："就是这样！"回到上海，我即向王元化先生作了汇报。1999 年 5 月，我赴台湾参加台湾师范大学举办的"《文心雕龙》国际学术研讨会"，还带了顾老谈话记录，在会上说了顾老的三次谈话，引起台湾学者的重视。台湾著名《文心》学家台师大的王更生教授说："如果能在台湾找到顾先生所见到的敦煌本《文心雕龙》，那是件惊天动地的事。"为此，他还请台湾博物院帮助寻找，可惜迄今尚无下落。

顾老一生为国觅宝、储宝，他不光是个收藏家，还是个关注现实文化事业的学者和事业家。20 世纪 80 年代末，我从上海社科院经济研究所调到亚洲太平洋研究所从事华侨华人社会经济文化研究工作，在闽、粤侨乡社会调查中，因受改革开放沿海地区三引进（引进华资、人才、管理）发展地方经济成功经验的启迪，提出了以亲缘、地缘、神缘、业缘与物缘为内涵的"五缘文化"说，一开始便得到包括顾老在内的学术前辈们的重视和支持。1993 年，国务院发展研究中心经济技术研究所上海分所成立了"五缘文化与华人经济研究室"，1995 年又成立了上海五缘文化研究所，都得到了顾老的鼓励和支持。他不仅同马洪、王元化、张仲礼、徐中玉、邓旭初等先生一道，应聘为上海五缘文化研究所顾问，1996 年还给五缘文化所写了条幅："五缘文化是华族社会团结的纽带、沟通的桥梁。"顾老这一题词现在已经成了被大家引用作为表述五缘文化性质和功能的经典语言了。这说明：顾老晚年年事虽高，但他的思想还是永葆青春的。在他没离开上海时，我隔些时候总要到他府上去，时间隔长了，顾老也会打电话叫我去。每当我到他那里，他往往开口便问："外面有什么消息？"后来他到北京住在北苑儿子家。由于那里是航空研究院的宿舍，左邻右舍都是搞技术的，而他家里的子孙辈也都是不搞人文学科的，所以对一辈子同文献、古籍、图书馆打交道并成为生命不可分割一部分的人来说，尽管子孙辈对他都非常孝顺，精心照顾，但他还是眷念上海，眷念上图。他告诉我：开头耐不住还要到北京图书馆看书，跟老朋友交谈，但因为年纪大要派车接，怕增加人家麻烦也克制不去了。他还说："我们家能够一起看的只有一本书：《辞海》。"还说："只有到了星期六，小把戏（曾孙女）回来了，家里才热闹些。"我感到他多少有点寂寞。

宋人杨万里形容山泉的诗句"山泉终夜鸣"，"流到前溪无半语，在山做得许多声"，这山泉岂不就是顾廷龙先生的化身？他鞠躬尽瘁，死而后已，一辈子默默为国觅宝、储宝为我们中华民族文化事业献出了多少心血？他所觅、所储的珍贵文献又滋养和成就了多少学者和文化人？以笔者亲历就有身同感受。笔者深受恩泽、永世不忘，所以十分感激顾老、怀念顾老，只有努力学习顾老的"山泉"精神争取有生之年再做点有益的事以报顾老于万一。行文至此忽得一颂敬献顾老：

哲人虽逝，
风范长存；
山泉不竭，
千里河润。

顾廷龙先生藏书三种

陈 雷
上海图书馆

顾廷龙先生（1904—1998）是我国著名的版本目录学家、图书馆事业家、书法家，上海图书馆前馆长。他毕生为图书馆收书、编书、印书，专为前贤行役，不为个人张本，不仅在相关领域作出了杰出的贡献，其高风亮节亦足以垂范后世。

先生出身书香门第，颇有家藏，在近人王謇所著《续补藏书纪事诗》中就位列一席："顾起潜（廷龙），为侠君太史裔孙，长吉金、甲骨文字，亦富藏书。比年主持上海图书馆，裨益公家甚多，世人咸钦服之。"然因就职于图书馆，他很早就放弃了成为私人收藏家的机会，在1942年的日记中这样写道："余因从事图书馆事业，不宜自有收藏，且从前所积除自读阅之本外，亦将赠馆"，故早在合众图书馆期间，先生就将《秀野草堂第一图咏》无偿捐赠，在上海图书馆工作时，先后捐出家藏《元诗选癸集》、《明四皇甫诗书卷》、《马蕃侯像赞册》及与叶景葵之间的论书尺牍等珍贵文献，先生去世后，其子顾诵芬先生将乃父所藏900多种3 000多册图书及一批书画捐赠给了上海图书馆，如：先生早年在燕京大学研究院时所作论文《说文废字记》[①]、顾氏秀野草堂藏抄本《东坡文选》、先生手校本《集韵》、《龚定庵全集》、手抄本《续恒言录》、《迂树钱谱题跋》、辑录胡适的《水经注校本的研究》以及用五色笔过录各家批注的《邵亭知见传本书目》等。上海图书馆为此专门举办了先生藏书的捐赠仪式。

2011年，顾诵芬先生又将先生晚年在北京寓所的遗物整理之后捐献上海图书馆。笔者有幸赴京参与了这批文献的交接仪式，前后历数日，共封装35箱。其中包含先生的私人信件，如：王同愈、胡玉缙、钱玄同、李宣龚等致先生札，史念海、王世襄、傅璇琮等的来信等；先生手稿，如：《起

---

① 后改为《说文废字废义考》。

潜备忘》、《起潜闻见录》、《平郊旅记》等；学术资料，如：《严元照年谱》素材、《续修四库全书》编纂资料等。先生藏书亦有数百种在列，大多都是当代出版物。古籍约有数十种，以晚近之本为主。一直听上海图书馆的老辈们讲，先生的藏书都是较为常见的本子，以实用为主，笔者所见正是如此。但这些普通的本子多经先生批校题跋，其价值自不可同日而语，先生校书之勤，用力之深，亦可透过这些批跋管窥一二。笔者于其中择取三种，作一番粗浅的论述，以期抛砖引玉。

一、语石十卷叙目一卷　叶昌炽撰　清宣统元年（1909）刻本　顾廷龙批校并跋并过录章钰、鲍毓东、褚德彝、张祖翼批校　四册

《语石》为近代学者叶昌炽所著，它将石刻研究从传统金石学范畴中剥离出来，初步建立了石刻学体系，与《藏书纪事诗》同为叶氏最具影响力的著作，被誉为"二百数十年间无人荟萃之创作，文字一日不灭，此书必永存天壤"[①]。《语石》最初刊于清宣统元年，甫一问世，便受到当时学者的重视，一时批校补正者众多。

此本即清宣统元年刻本，钤有"起潜"朱文方印、"匋谖题记"白文方印等。有先生跋四则：

> 癸酉正月二十六日，从章丈式之谭刻石，获见巴蜀藏经，目吴中天庆观造象，罕觏之拓也。又承以批校《语石》相示，眉注甚密。丈多见叶氏之未及见者，足资订补。亟乞假读，归与颉刚共赏。即取其藏本过录一通，越两日，副墨竣事，书此以志感幸。廷龙。

> 存古斋书友严端峯自江都收书回，携来求售，闻经批校，不署名，钤有"季方难为弟"朱文方印，甚粗拙，不详何人所为也。比又见《语石》一种，亦钤此印，而书衣题："叶缘裻太史着，太史为吴下名宿，与缪艺风齐名，是书凡四本，即艺风见赠者，又有《藏书纪事诗》，则随弇使君贻我，藏数年矣。辛亥重九端虚记。"印曰"鲍髯"，又卷首所批署曰"毓东识"，印曰"鲍印毓东"，其人姓氏始获识之，所批多寝馈有得之言。观与缪、徐皆有往还，亦吾江苏一学人也。摘度其校语，容考其履贯。三十年五月八日廷龙记。

> 中华民国三十三年录褚礼堂校语一过。礼堂殁后拓本之精者先售于边政平君，继售于墨林，书则为东方旧书店所收，余选数十种多有礼堂手笔者。又其旧藏《乐石搜遗》一书，不著撰人，录文考跋皆极精善，石刻多北方之物，且出《八琼补正》亦不少，正与议价，倘归本馆，必穷考其姓名以表章之乃已。廷龙借录毕并识。

> 以朱笔录张逖先祖翼签校，各条下注（张）字以为别。卅七年四月廿六日记。

[①] 吴郁生：《缘督庐日记钞序》。

四则跋语分别作于 1933 年、1941 年、1944 年及 1948 年，为《顾廷龙文集》所未收，相关事迹亦可补《顾廷龙年谱》之未备。第一则跋用墨笔题于封面之上，言墨笔为过录章钰批校。章钰（1865—1937），字式之，一字坚孟，又字茗理，别署蛰存，充隐，鸥边等，晚号霜根老人，江苏长洲（今苏州）人，近代藏书家、校勘学家。先生于 1931 年秋初识章钰，二人一见如故，先生多以金石目录之学请教之。章钰去世后，先生为其编成《章氏四当斋藏书目》，并在跋中写道："以龙于金石目录之学有同嗜焉，不鄙顽钝，引而教之，辄诣请益。或出孤拓珍本，名书法绘相与赏鉴。或述乡邦掌故、前朝旧闻昭示蒙愚"。[①] 此本所过录的章氏批语引用了大量新出土以及叶氏未曾见到的石刻材料，因此具有很高的学术价值。后先生省亲南下，将过录本示于潘景郑先生，又据此传录一本《霜根老人手批语石跋》。章氏藏书后捐赠给了燕大图书馆，又归北京图书馆，即今中国国家图书馆，先生过录之原本亦在此列。《中国古籍善本书目》及《北京图书馆古籍善本书目》均收录[②]。

其余三则题于正文之前，分别用朱笔、蓝笔、朱笔书写，与之相对应，书中用朱笔者即过录鲍毓东批校，蓝笔为过录褚德彝批校，朱笔下用"（张）"标明者为过录张祖翼批校。鲍毓东生平事迹多不可考，据《清人室名别称字号索引》，鲍毓东字紫来，室名端虚室，仁和人。褚德彝（1871—1942），原名德义，字松窗、守隅等，号礼堂，又作里堂，浙江余杭人。张祖翼（1849—1917），字逖先，号磊盦，又号磊龛、濠庐，因寓居无锡，又号梁溪坐观老人，安徽桐城人。褚、张二人皆名重一时的金石学家，其批语自有其学术价值。此外，书中也偶有先生批注，如：卷一叶四眉批"霜根所记碑式之志当为孝昌二年介休县令李谋墓志也。龙"；卷六叶二十二眉批"龙按：《三巴睿古志·唐化城县造像记》开元廿八年二月末有张万余绘一行，光启四年正月《唐重修化城龛记》末有绘士布衣张万余。又文德元年十二《唐化城县造像记》亦有绘士布衣张万余"等。此本过录四家批校，可谓粲然满纸，亦足见先生对学问孜孜不倦的追求。

二、春秋繁露十七卷 （汉）董仲舒撰　民国商务印书馆《四部丛刊》影印本　顾廷龙批校并跋并过录李兆洛校　二册

此本前有先生朱笔长跋一则：

去冬修文堂主人孙实君赴沪贩书，得黑口本《春秋繁露》十七卷来馆求售。曰："此上元宗氏旧藏之物，极为罕觏。"索价百六十元，繙帘一过，见首尾无雕版牌记，末有长武一跋云："世所刻者止八卷，此本多九卷，真善本不易得也。"乃知其为明初刻本，曾藏

---

① 《章氏四当斋藏书目跋》。
② 章钰批校本可参见吴幸琦：《北图所藏〈藏书纪事诗〉和〈语石〉的批注本》。

旧家者。检读数章，误字触目，因未议价还之。越日，文奎堂张伙来云："《春秋繁露》已归其肆，实为弘治刊本。昔涵芬楼辑《四部丛刊》时登报征求之而未得者，有人劝仿《丛刊》本景印之，可致大利。"余仍未信此本之善也。又越日，有客过谈曰："弘治本《春秋繁露》世不多见，君何失之交臂耶！"言下若有讥余目盲之概，不得已，遂欲一明其究竟。翌晨，即令张伙将全书再送审阅，则索价三百元矣。近日书价之无准类如此。留置余斋者四十日，即以《四部丛刊》本景印聚珍版书本详校一过，于是确知其一无佳胜也。如首叶楼郁序文末结衔"大理评事"误作"大理评寺"，末叶程大昌书后"太平兴国"误作"太平与国"，此其最著者。他若与《聚珍版书》本所注他本之误皎如出一辙，而别出误字亦不少。惟与《两京遗编》本校之，大体相同。《遗编》载有赵维垣序，则与嘉靖沔阳周大夫所刻同源。赵氏序称出宋本，岂黑口本亦自宋本出乎？观《五行相胜》篇"齐桓是也"，"桓"作"桓（缺笔）"，疑由宋讳展转而误者，谓出宋本，亦无不可。然此宋本实非精善者也，何足珍哉！宋本今无流传，惟有景宋钞本略存面目，虎贲中郎，亦可贵矣。叶揆初丈知余有校勘《繁露》之役，因驰书相告曰："涵芬楼藏有明影宋嘉定十七卷本，即《永乐大典》所据原本，楼郁题名在文前，无结衔，第五十五篇及第五十六篇首所阙，明钞正短两板，第七十五篇一百八十字不缺，第四十八篇烂廿四字，第三十五篇无缺误。另一孔荭谷校《大典》本，其底本亦黑口，半叶九行，行十七字，却与京中所传不同，不如《聚珍》本，而孔校则已据《大典》本完全改正，故涵芬二本并美，皆非他本可及也。"按今传明本甚多，如兰雪堂活字仿宋本，嘉靖沔阳周氏本，《汉魏丛书》本，《两京遗编》本，只八卷，钟评《秘书二十八种》本，天启乙丑王道焜本。又无版刻年月之黑口本二，款式相同，一为揆丈所示涵芬楼孔荭谷校《大典》本所用底本，一即此宗氏旧藏本。嘉靖本及《汉魏丛书》本，卢抱经皆校过，其佳处已采入校本中。天启本亦曾手校，已由八千卷楼归江苏国学图书馆矣。明本是否均由宋本出，则不可知。然清刊诸本若《聚珍版书》本，乾隆十六年董氏刊本、抱经堂刊本、嘉庆乙亥刊本，均较明本为善。《聚珍》本经词臣据《大典》本校补订正，实沿宋本而出，已称善本，抱经又据各本参互校定，尤为精善，涵芬楼辑印《四部丛刊》皆据刊本早而善者，因以《聚珍》本景印之，并采孔本楼郁序补冠于首，而楼序结衔"事"字不误，足证孔本之胜于宗本。宗本寔一明初通行本耳。噫，旧本之优劣，必校勘而后可知，非旧本尽善也，或有佳椠，历年既久，沧桑屡经，流传甚少，自甚可贵。至若当时坊本，雕版既劣，校字未精，而善本渐多，乃为淘汰之未尽者，传至今日，虽同罕觏，事实霄壤，倘执迷于旧本为必善，不加审择，不亦慎乎！二十八年三月匋簃顾廷龙记。

此跋为《顾廷龙文集》收录，真迹则题于此本之上。此本原是宗氏咫园旧藏，后为修文堂孙实君购得，定为明弘治本，来先生处求售，惜当时燕大图书馆购书费用已竭，先生无力购买，但因其罕觏，仍颇为重视，他在与叶景葵的信中说："《繁露》、《四部丛刊》辑印时仅得内聚珍本，（明黑口本）匆匆不获一校，至为可惜。"[①] 叶则回信道："文奎堂所称弘治本请与《两京遗编》本一对，如不同即可留下，如馆中无力，请为弟购之。"[②] 先生依叶景葵所言，将明黑口本暂留，与《两京遗编》本、《四部丛刊》本一一校对，最后认定明黑口本文字与《两京遗编》本相近，"确知其一无佳胜"，"寔一明初通行本耳"。且在比较了《繁露》各种传本之后，先生进一步认为今存清刻本多优于明刻本。《四部丛刊》所用底本虽为清武英殿聚珍本，但经词臣据《永乐大典》本校订，实源出宋本，是《繁露》较好的传本，以其为底本当优于明黑口本。

除此长跋之外，先生另用深蓝色、浅蓝色笔各题一则。浅蓝色笔接于长跋之后：

> 中华民国三十三年一月十一日见吴山子育传张皋文句读及李申耆校字，余以李校精密，过录一通。龙记。

深蓝色笔题于楼郁序后：

> 于君思泊藏黑口本，叶德辉旧物，有跋见《郋园读书志》，即楼序"事"字不误本，胜宗本（即明黑口本）多多。廿八年五月十六。廷龙。

观此本校勘，朱笔除先生用"《两京遗编》本作某"标明外，余多据明黑口本。校明黑口本之役，大致始于1939年2月上旬，中因重编《攀古楼藏器目》而停校十四日，至3月4日事毕。浅蓝色则为过录李兆洛校。深蓝色所见不多，似仅见于卷一，当据于省吾藏本校。先生在校书的过程中刻意对明黑口本原貌有所记录，如：楼郁序书眉朱笔题曰"据明刊黑口本校，半叶九行行十七字，与此叶底本不同"、"匡高二十四公分四厘，宽十四公分"，目录下摹写"石君"、"朴学斋"、"叶树廉君"三印，改"武英殿聚珍版"为"汉董仲舒撰"，卷末又摹写"归来草堂"印，过录嘉定辛未胡槼跋及长武跋。不仅如此，先生还用墨笔补录"题跋附"于此本卷十七正文之后，楼钥跋之前，收录《崇文总目》、《中兴馆阁书目》、《晁公武〈郡斋读书志〉》、《六一先生〈书春秋繁露后〉》、《新安程大昌泰之〈秘书省书繁露后〉》等篇，或又据别本传录。先生一生勤于校书，把校勘作为古籍整理与研究的基础性工作，此本即是一例，诚如先生所言："旧本之优劣，必校勘而后可知，非旧本尽善也"。

---

① 《致叶景葵》十三，见《顾廷龙文集》。
② 《叶景葵致顾廷龙论书尺牍》廿八，见《历史文献》第一辑。

三、说文解字韵谱十卷　清同治三年（1864）吴县冯桂芬刻本　（南唐）徐锴撰　顾廷龙跋并过录黄彭年跋及闻宥校　二册

此本为冯桂芬据日本影宋抄本摹写上板，因其文字与《函海》、《四库》等五卷通行本不同，在一定程度上保留了徐锴原本面貌，又先后经过龚丙孙、吴桢、沈嘉澍、管礼耕等人校而具有一定的版本价值。所见藏印有"顾廷龙印"白文方印、"起潜"朱文方印、"复泉山馆"朱文方印等。封面有先生朱笔跋三则，一则用隶书书写：

> 自平旋沪，初次阅肆，得于中国书店，家藏初印本，不知无恙否。中华民国二十八年八月一日，廷龙识于辣斐德路合众图书馆。

二则用行书书写：

> 二十八年九月十日，从闻在宥先生案头获见陶楼藏本，有手批数则，盖据日本本所校，颇有不同，惜所校甚少。是书传本仅《小学汇函》五卷本及此本，今始知东邦亦有传本，不知钞本抑刻本，想必由宋椠出也。录竟率记。匋誃。
>
> 顷得南陵徐氏景印元种善堂本，亦五卷，与黄氏所见日本本相同，容精校。二十八年十月十七日。

另有先生过录黄彭年跋一则：

> 莫偲老赠，倪豹岑礼部携之京师，予已出京，存马学士家。予来莲池，始以归予。自偲老发书于同治九年闰十月，迄今一年。予在金陵与偲老相见，而后得书，踪迹离合，音书通塞，迟速不可常如此。豹岑别亦十年矣，出入先后仅十许日，中途近而不相知，可胜怅惘。同治十年九月二十五日彭年记。

黄彭年（1824—1890），字子寿，号陶楼，晚号更生，贵州贵筑（今贵阳市）人。道光二十五年进士，《清史稿》有传。黄氏藏本后归闻宥。闻宥（1901—1985），字在宥，号野鹤，江苏娄县（今属松江）人，民族语言学家、南社社员，历任中山大学、山东大学教授。依先生跋中所言，此本当是过录自闻氏藏本。2011年，上海国际商品拍卖有限公司春拍古籍专场之中出现了一部冯氏本《说文解字韵谱》，据提供书影，封面有黄彭年跋及闻宥跋，卷内有闻氏据日本刻本朱笔校改，经比对，恰是当年先生过录原本。闻宥跋云："冯刊小徐《韵谱》，余旧有一部，乃顾起潜所赠者。今春归沪，在来青阁重购此册，欣然如见故友也。"先生早年从闻宥学习古文字与书法，所著《古匋文香

录》,闻宥为之作序,二人素有书信往来,故闻氏以"故友"相称。冯刊《韵谱》虽谈不上什么孤本秘笈,却也记录了二位学人的一段书缘。闻氏藏本后以 22 400 元拍出,不知归于何人。先生藏本则有幸入藏我馆。

除此三种外,在这批线装古籍中,所见尚有先生批校并过录莫友芝校的清刻本《钦定四库全书附存目录》、批校民国九年观古堂本《书林清话》、跋并过录胡文楷校的 1951 年上海商务印书馆铅印本《涵芬楼烬余书录》等,还有一些《尚书》的传本,据顾诵芬先生说,这是当年先生作《尚书文字合编》时留下的。先生的捐赠笔者仅匆匆一瞥,期待日后编目整理,当有进一步发现。值此先生 110 周年诞辰之际,草就陋文一篇,以缅怀这位德高望重的图书馆界前辈。

六通珍贵的信札

何 雁
香港大公报专栏作家

1957年春天,全家沉浸在忧伤的气氛里。我的祖父何长生,因罹患胃癌,病重归乡。辞世前后一个月,上海市历史文献图书馆来函六通。馆长顾廷龙无微不至的关怀,如同一缕阳光温暖着家人的心。

顾廷龙致祖母函

是年4月29日,顾馆长来函,兹录如下:

胡阿四同志:来信收到,得知何长生病重,很是挂念。现在不知好些吗?请代我们问好。希望他早到公家医院认真医治。

关于在杭州就诊费用,能否报销一节,查规则必须在当地一个公立医疗机构诊治为原则,如需转诊,须有初诊就诊的医疗机构的转诊证明,如无上项证明任意转诊的费用,不予报销。所有医药费手据,均须填明姓名、费别、日期、金额等等(私人医生处就诊医药等费,概不可报销)。住院费用可以报销,但住院□□□□、特别营养费、救护车费、病员看病路费、特别护理费均由病员自理,不得报销。请你们把医疗单据寄来后,我们凭单据汇款。

请假手续,等何同志住院后将医院证明寄回我馆为盼。至于五月份工资,发薪后马上寄给您。此致敬礼!

祖父原为杭州绣本堂主人，传承古籍修复技艺。绣本堂焚毁后，祖父放弃旧书经营，专司补书业务，有"修书圣手"之誉。

说起顾廷龙与祖父的交往，可追溯到20世纪30、40十年代。现存蒋赓声致祖父便笺可作印证，一份手迹上书：上海蒲石路古拔路拐角，合众图书馆，顾起潜（廷龙）先生。另一张写的是：上海华山（海格）路范园，蒋抑卮先生，凡将草堂藏书；上海延安（大）西路，悻性路口外，一〇四六弄五号，蒋赓声，电话二三七三八。

蒋赓声是祖父的一个小兄弟，出身杭城望族。其祖父蒋海筹经商，开设蒋广昌绸庄，富甲杭城。民国以后，在杭沪两地创办绸厂，集资300万元以上，人称"蒋半城"。蒋赓声是蒋家长孙，娶浙江都督汤寿潜次女为妻，与国学大师马一浮为连襟。

收藏古籍，是蒋赓声一生嗜好。其叔蒋抑卮，任浙江兴业银行常务董事，上海范园宅后建有藏书楼，取名凡将草堂。以苏州汪柳门万宜楼藏书为基础，经史子集均备，藏书15万卷以上。蒋抑卮延请两位老先生整理藏书，蒋赓声帮忙协助，花费很大力气。蒋抑卮将其中20箱宋元珍本赠送给侄子。

1939年，上海沦为孤岛。故家旧藏，纷纷外流，浙江兴业银行董事长、藏书家叶景葵忧心忡忡，谋求抢救保护，偕张元济、陈陶遗等，创建私立合众图书馆。顾廷龙辞去燕京大学职务，举家迁往上海，受聘任图书馆总干事。

叶景葵捐资兴建馆舍，率先捐赠藏书，一呼而百应。"命名合众者，取众擎易举之义，各出所藏为创"，"谋国故之保存，用维民族之精神"。

民族危难之秋，"合众"吸纳江南一带名家藏书，如蒋抑卮捐献凡将草堂藏书，张元济捐献嘉兴先哲遗著，顾颉刚捐献近代史料，李宣龚捐献近人别集，叶恭绰捐献山水寺观志等，藏书达30万册。1953年捐献国家后，改称上海市历史文献图书馆。1958年，并入上海图书馆。

《读史方舆纪要》稿本

上海图书馆有一件"镇馆之宝"，即清顾祖禹《读史方舆纪要》稿本130卷，是中国早期历史地理学重要文献。此本为世间孤本，有顾氏亲笔手迹。2008年，入选第一批国家珍贵古籍名录。

此稿本原为叶景葵旧藏。大约1925年，叶景葵从杭州抱经堂购得此书，"则故纸一巨包，业已碎烂"，"灯下排日整理，剔除蠹鱼蛀虫，不下数百"。叶景葵延请祖父至沪细心修补，费时两年，整理完备，不损毫发。

对稿本考订过程中，《禹贡》杂志为此展开讨论，吸引很多学者参加。《禹贡》及禹贡学会，为史学大师顾颉刚一手创办，旨在倡导中国历史地理学研究。

顾廷龙是颉刚族叔，任职燕京大学图书馆，叶景葵多次与他通信讨论，函札六通载入《禹贡》

四卷九期，着重指出："此书问题，在朱墨笔增删改定处；……凡古今沿革变迁及山川考证，颇多校改，皆极有关系之处，所改又均胜于原文，此最宜研究者也。"

1935年春，叶景葵携十余册稿本抵北平，请禹贡学会钱穆鉴定。钱穆认为，须照校一过，方易研究。二人约定南北分校，校后互易，以期迅捷。叶景葵归沪后即自校《北直》数卷，钱穆校后致叶景葵书云："就已校出之优点言，决为顾氏原稿。"

是年冬，顾廷龙有札致顾颉刚，并附上叶景葵往还札："兹以与揆初先生往还各札，录呈台阅。公有所见，幸以惠教。"1941年春，叶景葵以《读史方舆纪要》稿本全书捐赠"合众"，写下一篇三千字题跋，叙其发现、考订及收藏经过。

20世纪30、40年代，战乱频仍，社会动荡，旧书业遂显艰难。建国以后，何家失去世居老宅。据浙江文管委主任委员陈叔谅，写给祖父的一张便笺可知，劳动路53号为我家祖居。祖父寄居孔庙，生活窘迫，给浙图做一些外包活计，报酬少得可怜，靠变卖字画收藏度日。

蒋赓声伸出援手，1953年4月27日来函云："长生兄鉴：兹有上海梵王渡路华东师范大学之图书馆，有书多种需要修补，已由叶揆初先生所创办之合众图书馆，顾馆长推举吾兄，未知台意乐就否？如若有意，该方嘱先问明每月需要薪水若干，请即示知，以便转告。……专此敬请大安并候回音。蒋赓声谨感。"

是年5月3日，由沪又来一信："敬启者：尊致赓声先生函已收到，赓声先生昨日赴杭，住东平巷十九号，尊驾可即前往面洽，此致何长生先生鉴。蒋宅启。"为帮助祖父找工作，蒋赓声四处奔波，情深谊长。

是年7月1日，华东师大图书馆复函云："敬启者：来信及文件业已收阅，谢谢。我校行政正在研究装订技工人选问题，非短期内所能决定，兹附还叶揆翁之函，希另行设法为荷。此致长生先生鉴。"据此可知，叶景葵与祖父有通信往来，此札当是讨论《读史方舆纪要》稿本修复情况。

最后五封函札

据父亲回忆，1956年初，祖父收到顾颉刚信札，询问能否去上海市历史文献图书馆工作。是年4月3日，图书馆来函云："你三月廿五日来信已悉。兹寄上预交修书费伍元正，请查收。希望你能准时来沪为盼。此致何长生同志。"这一年，祖父已年届60。是年夏，父亲考入南京大学，全家双喜临门。

1957年初，祖父回杭过春节，感觉身体不适。返沪后，确诊为胃癌晚期。祖父病重，伯父何阿龙由大同返乡，侍奉病榻；父亲何源恒也请假赶回家中。

继顾廷龙馆长来函后，上海市历史文献图书馆又来函5通。是年5月3日信札，附证明信一纸。云：

今寄上何长生同志报销的医药费拾捌元贰角，请查收为荷。收到信后，请将何同志的公费医疗证号码抄寄给我们，以便我们向上级报销药费。今次寄来的药费是预支的，请速回信为盼。

5月6日函札，附粮票20斤。云：

前次寄来的医药费不知收到否？近来何长生同志的病是否有了好转？住院事宜是否接洽妥？来信时告知为盼，并将何长生公费医疗（蓝色的）证号码抄写下来寄给我们。

今寄来何同志五月份工资叁拾陆元壹角伍分。他原来每月伍拾玖元伍角，至五月份止，他请的病假已超过一个月以上，自五月份发薪起按规定，百分之七十发放，而应发肆拾壹元陆角伍分，除去……房租……月分期扣……互助储金……收到后请回信。

5月17日来函云：

来信收到了。何长生同志的病不知好些吗？同志们都很关心，只因相隔两地，不能前来看望他，请您代我们问候他。

今寄来报销的药费肆元柒角伍分，请查收。随函寄上户口迁移证一纸。

祖父去世后，祖母收到上海文化艺术工作者工会及上海市历史文献图书馆基层，于5月22日来函。云：

胡阿四同志：惊悉何长生同志因患不治之症，于本月十八日逝世。我馆同志甚为痛惜、悼念。专此，对您致以亲切慰问。并对您不幸遭遇，表示同情和关怀。

祖母赴上海，又领取抚恤金100元。祖父生前用过的修复工具，留给了图书馆。图书馆最后一封信函，写于5月28日。云：

胡阿四同志：您好，上次您来我馆，对您的照顾是不够周到的，请您多加原谅。今将埋葬费所差部分肆拾元叁角陆分寄上，同时将何长生同志以前在工会的互助储金，伍元正一并寄上，共计肆拾伍元叁角陆分，请查收为盼。望您多多保重身体。

顾廷龙生前十分重视古籍修复。他认为，古籍整理工作中，修补古籍是第一步。应该把培养古籍修补人才列入规划。

1992年1月，顾廷龙患胃癌，在上海华东医院做胃切除手术，撰《读史方舆纪要·序》。次年，上海图书馆成立40周年之际，《读史方舆纪要》稿本影印出版，传本扬学，惠及士林。顾廷龙欣慰地说：我算解除了一件心事。

作为后生晚辈，我从未见过顾廷龙馆长。这六通家藏珍贵信札，字里行间流露出体恤与关怀，令我潸然泪下。对顾馆长给予的帮助，全家人心怀感激与爱戴之情。

顾颉刚先生与顾廷龙先生的交谊

—— 顾　潮 ——
中国社会科学院历史研究所研究员

　　顾廷龙先生（1904—1998）是我父亲顾颉刚先生（1893—1980）的族叔，我称他"起潜公公"。我幼年居沪，常随父亲去看望公公，公公当时主持合众图书馆工作，馆中众多书籍整齐排列在书架上，那种静谧甚至有些神秘的气氛长存我脑海中。以后年龄渐长，由于受当时政治氛围的影响，对父亲和公公的学术生涯十分隔膜。父亲去世以后，我从事其遗稿的整理，工作中得到公公很多指教，在逐步进入他们学问世界的同时，也被他们二人数十年间的交往所感动。公公比我父亲年少11岁，他晚年曾告诉我，尽管他辈分比我父亲高，但他一直是把我父亲视为老师的，而且他的父亲竹庵公也是把我祖父子虬公视为老师的。两家人的交谊十分深厚。

　　父亲日记册中存有一张1935年两家人在北京成府蒋家胡同三号的合影，1976年他为此照片题道："此为予家及起潜叔一家合摄于成府寓所者。起潜与我同出一族，而彼为大来公支，我为松交公支，其为兄弟已历十世，凡三百年矣。明万历中，吾族始自唯亭迁郡城，及清初而文化大盛，或著述或刻书，或筑园亭，皆于艺术、文学方面有所表现。及我之生而衰微已甚，惟起潜与我两房为读书种子留一线之传。起潜为王栩缘老人之外孙，老人传吴愙斋之学，研究古文字，善篆书，故起潜亦长此道。"这可谓是家学渊源。吴愙斋即吴大澂（字清卿）之号，他是著名金石考古家，且从政、掌兵，因甲午之战失败而备受指责。公公的外叔祖王同愈（号胜之，别号栩缘）先生，多年追随吴氏，对其学术、书法及为人处世甚为熟悉。

　　当时公公在王家习金石目录学，受益甚大。他甚爱读许慎《说文解字》，1926年8月18日致信我父亲，针对父亲论及"《说文》蒐集汉人伪造古字甚多"的意见，公公认为此书虽有伪字及疏漏，然"舍此而外，集六书之大成，足为后学津筏者竟无所闻"，故"不能不金玉视之矣"。那一年，父亲去厦门大学任教，据公公回忆，父亲曾邀他去厦大投考国学研究院丁山先生的研究生，研习古文字；后因国学院停办，此事遂作罢。1927年，父亲又去广州中山大学任教，并主编《中山大学语言历史学研究所周刊》，是年12月在该刊第一集第九期《学术通讯》中，将公公此信刊出。这或许是公公的文字首次在学术刊物发表，此事对他有所激励，至晚年仍念念不忘，1991年拟写"自传提纲"时，还提及此事[①]。父亲当年还将中山大学语言历史学研究所的刊物陆续寄给公公，公公日后回忆道：刊物"出一期寄一期，使我在这方面的兴趣更大，由此也增添了立志钻研学问的决心"[②]。

公公在王家欲汇校阮元《积古斋钟鼎彝器款识》，胜之先生为其辗转商借校本，又从杭州高氏借到龚孝珙《丛稿》。公公将《款识》过录后，又以红、绿、赭、蓝、黑五色笔分别将翁（宜泉）、叶（东卿）、龚（孝珙）、潘（伯寅）、吴（清卿）五家之评校汇录于一编，胜之先生题曰："阮《款识》之批校本，当无有精于此者矣！"1929年春，父亲展读公公此册批校本后在题跋中赞道："五色相宜，七襄成报，而又摹写逼真，如见古人原迹，……诸家所论，凡器物之真伪，制作之意义，名称之是非，释文之然否，或早具新知，或偶然会悟，记以数言，往往得其至当。……于此征之金文之学，自阮氏以来二百年，进步弥速。而兹编所录之诸家，实为其鼓吹宣扬之中心。"父亲还在题跋中建议公公北上求学："吾叔有志远游，倘能北上古都，于此文物渊薮中求之，必更有所得。"以后公公携此本来北平，又请容庚、商承祚、董作宾、徐中舒、唐兰、刘节等人各为题记。

1929年秋，父亲就任北平燕京大学教职，并编辑《燕京学报》。次年初，他邀请公公为学报撰稿，致函说："顷方编辑《燕京学报》，拟请吾叔在半年内著成《吴愙斋年谱》一篇刊入第八期。以愙斋先生言行，吾叔既可在胜之先生前询问，又可到吴宅访觅也。此公之学，实开罗、王诸家之先，不应无一详细之纪录。吾叔私淑其人渊源有自，尤宜以表章之责自任。"[③]是时公公已有撰述吴氏年谱之念，并与胜之先生等论及此事，得其嘉许，遂决心编著；故接我父亲信后，"讶颉刚此书实获吾心，更不敢不竭其才"[④]。

1931年，公公自上海持志大学国文系毕业，考入燕京大学研究院国文系，住在成府我父亲家。他的老师容庚先生，是我父亲好友，常来访谈。是时商承祚先生任教清华大学，每次由城内来郊外，也宿父亲家。四人相聚，"谈笑挥洒，殊足乐也"[⑤]。公公的研究题目是"《说文》废字废义考"，历时一年即完成论文。他说："兹事体大，本非短期可就，盖余平日阅读之时，随加留心，已积年之预备矣。"[⑥]当时有人批评他说：当今治金文、甲骨文如日丽中天，你独不致力于彼而笃守许书，迂也。可是公公认为："不熟习许书，而欲解决金文、甲骨文者，是孟子所谓'不揣其本，而齐其末也。'"[⑦]

---

① 沈津《顾廷龙年谱》1991年末纪事，以下简称《年谱》。
②《年谱》1928年纪事。
③ 顾廷龙：《吴愙斋先生年谱叙例》，刊《顾廷龙文集》，以下简称《文集》。
④ 顾廷龙：《吴愙斋先生年谱叙例》，刊《顾廷龙文集》，以下简称《文集》。
⑤《年谱》1931年纪事。
⑥《说文废字废义考叙》，见《文集》。
⑦《说文废字废义考叙》，见《文集》。

次年，公公答辩通过，即毕业。父亲1932年6月21日日记："本日为燕大第十六届毕业典礼，邀适之先生演讲。起潜叔于本日受硕士学位。"中午父亲在家中宴客，据日记："今午同席：适之先生及师母、子通夫人、玄同先生、锡永、希白、绍虞、起潜叔、肖甫（以上客），予（主）。"公公也有记载："吾毕业之日，校方请胡适博士讲演，……典礼毕，我和胡先生同往蒋家胡同。"因胡适先生之父守三先生与公公外叔祖胜之先生当年同在吴大澂处任职，席间公公即以《吴愙斋先生年谱》稿向胡适请教；翌日得胡先生提供《吴愙斋致胡守三手札》一册，公公在此册《跋》中曰："今夏六月廿一日，在颉刚坐上获识适之先生，即以拙稿请政。承示先世与吴氏通好，藏有其手札，翌日亟诣乞假，都一册，皆与其尊人守三公者。公与余外叔祖王胜之先生同客吴幕，极相契洽，吴氏尤重之。余侍外叔祖，为言师友之敬佩者每及公，故心识久矣。"①是年夏间，公公为辑录年谱资料，时往故宫大高殿检阅清代军机处档案。在那里他有幸得到吴燕绍先生指点，获益良多。

经数年收罗，年谱终撰毕，1935年3月作为《燕京学报》专号之十出版。父亲为其作序道：

"从叔起潜先生撰《愙斋先生年谱》成，俾颉刚读之。既竟，作而叹曰：毁誉之不足以定是非也！自甲午一役之后，谁不以卤莽咎先生者；咎之不已，更诮之曰浮夸，讹言朋兴，前后相继，耳食者遂信为实然；虽以颉刚之敬仰先生学术文章如此其深，亦未能免於恒情也。及读此编，乃识先生一生，未尝以一己之荣华而忽生民之涂炭，又未尝以外人之逼迫而隳国家之尊严，其谋国之忠，任事之勇，实迥非常人所可及。""若夫学术文章，则先生已成功矣。……以先生取材之广，求证之密，察理之神，为自有金石学以来之第一人。""起潜先生作此谱，俛而孳孳者垂六年，藏家书肆，片纸只字，靡不搜焉；精神专注，实与先生之研究古文、古器同，知他日所贡献於艺林者必不止是。"

当时《燕京学报》第十七期《国内学术界消息》报道此书出版事曰："吴愙斋先生与晚清政治学术关系甚钜，此谱搜列遗事，纤钜毕载。《年谱》之后有附录两种，一为'著述目'，一为'藏器目'。""关于政治方面，系从故宫博物院所藏清军机处档案中录出吴氏自秀才以迄去官所上折奏，择要附入。若对俄葡一再发勘界之议，督河时陈河工利弊，皆有卓见。金石鉴别方面，凡题记随笔，均行摭入。若《积古斋钟鼎款识》批语向来未有传录，《季贞鬲》向亦不见形拓，今得观吴氏手摹之本，皆极有裨于考古。又《论古杂识》稿本，于所得古物，往往记之甚详，皆金石家之一掌故也。书画方面，凡所绘长卷钜册，精心名构，录其原题，记其原委，系诸作年。"认为此谱"编订缜密，间加考证。研究近代史及金石书画者，当引之为良助也。"今日沈津所撰《顾廷龙年谱》②

---

① 见《文集》。
②《顾廷龙年谱》，上海古籍出版社，2004年。

中，称此书为公公著作中"最重要的一种"。

公公硕士毕业后，受燕大图书馆馆长洪业先生（煨莲）之邀，任该馆中文书籍采访主任，又兼任哈佛大学汉和图书馆驻北平采访处主任，自此开始他的图书馆工作生涯。公公所以获此邀请，缘于洪先生在父亲处见到公公的一部《郘亭知见传本书目》。据公公笔记，毕业典礼之日午宴，"是日颉刚邀请的客人有钱玄同、洪煨莲、黄子通、容庚等。吾桌上放的一部《郘亭知见传本书目》，洪先生看了很欣赏，后来邀我到图书馆担任哈佛燕京图书馆驻平采访处主任，余欣然应命。"前几年公公在王家时，偶然见到《四库简明目录》抄本，各书详注版本，有朱学勤的批注[①]。公公亟购得莫友芝《郘亭知见传本书目》，将朱氏批注过录其上，以便校补。他说："此是我从事目录版本之始，安知竟成我古籍整理终身之业"[②]。不过据父亲上述日记所记宴客之事，却与公所记有出入，同席者中并无洪煨莲先生。或许是父亲漏记；或许是公公误记，洪先生见到公公《郘亭知见传本书目》并非是此日之事[③]。

当时燕大图书馆中文国学书籍审购委员会委员有陈垣、马鉴、容庚、邓之诚、郭绍虞、洪煨莲、父亲等。父亲1927年曾为中山大学作《购求中国图书计划书》，认为前人受封建道统观念的束缚，收书眼光甚为狭隘，如西汉《七略》不收律令，清代《四库》不收释、道二藏及府、县志；提出要打破传统观念，用材料的观念去看图书，用搜集材料的观念去看图书馆的事业，要把记载自然界与社会的材料一齐收来，无论什么东西，只要我们认为是一种材料就可以收下，使普通人可以得到常识，使专门家可以致力研究。计划书中列举了许多应当收购而以往被人忽视的资料，如档案、家族志、报纸杂志、日记手札、账簿、宗教迷信书、民众文学书、甲骨金石拓片、著述稿本等等。公公认为："作为一个史学家，颉刚先生在古代史、历史地理、民俗学诸学术领域进行了广泛而又深入的研究，唯其如此，方能理解图书资料的内容，真正懂得图书资料的运用，高度重视图书资料的搜集与整理。我十分佩服他对图书资料的真知灼见"[④]，"我从事图书馆古籍采购事将五十年，即循此途径为收购目标，颇得文史学者的称便。"[⑤]

父亲自1932年始，在燕大、北大任"中国古代地理沿革史"课，讲授《尚书·禹贡》。1934年初，他和谭其骧（季龙）先生商定创办《禹贡半月刊》，筹建禹贡学会，工作地点就在成府蒋家胡同家中。公公也参与《禹贡半月刊》的编辑工作。是年8月，父亲因其继母逝世去杭州服丧，公公在北平操持该刊事务，当时他致父亲信中多有谈及：

"《禹贡》装订愆期，至十八日夜始送来，急于昨日一齐发出矣。""星期往晤季龙，信

---

① 当时朱学勤、邵懿辰、莫友芝皆好书，各以所见不同版本者详记于《简明目录》，三人又时相交流补充。
②《王同愈集序》。
③ 父亲当年日记中多次记录邀洪先生来家吃饭。
④《我和图书馆》，见《文集》。
⑤《介绍顾颉刚先生购求中国图书计划书—兼述他对图书馆事业的贡献》，见《文集》。

及稿均面交。……绥老、宗老处，龙或能索得一二篇，龙亦当尽棉力以助焉。"①

"《禹贡》发行事半月一次，并不繁，暇为之。二卷一期在印刷中，校字恐不能甚精耳。"②

"《禹贡》谭其骧代之，而有同学帮忙，开学后文章亦可多来，按期出版大致不难，第二卷一期决不愆一日，二期稿亦够，此可释锦注。"③

"《禹贡》（二卷）第一期想入览，以发稿太促，校未能精，且文章篇数太少。第二期大致可齐，拟今明即先发排。大约维持四五期决无问题，至多有些毛病耳。"④

"《禹贡》系公独办，龙敢为负责帮忙。广告信早已发出，又添印六百份，国外者亦酌发，此种小事不必一再请示。广告登报事，龙拟请新闻记者发表。……第一期校对之粗，实为时间，龙匆阅一过即交季龙覆阅，不及三阅。"⑤

"《禹贡》第五期今日准出广告，已迳函生活书店接洽，登联合广告，津（二元）沪（三元）二报，合五元一次，拟先登两次。邮局代售已经冯先生接洽妥当。托生活书店代售，亦已去函接洽矣。"⑥

"《禹贡》第六期稿已齐，付印矣。广告已寄'生活'，迄无复信，谅不致有何问题也。"⑦

那时父亲本想请假半年，公公在信中劝道：

"鄙意公能不请假半年为最妥，一请假后，北大薪水一停，《禹贡》经费影响，即此间亦须代课之费，一出一入，损失甚大，而此间各种事业不能进展，尤为可惜。"⑧

那时父亲在北大兼课起初不支薪水，后来考虑到《禹贡半月刊》的印刷费用，才取北大薪支付。他接受公公的建议，11月底返北平。

1935年春，父亲为安葬继母事再次南归，《禹贡半月刊》本由谭先生接编，但因其住在城里，在编了三卷一期之后，又忙于其他事情，未能到蒋家胡同来。父亲要《禹贡》不脱期，他除写信催促谭先生外，又写信请公公和钱穆先生相助。公公晚年多次对我谈到当时情形：当时为使《禹贡半月刊》按时出版，他压力很大，幸而有钱先生相助。钱先生在北大任教，并在清华大学兼课，每周

---

① 8月21日信，见《文集》，以下同。
② 8月24日信。
③ 8月29日信。
④ 9月4日信。
⑤ 9月10日信。
⑥ 11月2日信，冯先生即冯世五，当时助理该刊事务。
⑦ 11月10日信。
⑧ 8月30日信。

到清华上课时，就在成府父亲家中住一两夜。每当钱先生来，不仅将公公所交之稿审定，还为此刊写稿，有的稿以"梁隐"之笔名发表。当时还有聂崇岐先生一篇长文《宋史地理志考异》连载，闻宥先生所译日本白鸟库吉《大秦传中所见之汉人思想》一文连载（闻氏译文以"仇在庐"笔名发表），另外再有一些短文，于是得以编成几期。在父亲返平接手编辑三卷六期之前，公公和钱先生等人为此刊的顺利出版作出了自己的贡献。以后公公一如既往相助此事，从1936年他致父亲信中可以得知：

"利玛窦《坤舆万国全图》十八张俱已印就，……（四卷）十一期《禹贡》广告已够，……张石公交来《方志考》稿一篇，渠因吾侄临行向其所索，遂于数日中赶就者，现已付校印所先排，似宜于十二期中为之刊出，请裁夺。"①

"'禹贡'立案各件，已嘱冯先生检寄，并附去简章、会员录等，以备不时之需。十一期已出版，十二期中应登赠书目，外来已尽，须以其他纪事实之。张石公《中国地方志考》虽已交'引得'检字，知十二期及下卷一、二、三期皆不及登矣。顷接黄任之先生寄来新撰《川沙志导言》及《概述》，共约六、七千字，颇有新见，为全志之一部分。……《导言》、《概述》似可先在《禹贡》一登之。"②

当时父亲去南京向政府部门接洽禹贡学会立案以及经费诸事，故公公信中有所涉及。这年5月，禹贡学会正式成立，父亲当选为理事，公公当选为候补监事。10月，学会始出版《边疆丛书》，由吴丰培先生及公公主编，至次年7月出版了6种，另有多种已排竣，却因"七七事变"而未及印出。

"七七事变"之后，父亲因躲避日本人的搜捕而仓促离开北平，《禹贡半月刊》和禹贡学会的工作骤然中断。公公在1939年4月10日致叶景葵先生信中道："尝一助舍侄经营《禹贡》，方具规模，遭变而辍，殊深惋惜。窃谓人不能自有所表现，或能助成人之盛举，亦可不负其平生。"这短短数语充分反映出公公对我父亲此项工作的倾力相助。尽管《禹贡半月刊》和学会仅维持了三年多，但成绩巨大，为我国历史地理学的建立和发展打下基础，培育了整整一代人才，这其中公公可谓功不可没。

1931年，父亲在燕大始授"尚书研究"课，进而编辑《尚书学》，得到学校经费的支持。经学中之今古文问题，以《尚书》为最复杂，加以字体传讹之多，遂至纷乱而难以整理，因此父亲考虑编辑的方法，"第一是把各种字体的本子集刻成一编，看它因文字变迁而沿误的文句有多少。"③这即是将汉熹平石经（隶书）、魏正始石经（古文、篆书、隶书）、唐写卷子（隶古定）、唐开成石经（楷书）、宋薛季宣《书古文训》五种录出，合为一编。这些不同载体、不同字体的《尚书》古本，

---

① 1月29日信。
② 2月2日信。
③ 《尚书通检序》。

均由公公摹写。日后公公回忆当时情形道："一九三二年秋，余暑假返校，颉刚先生欣然告以他有研究《尚书》的计划，其中有《尚书文字合编》一项属予相助。时向达先生赴英、王重民先生赴法了解敦煌古籍，颉刚先生即恳托两君将所见《尚书》照相见示。余在灯光上蒙薄纸书之，书就几页，即发刻几页。"又云："由于敦煌本原件皱纹纷纷，用直接摄影术，则忽明忽暗，以至笔画多模糊，不易辨认。因思仍以刻版为佳，影写上木，当时尚有青年高手，藉此一编，并可使雕版之业流传有绪。颉刚与余商酌既定，遂由北京文楷斋承梓，……余则承写本之影模。"① 是时正值日本京都大学东方文化研究所有《尚书正义定本》之纂辑，公公遂与吉川幸次郎、平冈武夫等日本学者相往还，托其提供版本线索。公公欲疏释隶古之演变，因名其书室为"隶古定居"。②

当时的工作进度，在1934年6月父亲为燕大所作"本年度工作报告"中有所反映，报告内"辑集《尚书》文字"一项曰："此为继续两年来之工作。现在唐石经《尚书》，唐人写本《尚书》，日本古写本《尚书》，《书古文训》之古文《尚书》，俱已刻就。汉石经《尚书》，魏石经《尚书》，亦已钩摹待刻，约一年后可竣工。"公公从事描摹只能在工作之余暇进行，"每晚均工作至深夜十二时。"③。即使在父亲被迫离开北平后，公公仍未松懈，1938年他在《读书日札》中多次记有读写校《尚书》之事。是年2月22日他致叶景葵信道："迩来以续刻《尚书》为主，不及他事，然仍恐此半年中不及竣工耳。"是年12月④27日他致父亲信道："《尚书》写刻，此半年中未敢稍懈，极望明年暑前竣事。惟拟先将正文赶完先出，校勘记嗣后再说，此事非从容著笔，必不能精确。即摹写一事，一字不惬即重改写，而重写之字必须手自挖改，俾可上板。先曾属刻手为之，往往不合式，盖欲稍有胜于景印之处耳。校记已有他处为之者，但不能如李遇孙之于《书古文训》，与我所欲做者不同，不妨各为其校。所苦者，退值之暇，疲神昏灯，日得无几。……甚愿早日告成，释此重负。"

1939年7月，公公应叶景葵（揆初）、张元济（菊生）两先生之邀，辞燕大图书馆职，赴上海就任合众图书馆工作。在工作之余继续《尚书文字合编》工作，其日记中多有记载。但由于生活不安定，精力有限，此事难有多大进展，正如其日记所言："研究之事，绝对不能分心。余傭书糊口，何暇及此，黄昏一灯，能成几何，岂余一人如此耶？"⑤ 以后因币制变动，刻工价格猛涨，此事遂告停顿。既而文楷斋易主，且传有歇业之说，而经手人他去，存彼处刻成之版大有散失之虞，公公即恳切托请北平浙江兴业银行经理沈君数往接洽，始克领回，即装箱存其行中。抗战胜利后，公公仍欲继续此事，他致父亲信道："《尚书文字》所刻板片事，……此事龙急图结束，应刻者已算刻全，凡日本旧写本只可不刻入内，一非吾国写本，二日本多已景印结束。有一最大手续即为修改讹

---

① 《〈尚书文字合编〉版刻样本跋》，见《文集》。
② 见《年谱》1932年纪事。
③ 《年谱》1937年1月2日纪事。
④ 或1939年1月，《顾廷龙年谱》定为1938年12月。
⑤ 1941年1月22日。

讹，此校正所谓手民之讹，极可观。而模刻本尤须校改，及于笔画之间，务须腾出时间专心为之，并立即发改，随时指挥，似非通信可办，预计必须明夏可重理斯业，奈何？龙于'隶古定'研究颇有兴趣，自信略有所得。'隶古定'为文字变迁中之一种，形体不仅为写《尚书》之一书体也，展转传写，笔误与别体随起，遂失真面。六朝唐写本及碑志，其中各有古字、别体，虽不一系，皆可寻其原来，从偏旁归纳，得其转变之例，可以为校读古书之助。"① 可是鉴于当时社会局势不安定，这一心愿难以实现。

1935年，父亲利用燕京大学休假一年之机，任北平研究院史学研究会历史组主任，聘公公任该组名誉编辑。父亲为便于办公，迁入城内居住。原成府寓所，则请公公一家住入，代为照看。次年6月，公公编录之《古匋文舂录》十六卷及附编一卷，作为《国立北平研究院史学研究会文字史料丛编》之一，由该院印行。公公在该书《自叙》中说："余夙好古文字，以匋文未有专录，刻意搜访。"此书依《说文解字》部居分十四编，其不可识者为附编。《燕京学报》第二十期《出版界消息》报道此书出版事："他所根据的材料，其主要的为周季木、潘博山两家所藏的拓本，大都为景本所不见的，极可珍贵。""顾君不但把所有的匋文收集在一起，而且同时对于新识的字，加以精细的考释。""所以这一部书可以说是集古匋文字之大成，对于研究比较文字学及先秦史的人都是不可少的参考资料。"

1937年3月11日，天津《益世报》发表张政烺先生《读古匋文舂录》，张先生认为对于陶文来说，"其搜罗最备，考释最精，以专书形式问世的，则推顾先生这部《古匋文舂录》。""这是过去陶文研究成绩的总汇，也是第一部成功的陶文字典。一个研究中国文字学、中国古器物铭、甚至中国古代史的人，是不可轻轻把它放过的。"

抗战爆发后，为避日人追捕，父亲只身离平。1939年9月，父亲抵成都任齐鲁大学国学研究所主任，聘公公为该所名誉研究员。父亲致信公公道："敝校国学研究所经历乱离，重建伊始，刚忝主所务，人才未充，设备犹简，亟需鼎力扶持，俾得有所就正。夙仰先生奖掖后进，惟恐不及，用敢聘请先生为名誉研究员。"② 11月19日父亲致公公信道："所中拟出季刊一种、丛书若干种"，由于"成都印刷也家数不少，而铅字大都窳劣，故本所出版拟托上海开明为之，而贴与印刷费。"他请公公前去开明书店询问情况，并向公公邀稿："如有大作（能否作一'宋元本著录表'），万请寄我为感。"不久，开明书店同意此事。公公夙有编辑目录学之志，拟分为流略、图录、校雠三编，"断代为章，复各析以时、地、公、私之作，俾有系统可寻、条理可睹"③，他在燕大时，即欲从清代刻本开始着手。现得我父亲信，知有齐大的赞助，公公遂先辑图录，与潘景郑先生合编《版本图说》，并与开明书店王伯祥先生商定印刷方式。1940年5月6日他致信我父亲说："《版本图说》已属草大纲，宋元部分已成，现拟明清部分，全无依傍，较为万难，亦较能最有精采，将

---

① 1945年11月13日信。
② 《年谱》1939年11月纪事。
③ 顾廷龙：《明代版本图录初编叙》，见《文集》。

来分出，即可先出明清部分，尊意何如？"7月2日我父亲复信说："吾叔与景郑叔合编书，敬乞源源交付开明印刷，如费用已毕，乞将账单寄来，当续付，总期陆续成书，为言目录学者作一宝藏耳。又海疆封锁，恐此间之稿无由得寄上海，然既取哈佛之钱，不能不有报销，故望沪上同人竭力撑此场面，使开明每年能为齐大出书十种以上，而皆为有用者。"齐鲁大学是教会学校，经费由哈佛大学支付，鉴于当时战事紧张，交通阻隔，父亲恐成都寄稿困难，故对上海同人寄予厚望。他在此信中还希望公公能进行另一项工作，即标点注释《书林清话》一书："自来言目录学者，条理清楚无如《书林清话》，不知吾叔能将此书标点作索引，兼为之注否？如能如此组作，则大学中目录学一课，可取是作课本矣。"7月20日，潘景郑将《明代版本图说》叙例拟毕①。7月26日，公公致我父亲信："《版本图说》因明本向少人留意，故先从事于此，以便人之参考。叙例、目录业已拟好，……拟就近请菊老指正后即着手借书摄景，并迳与'开明'商酌印刷事，……来款辑《明本图说》当能敷用，将来能续辑须再商。"又说："承属标点注释《书林清话》一书，极愿试为，必有以报命也。"1941年1月23日，公公致我父亲信说："《版本图录》现已决定断代为之，因宋元本书影已多，并非亟需之作，明代尚无人做过，故特以参考者实急，遂为《明代版本图录》，而名之曰'初编'，叙例、目录已定，过阴历新年即当与伯祥商印。……此事由景郑兄负责为多，渠现在敝处共案编摹，有赏析之乐。"是年公公将此书校定，全书所收有代表性的明版二百余种，不单注重善本、孤本，也收录常见通行的甚至是坊刻的并不精彩的版本，分十二类，类各一卷。每类首撰提要，论其版刻特点，言简意赅。每种书影之后，详注书名、卷数、册数、作者、版本、纸张、板匡尺寸，并加考证按语。书末附有人名、书名、室名综合索引，便于检览。公公在此书《叙》中曰："丁时丧乱，搜辑不易，幸得杭县叶氏、海盐张氏、吴兴刘氏、天津华氏诸家及涵芬楼慨然相示，至可感篆。摄影撰说，历时两年，景郑之力居多。"此书作为齐鲁大学国学研究所专著汇编之四，于1941年出版②。在当时极为困难的条件下，以二人之力成此书，实属可贵；且体例完善，议论精当，考证翔实，张元济先生赞道："际此乱世，搜辑材料，居然保全，且印刷不恶，是有天幸，亦二公之志愿有以成之也。名山寿世，堪操左券。"时至今日，学界仍称赞此书道："《明代版本图录初编》是以断代为准，反映了明代有代表性的版本的全貌，以之作参照物来鉴定明代刊本，有指南针的作用。"③

当时公公还应我父亲之邀，为齐鲁大学在开明书店各种出版物题写书签。以后随着父亲离开齐鲁大学，经费无着，公公本想续编的各代版本图录未能进行，《书林清话》的注释也仅开了一个头，未能完成。

1937年父亲离北平后，所有存留在燕大成府寓所的书籍、稿件、信札，均由公代为保管。随着形势的日益严峻，公公感到成府寓所已不安全，便找侯仁之先生相助，将我父亲这批书稿存入燕大

---

① 《顾廷龙年谱》。
② 据《年谱》言乃1944年出版。
③ 周振鹤：《读〈清代版本图录〉》，刊《文汇读书周报》第698号，1998年7月11日。

临湖轩司徒雷登校务长住宅之地窖内。他们买了20多只大木箱，连同父亲原有的刻有容庚先生所写"颉刚藏书"四字的若干书箱，置入成套之书三万多册。再有两箱置讲义和稿件，一箱置30年间父亲积存的信札。公公在装箱时，将自己的两部珍藏书稿亦放入（其中一部是前面提及的有众多人题记的《积古斋钟鼎彝器款识》五色精校本，另一部是公公昔日手抄的龚孝珙稿），他原以为这样可以保险了。父亲还有一些零种藏书约万册，由公公存于燕大学生宿舍四楼。另外父亲原在北平城内的书稿，由公公与殷氏母亲置两大木箱，托父亲老友章元善先生之弟章元群存入天津英美租界中国银行仓库。

　　1941年冬太平洋战争爆发，日美宣战，日人接收燕京大学，父亲的书稿被其劫去；连存于天津的书箱也遭变故。父亲对此万分痛心："予数十年之心血化为云烟矣。"① 1945年抗战胜利，邮路畅通，公公立即致信父亲说："尊处托章元群君代寄中国银行仓库之书箱，曾被日本军部处分拍卖，幸适为元群至好所收，当即赎回。赎回后一时无处安放，乃恳撰丈托其津行经理朱君妥为收存，当不致有损失，尚属幸事。所有寄费、赎款均由龙付讫，为数尚不甚昂。"② 又说："移存天津浙兴箱，曾属该行经理朱振之先生（又系撰丈至亲）亲自启点，据复撰丈函云：'顾起潜兄寄存大木箱两只，顷已约同廑甫兄帮同开箱检视，该箱容积甚大，系装货之木箱，亦将箱内成书书籍逐一清理，抄就目录一份，至祈台督。箱内大部分为讲义文稿，文稿中关于史地、历史、游记、札记、经义为多，均未成书。有纸包者，有绳扎者，尚有其他北方流行小本书及歌谣本，及圆式汉瓦三块，……仍将各件装入原箱，妥为封钉存行，……'"③ 天津这批存物经一番波折，公公代付了寄存费及赎回费，已存入浙江兴业银行仓库，可谓有惊无险。然而燕大存物就没有这般幸运了，公公致燕大友人函询未得结果，次年初父亲由重庆飞抵北平，经一番查寻，了解到其中一部分存燕大图书馆，一部分存日本使馆，后由教育部特派员办事处接收，再一部分被人偷盗，一年前已在东安市场书摊出售。那时隆福寺街修绠堂有父亲所藏《古玉图考》、《铁云藏龟》等20多部，书铺主人孙助廉"谓是去年春间收得，知为予书，故未售出。其意甚可感也"④，父亲遂出钱赎回。这三处存书对照公公当时登记的目录，可知已得十分之六，但这些都是存于学生宿舍四楼者，而存于临湖轩者仍一无所见。不过公公那两部珍藏书稿日后都有了下落，据《年谱》1947年8月12日纪事知，父亲来送还公公手抄的龚孝珙稿，公公日记写道："盖当年同箧存于临湖轩，为倭寇劫去。胜利后，搜归发还者，诚劫余也，可喜之至。批本《积古斋钟鼎款识》则无矣。"几年后，这部《积古斋钟鼎彝器款识》竟辗转为中科院（即今社科院）文学研究所购得。"文革"以后公公主编《中国古籍善本书目》，全国700多家收藏单位将各自编制的古籍善本卡片集中北京，其中就有文学所这部书稿，公公至此才得

---

① 日记1942，6，7。
② 1945，9，1。
③ 1945，9，18。
④ 日记，1946，2，21。

知消息。1989年，公公方得到该稿复印件，"如逢故人"[①]，十分高兴。

1948年底，父亲从兰州讲学返沪，此时受战局影响，上海人心恐慌，不少友人前往广东、香港或台湾。在何去何从的问题上，父亲接受了公公的建议，以为"可以不行"[②]，而将精神安顿于读书写作上。他应公公之邀，整理抗战期间所作编成《西北考察日记》、《上游集》、《浪口村随笔》三种，交合众图书馆油印。在《西北考察日记·序》中，父亲说："从叔起潜先生至予室，见积稿丛杂，劝其次第整理，先交合众图书馆油印，以徐待时清。"抗战中父亲辗转于西北西南，"以工作力最强之年龄消耗于避兵避弹蜩螗震荡之中"，"四壁洞然，资料空乏，方寸既乱，思理难综，每彷徨不能下笔；或属稿及半矣事来掣夺，搁置多日，遂不能成；或一文成矣，而一经流动，为人轻掷，或友人携去，未留副本，有若弃婴道路，更无见期"[③]，可知成稿之不易。父亲藉整理之机，又将《浪口村随笔》重作或新作30多篇补入，他在此册序中说："念此笔记始写于昆明，重理于成都，又续附于苏州，荏苒迄今，历时十载，若不速令成编，恐即此抗战期间弩末之功亦不得暂留天壤，因竭尽其力，自四月中旬至七月下浣，在炮声、枪声、炸弹声中，埋首以为，误者正之，阙者补之，比次为六卷。"父亲能够不理会窗外的炮声、枪声、炸弹声，埋头于书室，也得益于公公的安排，经其找人筹集纸张，刻写油印，终于每种印出百册，为世人留下了学人在战乱中克尽职守的见证。

同时，父亲又整理上一年从北平运至上海的藏书，其中凡有史料性者，均捐入合众图书馆。父亲说："我从有知识起，处于一切剧变之中，就想搜集资料，保存这一伟大时代的史实。当清朝末年，我在中学读书；民国初年，我在大学读书。每天散课后，走上街头，总爱在地摊上寻寻觅觅，得到些各地方、各政权、各党派、各事件的文件和书刊。北京是全国政治的中心，地摊上这类东西特别多，为了顾问的人稀少，价格便宜，往往十几枚铜元就可以买来一捆，在这里，可以看到维新运动、民教相仇、辛亥革命、洪宪帝制、张勋复辟、军阀混战、官吏衡宝、政党斗争、反动会道门欺骗活动等史实。"这些资料，经不起天天搜集，到抗战前时已占满了三间屋子。此时运沪整理，这类近代史料还有两万多册，内有许多孤本，皆合众图书馆所未有，捐入该馆，父亲"喜得其所"[④]。1953年初，父亲又将苏州家中所藏碑帖及报刊（以抗战时内地出版者为主）等赠予合众图书馆，公公亲往选取。此次，父亲将1938年毛泽东寄赠之《论持久战》加以题跋，赠予该馆，"作为永久的纪念"[⑤]。不久该馆将父亲捐赠者编为《顾颉刚先生书目》油印本。以后当中宣部调用革命文献及现代史料时，该馆所呈数十种资料中即有父亲所赠者[⑥]。

"文革"中父亲和公公均遭批判，处境艰难。1970年秋，公公境遇稍有好转，被派至上海市文

---

① 《年谱》8月12日纪事。
② 日记1948，12，28。
③ 《上游集·序》。
④ 日记，1949，4，5。
⑤ 跋。
⑥ 《年谱》1954，10，26，公公致父亲信。

物图书清理小组工作。许多抄家得来的图书资料，在此检阅后决定去留，但弃多留少。公公懂得其中的价值，所留较多，但常被外行者（如工宣队员）弃之。他日后告诉我，当时曾见到一包我父亲致汪原放（汪先生是胡适先生同乡友人，在亚东图书馆工作）的书信，但未能抢救下来，很是可惜。1971年春，父亲受命主持《二十四史》整理工作，从"反动学术权威"重压之下解脱，处境亦大有改善。1973年春节，公公去沈阳儿子家度假，节后返沪途中，来北京看望我父亲及各位旧友，住在我家。多年不见，且经历了"文革"的惊涛骇浪，他们彼此挂念之情终能相互倾吐。公公日后告我，当时他们二人可谓是前所未有的畅谈，以前由于工作繁忙，无时间多谈；而此时处于运动后期，一切工作尚未步入正轨，他们才有了闲谈的机会。公公说，父亲谈到"文革"劫火造成的损失时，说其中"顶顶可惜的是王国维的三封信"。父亲所积存的书信在1966年8月已被中学红卫兵烧去不少，但陆续又找出许多，母亲顾虑旧信里有不合时宜之言，恐被人拿去当作罪状，在入冬后取暖生炉子时又要烧掉，父亲赶忙整理，分别去留，想多保留一些与学术有关者，12月2日日记写道："予置在燕大之信札，抗战时为日寇所夺，久以为不复见矣，而今日整理，竟有抗战前旧信在（如王国维、钱玄同），想以置在禹贡学会，故得存也。"1967年3月27日日记又写道："静秋检出予所存信札，欲尽焚之，予谓其中有王国维与我论《顾命》信，求其为我留下，得允。""抄王静安先生四十年前与我之信入册。"此三信虽一次又一次逃过火劫，并被抄入笔记簿，但父亲顾虑以后或再遭不测，遂将其藏入一册线装日记簿的封底折页里。这一年末，他全部日记被历史所同事取去审查。当他与公公叹惜此等信件时，日记尚未被发还；也许他因经历"文革"和疾病九死一生的折磨，已经忘记信藏何处了，否则怎能迟至十多年后，我在整理其遗稿时才在日记簿封底里发现它们呢？我把此事告诉公公，他为之庆幸不已。

父亲去世后，公公撰《介绍顾颉刚先生购求中国图书计划书——兼述他对图书馆事业的贡献》一文，表示十分佩服我父亲对图书资料的真知灼见，说自己"从事图书馆古籍采购事将五十年，即循此途径为收购目标，颇得文史学者的称便"。公公整理我父亲的信札，装裱成册，交我保存。他十分关注父亲遗著的整理，经常指点我们，并为遗著以及相关书稿题写书签。当然最重要的一事，是父亲与公公合辑的《尚书文字合编》的完工。在父亲晚年致公公信中，每每谈及这项工作，继续留意收集新出的资料，希望"加速编成"，"以成一生之愿"①。父亲逝后，公公即感到这项工作的紧迫性，他向上级部门请求帮助，以后得到助手在上海图书馆专门协助编辑此书。1990年公公撰写此书序文时，对人说道：此书"今年可以完成，要求上帝保佑维持我一年，可向颉刚先生报命了。"②1991年，年近九旬的公公患胃癌住院手术，出院养病期间他仍念念不忘此事，幸而得到上海古籍出版社的鼎力支持，又经国家古籍整理出版规划小组列为重点项目，予以资助，此书终于编纂完毕，于1996年顺利出版，受到学界好评。新编本内容较原编本增加了一倍以上，并全部改为照

---

① 1979年5月23日信。
②《年谱》是年2月24日条。

相影印。该书问世，势必促进《尚书》文字演变歧异问题的探究向纵深发展，同时对古文字学、古文献学都有重要的参考价值。这项历时 60 多年的大工程完成，令公公深感欣慰，他对人表示："即使是现在去见颉刚先生也没有问题了。"[①] 我记得那时去看望公公，不料他竟然从卧室抱出这部又厚又重的四大册《尚书文字合编》示我，其时他已是 90 多岁高龄，况且又处于大病之后，怎么会有如此大的气力！我急忙接过这部沉沉的巨著，感动得几乎流泪。这哪里是一部普通的书，分明承载着公公数十年的心血，承载着父亲至死不忘的嘱托。公公终于可以告慰我父亲在天之灵了，这由衷的欣喜使他忘记了自己的年龄，忘记了自己的病体啊！当时那一情景如此清晰地印入我的脑海，永远不会忘记。

---

① 《年谱》1996 年 8 月 22 日条。

顾廷龙先生与郑振铎先生的友谊

陈福康
上海外国语大学文学研究院研究员

郑振铎（西谛）先生和顾廷龙（起潜）先生都是我景仰的大学者和文献学大家。郑、顾二先生是亲密的朋友。我长期研究郑先生，并亲炙过顾先生，顾先生也曾热情鼓励、指导我研究郑先生。在顾先生诞辰110周年之际，我要写一篇论述二位先生高尚友谊的文章，以纪念顾、郑两位大师。

郑先生年长顾先生6岁，郑振铎与顾颉刚[①]是20世纪20年代的老朋友，郑振铎最初认识顾廷龙当是通过顾颉刚先生的关系。二位先生大概相识于20世纪30年代初的北平。因为1931年下半年起，郑先生在北平工作了4年，任燕京大学国文系教授；而此时顾先生正在燕大研究院国文系读书，1933年毕业后又在燕大图书馆工作。不知道顾先生有没有听过郑先生的课，算不算师生关系？可惜当年我忘了问顾先生。郑、顾二位最初交往情况，亦不得而知。今仅见1934年顾廷龙写给顾颉刚的几封信，谈到1934年夏天燕大校园里针对着郑振铎而策划的一起风波。未久，郑先生愤而向燕大辞职，此事即是原委之一。但这起风波现在知道的人很少，似可一谈。

今存1934年8月21日顾廷龙致顾颉刚信，其中提到：

"日来院长蕴酿，听季明谈风，振铎已不成立，子通未必能成，似乎季明希望最大。子藏以以中不登其文，格于情势，无可如何，然于振铎，尚不甘心，乃将藏经事撰为新闻，交张德生发表。（已两三日，但尚未见，据云张病。）措词大意谓燕京所得藏经仅千元，殊为便宜，知得于某人，但某人得来只五百元，一转手间牟利五百元之多，并扣留目录全

[①] 后者从"辈分"上说是顾廷龙的侄子，实际长顾廷龙11岁。

分，现在希望其以五百捐之百万基金，目录即日交出云云。如果注销，振铎难堪矣。"

这里说的"院长蕴酿"，指酝酿燕京大学文学院院长人选之事。季明即马鉴，子通即黄理中。从信中可知，似乎当时也有议请郑先生当院长的；但实际是不可能的，因郑先生当年在燕大倾向进步，必遭当局排挤。信中写到的子臧即吴世昌，当时燕大国文系的一个学生，一度专与郑先生作对。从顾先生信中看，吴某写了一篇什么文章（当涉及郑先生）交给王庸（以中）先生，王先生不予发表，吴某无可奈何，但对郑先生仍不甘心，于是就将有关《大藏经》一事写成一篇"新闻"，交给《北平晨报》的张德生。顾先生信中说的"某人"，就是郑先生；而顾先生说的"注销"，似当作"发布"讲。

查 8 月 23 日《北平晨报·教育界》，顾先生所说的吴某写的这篇"新闻"① 刊出了，题为《燕大图书馆购书问题——主管人有滥宇高价之嫌》。据我看来，该"新闻"在词锋上已经被编辑销磨过了，矛头所指，也从针对郑先生而改为主要针对燕大图书馆主管人了。而我从读到过的吴某指责郑先生及其他人的文章来看，此人之德性似乎不会如此客气。用何如（陈子展）先生当年的话来说，"吴先生为文态度，似在陵轹他人，轶出讨论学理范围"②。当年燕大国文系学生吴晓铃先生对我说过，那时燕大校园内还出现过吴某攻击郑先生的大字报。由于该则"新闻"现在不易看到，今全抄于下：

> 燕京大学图书馆，因有哈佛燕京学社关系，每年有指定款项，购藏中文书籍，故该校中文书之收藏，在北平各大图书馆中，堪称丰富。该校原有日本大正新修大藏经一部，去年复购得明正统本大藏经残本若干，此书原由该校教授郑振铎经手购买。据郑振铎云，此书价值一千五百余元，愿以一千五百元让与燕京图书馆云。时该馆经费不多，仅余一千二百元，当即以一千元购之。惟最近该校学生及教职员方面，从北平图书馆某一部分人士得来真实消息，始悉此书原由北平头发胡同某书铺售出，原价仅四百五十元（一说四百七十元），并有目录云云。学生方面当即向该铺查阅，果有此书。惟原有目录则已被扣留，仅有抄本目录一份。该校学生以此事诚属重大不幸事件，即将呈请学校及图书馆当局彻查，以维风纪云。
>
> ［又讯］记者昨晤该校熟悉此事之某君，据云：该校图书馆当局，以一千元购买此书，实因该书系明刊本，极可宝贵，且封面系用明代之锦包裹，亦有相当价值，惟一转手间，牟利至五百余元，实属令人遗憾云。

---

① 该"新闻"未署名。
②《一场变文官司》，载 1933 年 8 月 11 日《申报·自由谈》。

8月24日，顾廷龙致顾颉刚信中又说："西谛藏经事竟于《晨报》注销，地位又特别注目，闻学生方面有请求学校彻查之意。日来平绥路又断，此君遄归已无可收拾，亦可怜矣。"信中说的"平绥路"，即从北平到绥远①的铁路线，也就是今天的京包线。当时郑先生正与冰心等人应邀沿平绥路旅游考察，因水灾铁路出现故障，郑先生还没有回来。

郑先生一生最喜爱买书，世人皆知；有时，因经济窘迫或其他原因，又出售一点藏书，那也是很正常的事。可是，这次燕大却有人在他外出之际突然借其出让《大藏经》一事来搞臭他，试图造成"无可收拾"之效果，显然是别有居心的。郑先生回校后，自然十分气愤，也十分鄙视那些人，便写了一封信说明事实的真相。此信未见登诸《北平晨报》，却为一本八卦刊物《北洋画报》发表的一篇攻击他的文章所引用。因现在更难得看到，今亦转抄于此：

> 《大藏经》为明宣德本，诚然是我由北平购到的，但并非替燕大图书馆买。当时用燕京公共汽车运回，堆在我书房的地上，无力做书架，也没有工夫去整理，便想卖去它。当时曾向北平某君及燕大图书馆接洽。我因急于用款还帐，便以一千元售给燕大图书馆。这完全是买卖行为，根本上不会有所谓"风纪"，想不到竟会有人借此中伤！老实话，售出后，我还懊悔了许多时候！其心境的如何惆怅，有经验者是深能领会得到的。前年暑假，我不在北平时，君箴女士（按，郑先生夫人）编成目录一册，整整的费了一个暑假的工夫。假如不是为了"穷"我是绝对地舍不得售出此书的，单为了这册抄本目录的艰苦编成之故，也不该售！然而终于不能不售！有心肝的人还该说什么风凉话！两年以来，屡次地想向燕大图书馆商量赎出，都不曾开口；一则艰于开口，二则还是为了穷。现在好了，我已决定设法收回。即使图书馆也想同样"牟利"，我却也不妨出高过原售价的买价去赎它！我实在对不起"编目录的人"，我应该借此"赎罪"！祈将此函作为更正是荷！

郑先生这番严正的话，说明了事实的真相。那些蓄意兴风作浪、"借此中伤"的人，终究也没能捞到什么稻草，丝毫无损于郑先生的人品。那部《大藏经》，连《北平晨报》那则"新闻"也承认"系明刊本，极可宝贵"，顾先生信中也说"仅千元，殊为便宜"，我估计，燕大图书馆后来也不肯让郑先生"收回"，或"出高过原售价的买价去赎它"吧？因为，后来在《西谛书目》中，亦未见此部大书的踪迹。如果我估计不错的话，它现在正珍藏于北京大学图书馆里吧？

而顾先生在上引信中，一说"振铎难堪矣"，再说"西谛……亦可怜矣"，显然是非常同情郑先生的，足见顾先生明辨是非。

据我所知，顾、郑二位先生熟识起来，应该是在抗日战争时的上海。他们有共同的爱好和共同的朋友。其中如徐森玉（鸿宝）先生，是他们共同尊敬的前辈学者，经常在一起交流。如上海"孤

---

① 旧省名，今属内蒙古自治区。

岛"时期顾先生日记载，1941 年 1 月 18 日晚，李宣龚（拔可）先生招宴，同席就有郑振铎、徐森玉、瞿凤起、潘博山、赵万里等，均是古文献学家。5 月 10 日，另一藏书家、版本目录学家刘承干先生日记又载："晚六时，何柏丞、徐森玉、郑西谛、叶揆初、瞿凤起、顾起潜、张芹伯先后来。由韵秋帮同招呼。以柏丞、森玉均第一次见面也。七时，宴诸君于外间。九时客散。……席间，闻森玉、西谛二公所谈所见之书，渊博极矣！见闻多，记忆力强，真可佩也！"刘先生盛赞徐森玉、郑振铎二位知识渊博、多闻强记，想必顾先生亦有同感。7 月 15 日，郑、顾二位还一起参加了一次张珩（葱玉）先生发起的非常有意义、有品位的文化活动。当场，海上著名书画家、收藏家吴湖帆为张珩藏《灼艾帖》题记："辛巳六月二十一日，葱玉道兄招集同人为欧阳文忠公九百三十五岁生日，出示此卷，题名于后，以志景仰。"其后题名是：吴兴徐鸿宝森玉、张乃熊芹伯、高阳李宗侗玄伯、长乐郑振铎西谛、江阴孙寿征邦瑞、吴县顾廷龙起潜、潘承厚博山、潘承弼景郑，末为"吴湖帆倩庵记"。

上海"孤岛"沦陷后，在残存的郑先生日记中也经常记到顾先生。如 1943 年 3 月 10 日："（晚）六时许，至（书）肆，又选书数种。遇顾起潜。"4 月 4 日："复至肆，晤起潜。"7 月 10 日："晨九时半，赴孟德兰路护国寺吊潘博山丧，送赙仪五十元。晤葛咏裳、顾起潜及森等。"残存郑先生的 9 月 8 日《访书日录》又载："秋凉已深，可御夹衣矣。晨，冒雨至来熏阁，知其新收得明末刊本《册府元龟》三部，一出北平《余氏读已见书斋物》，一出济南，一则新由鄞县收来，欲假来一阅。出自济南者，已为顾起潜持去，乃假得北平本及鄞县本首二册归，穷一日夜之力对勘之，并录其序。"

顾、郑二先生真正建立起更加深厚的友谊，应该是抗战胜利后在一起工作的时候。1945 年 8 月 29 日，日寇投降不久，郑先生就去合众图书馆找顾先生谈话，商量胜利后的工作。郑先生日记载："二时许，出，中途遇阻（'捉汉奸'）。至合众稍坐，与起潜、葵初、叔通谈，颇畅。"当时，郑先生立即重新投入为国家抢救、整理图书的工作中。9 月 1 日，顾廷龙致顾颉刚信中即提到："（王）以中去年以来为誉老（叶恭绰）编《五代十国文》，即在敝馆（合众图书馆）校理，较为闹热。现已竣事，闻将往助振铎检点前代中央图书馆购存之书矣。"

郑先生在抗战时期曾冒着生命危险全力以赴为国家秘密抢救大量珍贵图书文献，因为这一卓越贡献，加上在那时郑先生与教育部当局及中央图书馆馆长蒋复璁（慰堂）先生等建立起的信任和友谊，胜利后教育部即任命郑先生为"战区文物保存委员会上海办事处"和"京沪区教育复员辅导委员会"委员，"教育部京沪区特派员"蒋复璁又请他担任特派员秘书，与徐森玉等人负责接收原日伪在上海及周边地区的文化机构、资财、档案、图书等工作。这些工作，郑振铎、徐森玉也请顾廷龙一起参加。如 1945 年 12 月 9 日顾先生日记："徐森玉招茗点，座有吴眉孙、吴谨厂（静安）、郑振铎、王以中、陈澄中等。"就是开会商量有关事情。

当时，为了配合中国政府向日本追索被劫中国文物图书，徐森玉主持编撰《中国甲午以后流入日本之文物目录》，主要执笔撰写者就是顾先生，郑先生也积极参与。据当年郑先生的助手谢辰生先生回忆："一九四六年初我的伯父在河南安阳病故。我大哥谢国桢（刚主）从北平经周扬同志联系通过解放区到安阳奔丧，中途在北方大学见到范文澜同志。当时的北方大学很需要图书资料，范老特委托刚主到上海买一批图书。因此，刚主在处理完丧事之后立即赶赴上海，并且带我一起去上海帮助他完成购书任务。到上海第三天，徐森老请我们吃饭，并约请了郑振铎先生作陪。席间郑先生说他近来工作十分繁重，很需要一个人帮他处理一些不必要他亲自动手的事。当时徐森老就把我推荐给他，郑先生欣然同意，并要我第二天就到他家去开始工作。但是徐森老又提出在一段时间里要我还参加正由他主持的《中国甲午以后流入日本之文物目录》的编制工作。经商定每天上下午分别到郑家和合众图书馆上班。因此，直到一九四六年底目录编制完成后，我才到郑家全天上班。"[①]
谢先生在《中国大百科全书·文物、博物馆卷》的"郑振铎"条目中还明确写道："抗日战争胜利后，他（郑振铎）积极支持和参与由徐森玉、顾廷龙主持为准备索还被日本掠夺的中国文物而编辑《甲午以后流入日本文物之目录》的工作。"

据顾先生日记，1946年2月8日，郑先生与徐先生一起过访顾先生，请顾先生担任教育部清点战时文物损失委员会的秘书工作。3月7日，教育部"上海区清点接收封存文物委员会"开始工作。叶恭绰为会长，徐森玉负责主持，郑、顾二先生和何柏丞、顾毓琇、俞塘等人参加。后来该委员会点收了汉奸陈群、"伪上海大学法学院"、台湾银行、日人高木等处的藏书。

这年5月7日顾颉刚日记："到起潜叔处赴宴……今午同席：叶揆初、洪煨莲、徐森玉、郑振铎、高君珊、雷洁琼、张天泽、钱钟书（以上客）、顾起潜（主）。"5月11日顾颉刚日记又记："到洁琼处吃饭，谈至十时始归。今晚同席：吴文藻夫妇、起潜叔、振铎、孙瑞璜、王国秀（以上客）、严景耀、雷洁琼、高君珊（以上主）。"6月6日顾颉刚日记又记："到蜀腴赴孙实君宴……今晚……同席：徐森玉、郑振铎、起潜叔及予（以上客）、孙实君（主）。"也可见这段时间郑、顾二先生来往极其密切。

1946年6月23日，上海十万群众举行反内战、反美国干涉中国内政的示威集会，选出马叙伦、雷洁琼等十人为代表赴南京请愿。代表当晚抵达南京时遭到国民党特务、暴徒殴伤，时称"下关事件"。国内形势越来越紧张，当局的反动面目越来越显露，清点文物的工作也做不下去了。是日顾廷龙日记："徐森玉来，拟后日为'清点会'结束，请客。"6月25日，郑、顾二先生等赴老正兴饭店午餐，座有顾毓琇、徐森玉、柳诒徵、顾峤若、俞庸、李玄伯等。"上海区清点接收封存文物委员会"工作就此结束。

1946年9月17日顾颉刚日记："到蜀腴赴宴……今晚同席：徐森玉、陶心如、郑振铎、陈乃乾、谢刚主、顾起潜、徐伯郊（文坰）、孙实君（以上客）、孙助廉（主）。"10月5日顾颉刚日记："与起潜叔同到振铎家赴宴……今午同席：蒋慰堂、李济之、魏建功、钱默存、吴宗济、屈翼鹏、张葱玉（珩）、起潜叔、王以中（以上客）、郑振铎（主）。"10月6日顾颉刚日记："到蜀腴应宴……

---

① 《中国甲午以后流入日本之文物目录》影印本前言。

今晚同席：廖华平、吴宗济（稚川）、李济之、蒋慰堂、沈锡三、屈翼鹏、郑振铎、起潜叔（以上客）、徐森玉（主）"10月13日顾颉刚日记："潮儿弥月宴客，来客如下：……下午：徐森玉、魏建功、范洗人、章雪村、徐调孚、郑振铎夫妇、王伯祥夫妇、郭绍虞夫妇、叶圣陶夫人、丁晓先、章士敩、卢芷芬、王以中及其子应梧、谭季龙、严良才夫妇、殷绥和、殷绥平、典韶叔夫妇、志坚、德峻、起潜叔夫妇、鸣高叔夫妇、诵芬、德辉。"顾颉刚的这些日记都反映了当时顾、郑二位先生的密切交往。

顾先生在新中国建国前对祖国文化事业最大的贡献，就是实际主持合众图书馆的工作。郑振铎从一开始就热心支持该馆，后来也一直是该馆的老读者。他的保存下来的日记中，就多处记载了他去合众看书之事。如1944年6月21日："至蕴华阁、合众，见到汪刻《文廷式笔记》十六本，尚佳。"7月5日："上午，至合众，阅《中国文化名人录》，中颇有误。"这些都是在抗战沦陷时期。抗战一胜利，本文上面已经提到，8月29日郑先生就去合众图书馆找顾先生谈话。9月13日，郑先生又去合众图书馆。1946年1月24日，合众图书馆董事陈陶遗、叶景葵、张元济、李宣龚、陈叔通联名上书上海市教育局，申请准予立案，呈书中就提到郑振铎对该馆的"同情匡助"："太平洋战事爆发，环境日恶，经费日绌，而敌伪注意亦綦严，勉力维持，罕事外接，始终未与敌伪合作。赖有清高积学若秉志、章鸿钊、马叙伦、郑振铎、陈聘丞、徐调孚、王庸、钱钟书等数十人以及社会潜修之士同情匡助，现在积存藏书约十四万册，正事陆续整理，准备供众阅览。"1946年10月，合众图书馆印行《海盐张氏涉园藏书目录》，郑振铎为之捐款5万元。出资者还有商务印书馆（40万）、新华银行（10万）、王云五（10万）、王志莘（以下均5万）、李宣龚、徐寄顾、徐鸿宝、陈敬第、冯耿光、叶景葵、刘培余、潘承弼、蒋复璁、顾廷龙。

1946年12月，郑振铎还与郭绍虞、叶圣陶、魏建功、顾廷龙等33人发起筹备"中国语文学会"，并发表《成立缘起》。

1947年，郑先生留有比较齐全的台历日记，内中经常记到顾先生和合众图书馆。由于看这些原始记录实际比看后人的记述更为真实生动，这里就直接作些摘录，必要时加些说明。

1月17日："又至合众，阅其所得日文考古书。"2月2日："五时许，访起潜，未遇。"2月3日："晨，至合众图书馆借书七种。"2月4日："向'合众'借书五册。"2月15日："十时许，至合众，至森老（徐森玉）处。"2月21日："（夜）八时，送书六本还起潜。"3月25日："起潜来。"4月23日："（下午）归途，至起潜处小坐。"4月27日："晨，……森老来，谈甚畅，偕至合众，借来'文物清理会'目录'引用书目'一册，其中各书，余已十有其九，甚为高兴。"而这天顾先生也有日记："徐森玉、郑振铎来阅《文物目》。此目惟京中张道藩骘其不以物品分类为不佳。徐森玉即作书告其此以备按人提物之资，是宜以人氏为单位。傅斯年、李济之皆赞叹，盖内行也。"这份目录就是《甲午以后流入日本文物之目录》。国民党高官张道藩不懂装懂，遭到徐森玉的批驳。5月30日郑先生日记："六时半，至文桐宅，森老与文桐为我做寿也。至者除玄伯、起潜、葱玉外，皆古书肆中人，如济川、实君等，谈笑甚欢。"6月9日："终日不甚愉快。理书房。西江来谈，交一书单与之，拟出售，不知有售者否？……傍晚，马叔平、森玉、汤临石、起潜、默存、玄伯、守和、存训、葱玉陆续来，谈甚畅，酒喝得不少。"在郑先生心情不愉快并靠出售藏书维持生活的时候，顾、徐等先生应邀来吃饭，给他带来了欢畅。6月18日："访起潜，谈了一会，即归。"8月3日："十一时半，至古拔路访森老，未遇。找起潜。"10月22日："下午，应咸来，慰堂来，默存、起潜来。谈久之。"11月5日："（中午）至大来午餐，森老请客也。有默存、起潜等。……六时许，伯、圣、予诸位来。森、觉、舒新城、李伯嘉及起潜来。在此晚餐，谈极畅。"这一天顾、郑二先生一同吃了两顿饭。据王伯祥日记，郑振铎这天晚上在家请客，是因为向达（觉明）昨天从北平来，住在他家，因此他请几位朋友聚聚。11月10日："一时许，觉明来，偕至起潜处午餐，喝了些酒。"11月30日："晨，……起潜来。"12月18日："十一时许，至合众。"12月19日："夜，森老、默存、以中、起潜、健吾、绍虞、济川诸人，在此晚餐。……谈笑甚欢。"

1947年1月12日郑先生的日记记了去杏花楼吃饭，没写到顾先生名字，其实那天顾先生也去了。可于王伯祥先生日记见之："应以中之约，步往杏花楼。十二时十分始到，卓夫、刚主、良才、西谛已先在。有顷，绥和、起潜及以中之族弟来。知森玉有事不克到（起潜传语），遂开饮。酣饮罄谈，至三时始散。"

1948年上半年，郑先生也留有较详尽的日记。这里就再作些摘录，必要时也加些说明。

1月1日"五时许，至会宾楼晚餐，应慰堂约也。在座者有森老、伯祥、默存、起潜、周宽甫、伯郊、辛笛，及南京中图的人二位，谈颇畅。"1月11日："晨，印零件者来，实君来，森老来。计算欠帐，尚不足应付之，奈何！？……下午，起潜来，送来'合资'六百八十万……"当时郑先生自费印书，经济拮据，顾先生送来合资款，是对郑先生的热情支持。1月13日："晨，森老偕起潜来，阅《挥麈录》，即取去……"1月18日："（中午）至玉佛寺，森老与慰堂请许潜夫，为其补祝七十寿。到叔通、葵初、起潜、钱君诸位。谈笑甚欢。取来梵澄所藏之明刊本水陆道场图，甚为高兴。"1月26日："傍晚，慰堂来，森老来，起潜来，玄伯及Clapp、周连宽、于震寰等连续来，在此晚餐。谈得颇为高兴，酒也喝得不少，但总觉有点不舒服。"2月28日："六时半，至吴湖帆宅晚餐。有魏廷荣、孙邦瑞、起潜、玄伯及森、慰诸人，看米襄阳多景楼诗及黄山谷诗卷。山谷诗一望即知其为伪作。森老云：米卷亦伪也。惟马湘兰致王伯谷札八通，甚佳。又有朱谋垔《画史会要》，亦好。"3月7日："四时许，赴合众图书馆，约诸藏家茶叙也。到者不少。近六时散。"3月8日："慰堂来，起潜来，森老来，在此午餐。"3月13日："午，至起潜处午餐，有森老、慰堂诸位。"3月16日："十一时许，至合众，晤觉明、天木诸人。"4月9日："森老约至九如晚餐，今日觉明诸人从台湾归。五时许，至扬子饭店，晤觉明、天木、森老及庄慕林，偕往九如，谈甚畅，酒喝得不少。起潜亦来。回到旅馆，谈至近十时，至来熏阁小坐。……携台湾展览之俑三箱已送回。"据蒋复璁回忆："三月，教育部组织文化宣慰团，派我担任团长，邀集中央图书馆、中央博物院筹备处以及沪上收藏家，各选择所藏图书文物精品，运抵台湾，在省立博物馆举行文物展览，以宣扬祖国文化。……展览三周后返回南京。台湾受日本军阀统治达五十年之久，本省同胞于光复后首次欣见祖国文物,实具有重大意义。"① 赴台展览文物中就有郑振铎所藏陶俑精品三箱。5 月 24 日:"晨,士保来。家璧约晚餐,为清阁生日也。又开明约于五时许,开董事会并晚餐。均因夜间自己请客,未能去。……六时许,萧乾来,默存夫妇来,嗣群来,起潜来,玄伯来,王崇武偕李君来,森老来。萧乾稍谈即去。谈论古事及版本,甚欢。"5 月 28 日:"下午,……到合众去,未晤起潜。"5 月 29 日:"十二时许,至玄伯宅午餐。有乔大壮、马慕轩、默存、起潜等。"6 月 10 日:"今天为贝十二岁的生日。……六时许,予同、伯祥来,默存来,□与李馨吾来,严文郁来,章克桢来,顾起潜来,周连宽来,在此晚餐。亲戚们则在楼上吃饭。谈得颇痛快。……森老腹疾仍未愈,故未到。"

1948 年 2 月 19 日郑先生日记记了去谢国桢处吃晚饭,没写到顾先生,其实那天顾先生也去了。王伯祥是日日记:"下午四时,西谛来馆。至六时,偕余及予同乘车赴刚主之约,地在南市十六铺里马路恒兴西里廿五号,累问始达。晤其昆弟及起潜、济川。良久乃入席,已七时半矣。同坐尚有刚主之戚颜君、房东韩君,并其他友人丁君、陶君、李君,凡十二人。九时许始罢,又茗谈片晌乃散。"6 月 10 日郑先生在家请客那次,日记中写到顾先生,而王伯祥日记更说明那天郑先生主要是请各图书馆的负责人:"散馆时应西谛之招,与予同附达君车共赴之。七时半开宴,到客十人,除余与予同外,俱为公私立图书馆之主持人。② 其中夙稔者惟默存与起潜耳。本约森玉,以疾未至。宾主畅谈,迄九时始罢。"

1948 年下半年郑先生的日记今未见。我从其他资料中也见到一些二位先生交往的记载,亦摘录于下。

7 月 4 日王伯祥先生日记:"三时许,西谛折简相邀,谓觉民甫自南京大学来,明后日即须乘轮赴津返平,还教北京大学,再来未卜何日已。匆匆约定今晚七时在渠处便酌,并托代约予同。……座谈有顷,客陆续至:刚主兄弟先来,觉民继至,默存、玄伯、起潜亦先后到,予同则最后至。因合坐小饮畅谈,至近十时始散。"8 月 25 日叶圣陶先生日记:"傍晚,偕伯祥、予同、达君至振铎家,应其招宴。主客为潘光旦、陈梦家二君,余人亦多熟识。"这"余人"中就有顾先生,因同日王伯祥日记:"散馆后应西谛之邀,与圣陶、予同共载以赴之,有顷默存至、森玉至、潘光旦至、起潜至、陈梦家至、达君至、祖文至,最后孙瑞璜至,七时半始入坐,且饮且谈,观默存与梦家斗口,致趣也。九时许乃罢,又坐至近十时始与予同共乘以归。"1949 年 1 月 17 日顾颉刚先生日记:"赴叶揆初先生之宴,八时半归。同席者:适之先生、振铎、徐森玉先生、钱默存、张芝联、起潜叔、鸣高叔。"

在中国人民解放战争取得节节胜利的大好形势下,1948 年 5 月 1 日,中共中央发布口号,号召各民主党派、各人民团体及社会贤达,迅速召开新的政治协商会议,讨论并实现召集人民代表大会,成立民主联合政府。郑振铎坚决拥护党的号召。1949 年 2 月,他在地下党的安排下,秘密离沪

---

① 《我与中央图书馆》。
② 代表之图书馆为国立中央图书馆、国立北京图书馆、国立罗斯福图书馆、上海市立图书馆、上海私立合众图书馆等五所。

南下，绕道香港，再乘船北上参加新政治协商会议。2月26日，晚上，香港地下党组织将他的行李秘密搬上轮船；白天，为保证他的安全，又几度搬迁住处。他马上要离港北上了，而就在这样紧张的时刻，郑先生给顾先生写了一封信："临行匆匆，未及造府告别，歉甚，歉甚！……玄览堂三集事盼兄鼎力主持，如不能续印下去，则仅此四十册亦可成书，乞商之慰堂兄为荷。近来有见到好书否？此间文化程度甚低，除新书外，古书差不多看不到一本……"可见郑先生与顾先生在任何时刻，谈不完的就是古书，好书。信中提到的《玄览堂丛书》，是郑先生在抗战时期化名主编影印的明季史料丛书；其第三集是抗战胜利后影印的，此时还没有印完，郑先生便郑重委托顾先生帮他继续印下去，或即以印成者成书。这件事后来就是顾先生做扫尾工作的。郑先生当时还有一部来不及最后完成的《中国古明器陶俑图录》，其已印好的图版也是顾先生帮他妥善保存的，直至三十多年后才正式装订出版。此是后话。顾先生一直珍藏着郑先生在香港写给他的这封信，曾拿给我看，并说他现在只保存了郑先生这样一封信。

建国后，郑先生在北京担任全国政协文教组组长和国家有关文物图书方面的总负责干部，顾先生则一直在上海担任图书馆馆长，他们在工作上当然是经常联系的。如1951年4月，郑先生到上海视察。5月9日，在乐义饭店楼下（时郑振铎住乐义饭店217室），召集上海图书馆、博物馆工作人员开座谈会，郑先生的工作笔记中记了徐中玉、阮学光、金则人、陈世襄、顾廷龙、章景璆、舒新城、杨宽、白蕉、童养年等人的发言。6月7日晚，郑先生宴请华东捐献文物图书人士，出席者为潘世兹、丁惠康、潘景郑、瞿济苍、瞿旭初、瞿凤起、黄源、徐森玉、唐弢、钟林、顾廷龙。这次在上海期间，郑先生曾去看望张元济先生。张元济致顾廷龙信云："前日郑振铎兄来言：商务宜续出《四部丛刊》四编，竭力鼓舞，并言当在京中各图书馆各机关代借善本，未知商务人才物力如何。弟自惭精力不给，姑妄筹备，不知尊处藏本中有无可用之书？既须适合时宜，又须有实用，只可于史、子两部中求之。敬祈举示。"

对于合众图书馆的发展，和后来合并入上海图书馆，及上海图书馆事业的发展，郑先生都是非常关心和支持的。如1953年7月31日，郑先生致徐森玉信中说："廿八日来信奉悉。……合众图书馆扩建书库事，要等上海文化局来文，方能作决定。"1956年4月，郑先生又到上海视察工作，6日郑先生日记："八时半，偕沈之瑜到上海图书馆，……继到合众图书馆，见到王弢稿本一批及刘氏三世从事研究的《左传笺》的稿本。"25日日记："下午三时，到文化俱乐部，向上海图书馆、博物馆及文物工作者们讲话。到者一百多人。约森老、天木、起潜、景郑诸人在红房子晚餐。"5月7日郑先生日记："昨闻中华书局图书馆要分配，颇着急。即通知沈之瑜去了解一下，并拟好电文，要发出。……九时半，到庙弄。顾起潜来谈。"郑先生肯定又与顾先生谈了中华书局图书馆之事。如今，上海辞书出版社图书馆的丰富藏书，在学界、图书馆界颇为知名，实在应该感谢郑先生当年制止将其"分配"的英明指示啊！5月8日郑先生日记："六时，到老半斋，请捐献古钱、碑帖的罗、沈、张等，又请森老、欣甫、起潜、景郑、乃乾、雪村作陪。谈甚畅。欣甫有《管子》校注千余则，可整理出版也。森老搞碑刻事，已与张明善说好，由他担任助手。此是一件大事，必须努力促成之。"这年 11 月,郑先生又到上海视察工作,26 日日记:"下午,……又到历史文献图书馆,见到顾廷龙,看其新辟的书库及阅览室。"这里说的"历史文献图书馆",就是顾先生等人将合众图书馆捐献给国家后所新取的馆名。[①] 11 月 29 日日记:下午,"到历史文献图书馆,晤景郑、起潜,偕到四马路古籍书店,在门市部及仓库,检出了不少要用的书。其中,有《攀古小庐文》,为光绪刊,颇不多见。六时许,偕起潜、小老到新雅晚餐,方行请客也。同席者有予同、方行、辛南、述之、而复、森老、起潜等。"显然,顾先生是郑先生在上海开展图书馆事业的最重要得力的助手。

最后,我还想指出人们大概不会想到的一点:虽然,郑先生在组织上并没有加入共产党,然而,顾先生之走向进步和革命,却是与受到郑先生的影响密切有关的。那可不是我的"创见",而正是顾先生晚年以八旬高龄光荣地加入中国共产党后,在《书海沧桑》一文中自己讲的啊。顾先生真诚地说,在抗战时期办合众图书馆时,"我平时与郑振铎、徐森玉先生往来较密,注意收集革命刊物,我很受他们的影响,对党的景仰之心也逐渐加深了。"

[①] 再后来,该历史文献图书馆又合并到上海图书馆。

顾廷龙先生研究文献目录

陈东辉[①] 严一枫[②]
①浙江大学汉语史研究中心 ②浙江大学中文系

说明：顾廷龙（1904—1998），字起潜，别号匋誃，乃现代著名学者和书法家，在目录学、版本学、图书馆学、文字学等领域成就卓著，并且对中国尤其是上海的图书馆事业作出了巨大贡献。为了纪念顾廷龙先生诞辰110周年，总结历年来关于顾廷龙研究的成绩，并给相关研究者提供资料检索的便利，特编纂本目录。本目录收录中国内地、香港、台湾以及日本刊布的相关研究文献，时间下限为2014年6月（个别文章为2014年7月之后发表）。本目录包括著作，学位论文，著作和学位论文中的相关部分，报刊和文集文章，网络文章五大部分。各部分分别按论著发表之时间先后为序排列。对于报刊和文集文章，除了专门研究顾廷龙先生及其著述之文章均予收录外，如该文章中有较多内容涉及顾廷龙先生及其著述，也酌情予以收录。网络文章中也不乏富有价值之作，本目录酌情收录尚未正式发表并且基本符合学术规范的文章。著作和学位论文中的相关部分，给本目录的编纂增加了不少工作量，并且增加了难度，但这也是本目录的重要特色，可以给读者提供尽可能多的信息。本目录对于研究文献的界定较为宽泛，一些学术性并不很强的著作和文章（含内部出版物）亦予收录，目的是为了给读者提供更多的信息和线索。

专　书

林公武主编：《顾廷龙书法展特刊》，《家园》杂志社1997年编印。

上海图书馆编：《顾廷龙先生纪念文集》，上海科学技术文献出版社1999年版。

沈津编著：《顾廷龙年谱》，上海古籍出版社 2004 年版。

相关学位论文

郁辉：《杨钟羲年谱补编》，华东师范大学中国古典文献学专业博士学位论文，2009 年。
李军：《吴大澂交游新证》，复旦大学中国古典文献学专业博士学位论文，2011 年。
夏连迎：《顾嗣立〈元诗选〉研究》，浙江师范大学中国古代文学专业硕士学位论文，2011 年。
马桓：《〈章氏四当斋藏书目〉研究》，河北大学中国古典文献学专业硕士学位论文，2012 年。
赵林然：《顾廷龙文献学成就研究》，河北大学中国古典文献学专业硕士学位论文，2013 年。

相关图书

汤志钧编：《章太炎年谱长编》，中华书局 1979 年版，中华书局 2013 年增订版。
张元济：《张元济书札》，商务印书馆 1981 年版。
郑德坤、吴天任纂辑：《水经注研究史料汇编》，台湾艺文印书馆 1984 年版。
谷苇：《文坛漫步》，湖南人民出版社 1985 年版。
沙孟海主编：《中国新文艺大系（1976—1982）书法集》，中国文联出版公司 1987 年版。
书法杂志编辑部编：《当代书家墨迹诗文集》，上海书画出版社 1987 年版。
谭卓垣、伦明等著，徐雁、谭华军整理：《清代藏书楼发展史·续补藏书纪事诗传》，辽宁人民出版社 1988 年版。
周志高、戴小京编著：《书法创作》，江苏古籍出版社 1988 年版。
申畅、陈方平、霍桐山、王宏川编：《中国目录学家辞典》，河南人民出版社 1988 年版。
陈智超编注：《陈垣来往书信集》，上海古籍出版社 1990 年版。
武汉大学图书情报学院主编：《中国图书情报工作实用大全》，科学技术文献出版社 1990 年版。
陈从周：《随宜集》，同济大学出版社 1990 年版。
金通达编：《中国当代书法家辞典》，浙江人民出版社 1990 年第 1 版，1994 年第 2 版，2001 年第 3 版。
查志华：《无华小文》，生活·读书·新知上海三联书店 1991 年版。
上海社会科学学会联合会研究室编：《上海社会科学界人名辞典》，上海人民出版社 1992 年版。
曹之：《中国古籍版本学》，武汉大学出版社 1992 年第 1 版，2007 年第 2 版。
刘哲民、陈正文编：《抢救祖国文献的珍贵记录——郑振铎先生书信集》，学林出版社 1992 年版。
上海文艺出版社编：《名人生活》，上海文艺出版社 1992 年版。

中国大百科全书总编辑委员会《本卷》编辑委员会、中国大百科全书出版社编辑部编:《中国大百科全书·图书馆学、情报学、档案学》,中国大百科全书出版社 1993 年版,2002 年版。

周文骏主编:《图书馆学百科全书》,中国大百科全书出版社 1993 年版。

耿云志主编:《胡适遗稿及秘藏书信》,黄山书社 1994 年版。

黑龙江省文史研究馆编:《黑水十三篇》,上海书店出版社 1994 年版。

邓云乡:《水流云在书话》,上海书店出版社 1996 年版。

张元济:《张元济书札》(增订版),商务印书馆 1997 年增订版。

胡孟祥主编:《百家名人名画书法集珍》,黄河出版社 1997 年版。

胡孟祥主编:《百家名人影像墨宝集珍》,黄河出版社 1997 年版。

胡孟祥主编:《百家名人诗词楹联篆刻集珍》,黄河出版社 1997 年版。

《复旦大学档案馆馆藏名人手札选》编辑委员会编:《复旦大学档案馆馆藏名人手札选(1905—1949)》,复旦大学出版社 1997 年版。

李维民主编:《中国人物年鉴 1997》,新华出版社 1997 年版。

《上海文化年鉴》编辑部编辑:《上海文化年鉴 1997》,《上海文化年鉴》编辑部 1997 年编印。

杜宣:《桂叶草堂漫笔》,上海大学出版社 1997 年版。

郑振铎:《郑振铎全集》,花山文艺出版社 1998 年版。

本书编委会编:《名人后代大纪实》,青海人民出版社 1998 年版。

文汇报笔会编辑部编:《面对永恒——笔会文粹 1997》,文汇出版社 1998 年版。

伦明等著,杨琥点校:《辛亥以来藏书纪事诗》,北京燕山出版社 1999 年第 1 版,2008 年第 2 版。

吴仲强主编:《中国图书馆学情报学档案学人物大辞典》,香港亚太国际出版有限公司 1999 年版。

肖东发主编:《中国图书馆年鉴(1999)》,北京图书馆出版社 1999 年版。

卢辅圣主编:《近代字画市场实用辞典》,上海书画出版社 1999 年版。

沈建中摄影、撰文:《世纪肖像》,天津教育出版社 1999 年版。

燕京大学校友校史编写委员会编,张玮瑛、王百强、钱辛波主编:《燕京大学史稿(1919—1952)》,人民中国出版社 1999 年版。

陈从周著,黄昌勇、许锦文编:《陈从周散文》,同济大学出版社 1999 年版。

杜宣:《秋夜流萤》,黑龙江人民出版社 1999 年版。

潘旭澜主编:《上海五十年文学创作丛书:散文卷二》,上海文艺出版社 1999 年版。

新民晚报副刊部编:《夜光杯文粹(1992—1998)》,上海远东出版社 1999 年版。

文汇报笔会编辑部编:《掌上烟云——笔会文粹 1998》,文汇出版社 1999 年版。

上海图书馆历史文献研究所编:《历史文献》,上海科学技术文献出版社 1999 年版。

程道德主编:《二十世纪中国文化名人墨迹》,北京出版社 2000 年版。

王世伟：《图书馆学文献学论丛》，上海书店出版社 2000 年版。

《上海文化年鉴》编辑部编辑：《上海文化年鉴 2000》，《上海文化年鉴》编辑部 2000 年编印。

《解放日报》朝花副刊编：《朝花——散文随笔精选（1997—1999）》，文汇出版社 2000 年版。

唐振常：《唐振常散文》，浙江文艺出版社 2000 年版。

张世林编：《学林往事》下册，朝华出版社 2000 年版。

陆承曜主编：《传统文化研究》，白山出版社 2000 年版。

顾廷龙述，刘小明整理：《顾廷龙学述》，浙江人民出版社 2000 年版。

于连成编：《近百年书画名人印鉴》，荣宝斋出版社 2001 年版。

张永明编著：《书法创作大典·篆书卷》，新时代出版社 2001 年版。

潘亦孚编著：《百年文人墨迹：亦孚藏品》，复旦大学出版社 2001 年版。

王仁宇编著：《苏州名人故居》，西安地图出版社 2001 年版。

燕京研究院编：《燕京大学人物志》，北京大学出版社 2001 年版。

王元化：《集外旧文钞》，上海文艺出版社 2001 年版。

冯其庸：《墨缘集》，黑龙江教育出版社 2001 年版。

盛巽昌主编：《20 世纪中华学人与读书》，上海科学技术文献出版社 2001 年版。

周昭京：《中外名人风采录》，汕头大学出版社 2001 年版。

广东省立中山图书馆编：《广东省立中山图书馆馆藏名人手札选萃》，商务印书馆 2002 年版。

沈鸿根：《现代书法名家作品鉴赏》，重庆出版社 2002 年版。

倪文东主编：《二十世纪中国书画家印款辞典》，世界图书出版西安公司 2002 年版。

倪文东主编：《20 世纪中国书画家印款小词典》，世界图书出版西安公司 2002 年版。

中国史学会中国历史学年鉴编辑部编：《中国历史学年鉴 1999》，生活·读书·新知三联书店 2002 年版。

潘景郑：《著砚楼读书记》，辽宁教育出版社 2002 年版。

范敬宜：《敬宜笔记》，文汇出版社 2002 年版。

冯其庸：《剪烛集》，山西人民出版社 2002 年版。

上海图书馆编：《我与上海图书馆》，上海科学技术文献出版社 2002 年版。

潘树广：《学林漫笔》，东南大学出版社 2002 年版。

萧斌如：《与文化名人同行》，上海科学技术文献出版社 2002 年版。

顾廷龙：《顾廷龙文集》，上海科学技术文献出版社 2002 年版。

周志高、杨宪金、梁石主编：《中国当代楹联墨宝精鉴》，西苑出版社 2003 年版。

施宣圆主编：《中华学林名家访谈》，文汇出版社 2003 年版。

张元济著，张人凤辑：《中华民族的人格》，辽宁教育出版社 2003 年版。

胡适著，耿云志、欧阳哲生整理：《胡适全集·书信（1929—1943）》，安徽教育出版社 2003

年版。

施宣圆主编：《中华学林名家访谈》，文汇出版社2003年版。

周瑞金：《宁做痛苦的清醒者》，文汇出版社2003年版。

郭若愚：《落英缤纷：师友忆念录》，上海书画出版社2003年版。

沈建中摄影、撰文：《文化中国：二十世纪中国文化影像集》，广西民族出版社2004年版。

翁长松：《名人和书》，汉语大词典出版社2004年版。

王其兴主编：《千年古镇银南翔》，上海辞书出版社2004年版。

蒋昌忠主编：《湖北省图书馆百年馆庆名家书画集》，北京图书馆出版社2004年版。

邓云乡：《云乡话书》，河北教育出版社2004年版。

杜宣：《杜宣文集》，上海文艺出版社2004年版。

中国图书馆学会编：《中国图书馆事业百年》，北京图书馆出版社2004年版。

王世伟主编：《历史文献论丛》，上海社会科学院出版社2004年版。

陈燮君、盛巽昌主编：《20世纪图书馆与文化名人》，上海社会科学院出版社2004年版。

齐鲁书社编：《藏书家》，齐鲁书社2004年版。

陈梦熊：《文幕与文墓》，东南大学出版社2004年版。

缪其浩主编：《网络时代的图书馆：理论学术年刊》，上海科学技术文献出版社2004年版。

王世伟主编：《历史文献论丛》，上海社会科学院出版社2004年版。

吴谷平主编：《听听那风声》，文汇出版社2004年版。

林公武：《夜趣斋读书录》，河北教育出版社2005年版。

李玉安、黄正雨编著：《中国藏书家通典》，中国国际文化出版社2005年版。

上海书画出版社编：《近代字画市场辞典》（修订版），上海书画出版社2005年版。

赵寒成：《品鉴近现代字画真赝鉴识特辑》，上海画报出版社2005年版。

熊月之主编：《上海名人名事名物大观》，上海人民出版社2005年版。

萧乾主编，中央文史研究馆编：《黑水十三篇》，中华书局2005年版。

王绍曾：《目录版本校勘学论集》，上海古籍出版社2005年版。

王世伟主编：《图书馆服务创新与发展论丛》，上海社会科学院出版社2005年版。

来新夏：《遂谷书缘》，河北教育出版社2005年版。

刘小岩编：《翰墨情缘》，北京师范大学出版社2006年版。

陈智超、曾庆瑛编：《陈垣先生遗墨》，岭南美术出版社2006年版。

梅冷生撰，潘国存编：《梅冷生集》，上海社会科学院出版社2006年版。

《长江三角洲年鉴》编辑部编：《长江三角洲年鉴2005》，线装书局2006年版。

张志欣编著：《国家限制作品出境著名书画家图典》，河北美术出版社2006年版，山东美术出版社2011年版。

慈溪市文学艺术界联合会编：《纪念陈之佛诞辰110周年书画展作品集》，上海人民美术出版社2006年版。

沈津：《书韵悠悠一脉香：沈津书目文献论集》，广西师范大学出版社2006年版。

《图书馆研究与工作》编辑部编：《〈图书馆研究与工作〉论文选（2000—2005）》，浙江人民出版社2006年版。

沈津：《书城风弦录：沈津读书笔记》，广西师范大学出版社2006年版。

王世伟主编：《城市图书馆发展论丛》，上海社会科学院出版社2006年版。

上海水乡书画院编，林子序主编：《上海书画家名典》，上海人民美术出版社2007年版。

胡铁军主编：《百年苏中》，苏州大学出版社2007年版。

姚昆群、昆田、昆遗编：《姚光全集》，社会科学文献出版社2007年版。

程秉海主编，王琪森撰稿：《海上翰墨雅韵：园庙市楹联匾额集赏》，文汇出版社2007年版。

李经国编：《沐雨楼来鸿集——杨仁恺先生友朋书札》，北京图书馆出版社2007年版。

王湜华：《音谷谈往录》，中华书局2007年版。

张元济：《张元济全集》，商务印书馆2007年版。

张谨编：《周恩来纪念地馆藏书画精品集》，江苏美术出版社2007年版。

胡孟祥主编：《大师情缘：胡孟祥珍藏书画集》，学苑出版社2007年版。

王元化：《王元化集》，湖北教育出版社2007年版。

来新夏：《邃谷师友》，上海远东出版社2007年版。

宋木文：《亲历出版三十年——新时期出版纪事与思考》，商务印书馆2007年版。

方继孝：《旧墨三记——世纪学人的墨迹与往事》，北京图书馆出版社2007年版。

张本义主编：《大连图书馆百年纪念学术论文集》，万卷出版公司2007年版。

《寻根》杂志社编：《寻根寄语：名家墨宝》，大象出版社2008年版。

陆永建、刘达友编著：《武夷山书法大观》，海风出版社2008年版。

《华东师范大学年鉴》编纂委员会编：《华东师范大学年鉴2006》，华东师范大学出版社2008年版。

江苏省瞿秋白研究会、中共常州市委宣传部、瞿秋白同志纪念馆编：《纪念瞿秋白题词书画集》，中央文献出版社2008年版。

郑伟章编著：《书林丛考》（增补本），岳麓书社2008年版。

俞子林主编：《那时文坛》，上海书店出版社2008年版。

钱存训：《留美杂忆——六十年来美国生活的回顾》，黄山书社2008年版。

王世伟：《历史文献研究》，国家图书馆出版社2008年版。

王世伟主编：《城市图书馆公共文化服务体系论丛》，上海社会科学院出版社2008年版。

朱万曙主编：《古籍研究》，安徽大学出版社2008年版。

苏州市政协文史委员会编：《苏州近现代人物》，古吴轩出版社 2008 年版。

孙小金主编：《名人后代大追踪》，中国古籍出版社 2009 年版。

李一、陈政、任平总主编，董立军主编：《共和国书法大系·书家卷·上》，江西美术出版社 2009 年版。

张之江：《一辈子的记者：之江六十年采写生涯纪实》，文汇出版社 2009 年版。

《上海文化年鉴》编辑部编：《上海文化年鉴 2009》，《上海文化年鉴》编辑部 2009 年编印。

冯其庸：《瓜饭集》，商务印书馆 2009 年版。

钱存训：《东西文化交流论丛》，商务印书馆 2009 年版。

萧斌如编著：《60 印记：中国文化名人与上海》，上海人民美术出版社 2009 年版。

张世林：《大师的侧影》，中华书局 2009 年版。

沈津：《老蠹鱼读书随笔》，广西师范大学出版社 2009 年版。

王世伟主编：《图书馆服务标准论丛》，上海社会科学院出版社 2009 年版。

倪文东、郭方宏编著：《二十世纪中国书画家印款小辞典》，世界图书北京出版公司 2010 年版。

盛巽昌、张锡昌主编：《话说上海》，学林出版社 2010 年版。

顾颉刚：《顾颉刚全集》，中华书局 2010 年版。

刘国新、贺耀敏、刘晓等主编：《中华人民共和国史长编》，天津人民出版社 2010 年版。

东吴大学上海校友会、苏州大学上海校友会编：《东吴春秋：东吴大学建校百十周年纪念》，苏州大学出版社 2010 年版。

来新夏：《交融集》，岳麓书社 2010 年版。

周正平：《上海艺林往事》，上海辞书出版社 2010 年版。

陈左高：《文苑人物丛谈》，上海远东出版社 2010 年版。

天一阁博物馆编：《天一阁文丛》，浙江古籍出版社 2010 年版。

范敬宜：《范敬宜文集·敬宜笔记》，清华大学出版社 2011 年版。

胡道静著，虞信棠、金良年编：《胡道静文集·序跋题记·学事杂忆》，上海人民出版社 2011 年版。

张世林编著：《大师绝响》，北京联合出版公司 2011 年版。

朱洪：《步步莲花：赵朴初佛缘人生》，当代中国出版社 2011 年版。

管继平：《纸上性情：民国文人书法》，上海辞书出版社 2011 年版。

厦门大学选编：《厦门大学馆藏书画珍品》，厦门大学出版社 2011 年版。

沈津：《书林物语》，上海辞书出版社 2011 年版。

冯其庸：《冯其庸文集》，青岛出版社 2012 年版。

钱存训：《回顾集：钱存训世纪文选》，广西师范大学出版社 2012 年版。

潘树广：《潘树广自选集》，江苏大学出版社 2012 年版。

来新夏：《不辍集》，商务印书馆 2012 年版。

唐振常著，唐明、饶玲一编：《唐振常文集》，上海社会科学院出版社 2013 年版。

汤志钧：《汤志钧史学论文集》，上海社会科学院出版社 2013 年版。

毛晓阳：《清代江西进士丛考》，江西高校出版社 2014 年版。

报刊文章

丁山：《与顾起潜先生论说文重文书》，《国立第一中山大学语言历史学研究所周刊》第 1 集第 4 期，1927 年 11 月。

玉府：《新书介绍：吴愙斋先生年谱（顾廷龙著）》，《图书季刊》第 2 卷第 1 期，1935 年 3 月。

风：《新书介绍：古匋文孴录（顾廷龙著）》，《图书季刊》第 3 卷第 3 期，1936 年 9 月。

钱玄同：《与顾起潜书》，《制言》第 50 期，1939 年 3 月。

谷苇：《顾廷龙谈胡适遗著》，《书林》1980 年第 3 期。

徐英：《终日为读者操劳的人——记上海图书馆馆长顾廷龙》，《文汇报》1982 年 3 月 8 日。

张之江：《埋首书城五十年——顾廷龙一生的志趣与爱好》，《新民晚报》1982 年 6 月 30 日。

郑丽芸：《从篆书作品"养新"谈起》，《书与画》1986 年第 1 期。

林其锬：《从图书馆工作角度谈文献——顾廷龙、李希泌两先生的一次对话》，《文献》1986 年第 3 期。

王世伟：《我的导师顾廷龙》，《华东师范大学校报》第 190 期，1986 年 11 月 30 日。

吴织：《书海五十年——记顾廷龙馆长》，《图书馆学通讯》1987 年第 1 期。

刘庆云：《他象一部书——记顾廷龙》，《行政与人事》1987 年第 4 期。

柳曾符：《胸中原有云烟气 腕力遒时字始工——记顾廷龙先生和他的书法艺术》，《书法》1987 年第 4 期。

秋水（朱伟）：《顾廷龙与图书目录研究》，《文汇报》1987 年 4 月 14 日。

陈东辉：《上海图书馆名誉馆长顾廷龙先生等在杭讲学》，《图书馆研究与工作》1990 年第 1 期。

徐惠：《顾廷龙先生为〈吴县志〉题写书名》，《苏州史志资料选辑》1990 年第 2 期。

孙秉良：《顾廷龙先生和他的书法艺术》，《知识与生活》1991 年第 3 期。

宋路霞、舒康鑫：《书城宿将顾廷龙》，《上海滩》1992 年第 2 期。

佚名：《上图祝贺顾廷龙先生从事图书馆事业 60 周年》，《图书馆杂志》1992 年第 6 期。

施宣圆：《岁老根弥壮》，《新民晚报》1992 年 11 月 24 日。

佚名：《著名图书馆事业家、书法家顾廷龙先生小传》，《江苏图书馆学报》1993 年第 1 期。

邓云乡：《胡、顾〈水经注〉函札》，《读书》1994 年第 2 期。

李文：《顾廷龙馆长在抗日战争中——纪念抗日战争胜利五十周年》，《图书馆杂志》1995 年第 6 期。

王大象:《顾廷龙谈钱穆与〈读史方舆纪要〉稿本》,《学术月刊》1995 年第 7 期。

林公武:《京城访顾廷龙先生》,《书法报》1995 年 10 月 4 日。

王湜华:《奖掖后进的顾廷龙》,《书城杂志》1996 年第 1 期。

董寿琪:《顾廷龙和苏州园林》,《苏州园林》1996 年第 3、4 期合刊。又见《人民政协报》1997 年第 5 期。

王元化:《〈顾廷龙书法选集〉序》,载王鹤鸣、马远良、陈燮君主编:《顾廷龙书法选集》卷首,上海图书馆 1996 年编印。后更名为《起潜先生书法选集序》,《解放日报》1997 年 1 月 7 日。

林公武:《典雅肃雍,浑朴凝重:浅析顾廷龙的书法艺术》,《人民日报》(海外版)1996 年 5 月 25 日。

范敬宜:《一张名片五十年》,《新民晚报》1996 年 10 月 31 日。

林公武、张善文:《典雅浑朴 学者风姿》,《书法报》1996 年 12 月 4 日。

林伟平:《举重若轻话沧桑——访文化老人顾廷龙》,《新民晚报》1996 年 12 月 18 日。

王大象、施宣圆:《老馆长圆梦——访上图名誉馆长顾廷龙先生》,《文汇报》1996 年 12 月 19 日。

杜宣:《记顾廷龙先生》,《新民晚报》1996 年 12 月 20 日。

李菁:《顾廷龙书法作品古朴典雅》,《新民晚报》1996 年 12 月 20 日。

张立行:《顾廷龙书法展举行》,《文汇报》1996 年 12 月 21 日。

杨泰伟:《"顾廷龙书法展"昨天揭幕》,《劳动报》1996 年 12 月 21 日。

杨泰伟:《"顾廷龙书法展"在沪揭幕》,《上海侨报》1996 年 12 月 24 日。

林公武:《书林中之诸葛孔明》,《劳动报》1996 年 12 月 26 日。

沈津:《贺顾师廷龙先生书法展》,《新民晚报》1996 年 12 月 27 日。

王世伟:《顾廷龙老馆长与古籍整理》,《新民晚报》1996 年 12 月 29 日。

林其锬:《"流到前溪无半语,在山做得许多声":顾廷龙先生与〈刘子集校〉》,《浦江同舟》1997 年第 2 期。

陈从周:《顾廷龙先生书法》,《书与画》1997 年第 3 期。

陈先行:《闲说顾廷龙先生的书法与饮酒》,《书与画》1997 年第 3 期。

王鹤鸣:《乔石委员长谈毛泽东主席与顾廷龙先生的一件往事》,《上海图书馆、上海科技情报研究所动态》1997 年第 2 期。

杨泰伟:《顾廷龙和他的书法艺术》,《中国书法》1997 年第 3 期。

陈燮君:《"遨游书海入书坛"的世纪老人——关于顾廷龙先生书法艺术的思考》,《上海艺术家》1997 年第 Z1 期。

佚名:《顾廷龙书法展在上海图书馆新馆举行》,《书法》1997 年第 3 期。

张世林:《忘年交》,《群言》1997 第 4 期。

韩天衡：《是明月，是山泉》，《家园》杂志社 1997 年编印。

包萍俊：《顾廷龙学术成就暨书法艺术研讨会在上海召开》，《书法导报》1997 年 1 月 8 日。

余传诗：《老学者顾廷龙 93 岁举办个人书法展》，《光明日报》1997 年 1 月 9 日。

周瑞金：《总编辑与书法大师：顾廷龙、范敬宜》，《文汇报》1997 年 1 月 12 日。

沈士君：《顾廷龙书法展在沪举行》，《书法导报》1997 年 1 月 15 日。

邓云乡：《父子学人》，《新民晚报》1997 年 3 月 26 日。

宫苏艺：《顾廷龙：文化名人》，《中华读书报》1997 年 4 月 9 日。

曹培根：《顾廷龙先生与〈合众图书馆丛书〉》，《图书馆学刊》1998 年第 1 期。

杜泽逊：《怀念顾廷龙先生》，《山东图书馆季刊》1998 年第 3 期。

胡道静：《顾老与古籍版本目录学》，《图书馆杂志》1998 年第 5 期。

王鹤鸣：《书林薪火千秋耀——深切悼念顾廷龙先生》，《图书馆杂志》1998 年第 5 期。

方全林：《在顾廷龙同志追思会上的讲话》，《图书馆杂志》1998 年第 5 期。

王世伟：《顾廷龙先生逝世前后追记》，《图书馆杂志》1998 年第 5 期。

上海图书馆、上海科技情报研究所：《沉痛悼念顾廷龙同志》，《图书馆杂志》1998 年第 5 期。

本刊讯：《著名图书馆事业家、古籍版本目录学家、书法家顾廷龙同志逝世》，《江苏图书馆学报》1998 年第 5 期。

佚名：《顾廷龙同志逝世》，《中国图书馆学报》1998 年第 6 期。

艾冲：《忆顾老：顾廷龙》，《上海文化史志通讯》总第 50 期，1998 年。

杜泽逊：《顾廷龙先生生平学术述略》，台湾《书目季刊》第 32 卷第 3 期，1998 年 12 月。

陈先行：《顾廷龙生平述略》，载王鹤鸣、马远良主编：《1998 理论学术年刊》，图书馆杂志编辑部 1998 编印。

《顾廷龙与苏州史志》，载苏州市地方志编纂委员会办公室、苏州市政协学习和文史委员会编：《苏州史志资料选辑》1998 年刊（总第 23 辑），《苏州史志资料选辑》编辑部 1998 年编印。

陈燮君：《心地处处见清澄——深切悼念顾廷龙先生》，《新民晚报》1998 年 8 月 27 日。

佚名：《京城各界人士为顾廷龙送行》，《光明日报》1998 年 8 月 29 日。

陈燮君：《坐拥书城放眼量：深切悼念上图名誉馆长顾廷龙先生》，《文汇报》1998 年 8 月 31 日。

鲍义来：《顾廷龙先生二三事》，《新安晚报》1998 年 9 月 1 日。又见《文艺报》1998 年 11 月 10 日。

张树年：《怀念起潜兄》，《文汇读书周报》1998 年 9 月 12 日。

王世伟：《顾老晚年的三次上海之行》，《人民政协报》1998 年 9 月 14 日。

唐振常：《顾老三封信》，《文汇报》1998 年 9 月 16 日。

陈燮君：《无声之诗吟经纶：深切悼念上图名誉馆长顾廷龙先生》，《上海文化报》1998 年 9 月 25 日。

王湜华：《二十五年鱼雁多——追念顾廷龙先生》，《邮政周报》1998年10月8日。

李希泌：《聆公一席话 胜读十年书：深切缅怀顾廷龙先生》，《北京图书馆馆刊》1999年第1期。

郑伟章：《记文献渊薮顾廷龙先生》，《中国图书馆学报》1999年第5期。

王世伟：《顾廷龙先生与上海图书馆》，《新民晚报》1999年8月21日。

林其锬：《怀念顾老——记顾廷龙先生二三事》，《世纪书窗》2000年第3期。

邱嘉伦：《花落还开 水流不断——赵朴老与顾廷龙先生聚会侧记》，《佛教文化》2000年第3—4期。

沈津：《学术事功俱隆 文章道德并富——回忆先师顾廷龙先生》（上），《文献》2000年第3期。

沈津：《学术事功俱隆 文章道德并富——回忆先师顾廷龙先生》（下），《文献》2000年第4期。

冯其庸：《文章尚未报白头——怀念苏局仙、谢无量、张伯驹、顾廷龙、沈裕君诸先生》，《中国书法》2001年第11期。

王世伟：《坐拥书城利他人——顾廷龙的读书治学生涯》，《社会科学报》2001年3月1日。

钱存训：《怀念顾廷龙先生》，《国家图书馆学刊》2002年第4期。

沈津：《〈顾廷龙年谱〉编纂小记》，《国家图书馆学刊》2004年第3期。

王世伟：《论顾廷龙先生的护书精神》，《图书馆论坛》2004年第6期。

王世伟：《论顾廷龙先生对中国现代图书馆事业的贡献》，《图书馆杂志》2004年第9期。

杜泽逊：《顾廷龙先生与〈四库存目〉研究》，《图书馆杂志》2004年第10期。

白莉蓉：《古籍版本学界的长者——周叔弢与顾廷龙》，《图书馆杂志》2004年第10期。

陈燮君：《顾廷龙：从"书缘"到"图书馆缘"》，《图书馆杂志》2004年第10期。

王煦华：《〈顾廷龙年谱〉序》，《图书馆杂志》2004年第9期。

沈津：《〈顾廷龙书题留影〉序一》，《图书馆杂志》2004年第9期。

汤志钧：《永恒的怀念——纪念顾廷龙先生诞辰一百周年》，《文汇读书周报》2004年10月1日、8日。

姜小玲：《纪念顾廷龙诞辰100周年》，《解放日报》2004年10月13日。

本报讯：《顾廷龙诞辰百年座谈会昨举行 周和平殷一璀表示祝贺》，《新民晚报》2004年10月13日。

沈怀玉：《顾廷龙先生与无为县图书馆》，《图书馆工作》2005年第2期。

王世伟：《顾廷龙先生之〈集韵〉研究》，《图书馆研究与工作》2005年第2期。

王世伟：《古籍整理应重视祖本、校勘与版本源流——读顾廷龙与钱存训书信札记》，《图书与情报》2005年第2期。

曹志敏、史明文：《顾廷龙古籍整理理论初探》，《贵州文史丛刊》2005年第2期。

沈津：《顾廷龙与〈合众图书馆丛书〉》，《新世纪图书馆》2005年第4期。

言文：《〈顾廷龙书题留影〉》，《图书馆杂志》2005年第5期。

刘尚恒:《一代宗师,千秋式范——读〈顾廷龙年谱〉感言》,《图书馆杂志》2005 年第 11 期。

王雨霖:《〈顾廷龙年谱〉举正》,《博览群书》2005 年第 11 期。

王世伟:《顾廷龙离京来沪创办图书馆》,《文汇读书周报》2005 年 10 月 28 日。

来新夏:《顾廷龙先生与版本目录学》,《新世纪图书馆》2006 年第 1 期。

《顾廷龙:识书、熟书与藏书》,《出版人·图书馆与阅读》2006 年第 1 期。

王世伟:《影响顾廷龙先生学术生涯的几件事》,《国家图书馆学刊》2006 年第 2 期。

王京州、张永胜:《顾廷龙与合众图书馆》,《图书与情报》2006 年第 3 期。

吴建伟:《顾廷龙先生版本学思想述略》,《兰州学刊》2006 年第 6 期。

王世伟:《顾廷龙早年的弃理从文》,《文汇读书周报》2006 年 4 月 7 日。

《豆棚闲话:顾廷龙的两次选择》,香港《文汇报》2006 年 6 月 9 日。

徐雁:《学有师而力愈勤,薪虽尽而火已传——读沈津新著三题》,《中国典籍与文化》2007 年第 3 期。

姜庆刚、王妙转:《读顾廷龙先生几封未刊信》,《图书馆杂志》2007 年第 5 期。

姜庆刚、王妙转:《六十年前李小缘与顾廷龙先生信札》,《图书馆杂志》2007 年第 6 期。

吴铭能:《读沈津〈顾廷龙年谱〉》,台湾《古今论衡》第 16 期,2007 年 6 月。

星明:《顾廷龙书信现扬城》,《扬州晚报》2008 年 7 月 17 日。

施宣圆:《想起顾廷龙先生》,《文汇读书周报》2008 年 10 月 17 日。

施宣圆:《顾廷龙救书》,《党政论坛》2009 年第 2 期。又见《党政论坛》(干部文摘)2009 年第 1 期。

任雅君:《张元济与顾廷龙交谊述略》,《图书馆杂志》2009 年第 7 期。

黄嬿婉:《顾廷龙与〈四库全书〉》,《图书馆工作与研究》2009 年第 8 期。

王世伟:《合众图书馆的三位主要创办人》,《文汇读书周报》2009 年 4 月 24 日。

陈其弟:《版本目录学泰斗顾廷龙》,《姑苏晚报》2009 年 6 月 16 日。

柯达:《顾廷龙赠我"多闻阙疑"四字》,《世纪》2010 年第 6 期。

萧斌如:《〈《骆驼祥子》手稿本〉问世始末》,《档案春秋》2010 年第 7 期。

宋路霞:《"新旧杂糅"胡适之》,《档案春秋》2010 年第 8 期。

[日]高桥智:《顾廷龙批注〈涵芬楼烬余书录〉——中国版本学资料研究》,日本《斯道文库论集》第 45 辑,2010 年。

陈幼华、李歆、杜桂林:《顾廷龙图书馆学思想探微》,"第十届海峡两岸图书资讯学学术研讨会"(南京)论文,2010 年 7 月。

陆承曜:《难忘的论文指导——忆古籍目录学家、书法家顾廷龙》,《苏州日报》2010 年 3 月 12 日。

《草桥名人顾廷龙》,《苏州日报》2010 年 4 月 26 日。

陆承曜:《顾廷龙的乡谊》,《苏州日报》2010 年 5 月 28 日。

李巨川：《唯亭顾》，《江苏地方志》2011年第3期。

陈幼华、李歆、郝雁：《顾廷龙图书馆学思想述略》，《图书情报知识》2011年第5期。

张军：《顾廷龙的学问与书法》，《收藏》2011年第7期。

俞菁、褚馨：《潘昌煦档案再添新藏〈芯庐遗集〉由学生顾廷龙编印》，《姑苏晚报》2012年9月14日。

邹绵绵：《孝养娱亲"采衣"匾 勉励后学"读书图"》，《收藏界》2013年第1期。

丁小明、柳和城：《南宋龙舒郡本〈金石录〉公藏始末——赵世暹致顾廷龙书札四通考释》，《文献》2013年第4期。

仇家京：《〈宋元明清精刻善本书影集锦〉——顾廷龙、潘景郑等题跋述略》，《图书馆理论与实践》2013年第11期。

郑培凯：《顾廷龙的字》，香港《苹果日报》2013年7月28日。又见《东方早报》2013年11月3日。

王毅：《雪泥鸿爪忆顾老》，《新民晚报》2013年11月24日。

汤雄：《顾廷龙火中取栗救文珍》，《姑苏晚报》2014年3月16日。

王毅：《顾老的信》，《新民晚报》2014年6月6日。

沈津：《顾师廷龙先生书扇》，《南方都市报》2014年7月1日。

王世伟：《纵一苇之所如 凌万顷之茫然——跟随顾廷龙先生治学二三事》，《文汇读书周报》2014年7月28日。

网络文章

散霞：《版本目录专家顾廷龙》，

http://www.archives.sh.cn/shjy/hsrw/201203/t20120313_6185.html

佚名：《江南无二顾》（第三部）中的《中国版本、目录学家顾廷龙》，

http://gjmbk1954.blog.163.com/blog/static/20558101120129177371 0439/

毛伟：《升旗仪式："新学春秋"之传道名师——图书馆事业家顾廷龙》，

http://www.szzx1000.com/dtlview.asp？ c=39&id=4349，

陆君云：《名人：顾廷龙》，

http://bbs.lnd.com.cn/thread-1088787-1-1.html

上海市图书馆学会：《纪念顾廷龙先生逝世十周年座谈会在上海图书馆举行》，

http://www.libnet.sh.cn/tsgxh/list/list.aspx？ id=5138

苏州市第一中学：《纪念校友顾廷龙先生百年诞辰》，

http://www.sz1z.com/xq/ReadNews.asp？ NewsID=338

郭青:《一笔一划总关情:谨以此拙文纪念顾廷龙先生逝世十周年》,

http://blog.sina.com.cn/s/blog_5d75e4a30100bwbm.html

李科达:《顾廷龙先生的一点印象》,

http://shszx.eastday.com/node2/node4810/node4851/node4864/u1ai60508.html

沈津:《顾廷龙先生的一篇佚文》,

http://blog.sina.com.cn/s/blog_4e4a788a0102uy0l.html

沈津:《顾廷龙先生为我写的推荐信》,

http://blog.sina.com.cn/s/blog_4e4a788a0100o1hj.html

陈静:《学者顾廷龙五言书法诗作展出》,

http://cul.china.com.cn/2013-05/19/content_5963406.htm

悠哉游哉之走遍苏州:《"顾廷龙故居"复泉山馆》,

http://blog.sina.com.cn/s/blog_5d227d5c0100mve6.html

瑜轩:《顾廷龙至张珍怀信札》,

http://blog.tianya.cn/blogger/post_show.asp？idWriter=0&Key=0&BlogID=1781118&PostID=17962395

图林老姜:《纪念合众图书馆创办七十周年》,

http://blog.sina.com.cn/s/blog_4b04e3970100emzv.html

《书坛耆宿 顾廷龙》(视频),

http://v.youku.com/v_show/id_XODI3MzE4Mjg=.html

顾廷龙画传

顾廷龙画传

———— 陈 雷 ————
上海图书馆

顾廷龙（1904—1998），字起潜，号匋誃，江苏苏州人。上海持志大学文学学士，北平燕京大学研究院国文系硕士。历任燕京大学图书馆采访部主任，私立合众图书馆总干事、董事，上海历史文献图书馆馆长，上海图书馆馆长。曾任中国图书馆学会第一、二、三届副理事长，国务院古籍整理规划小组顾问，文化部国家文物鉴定委员会委员，中共上海市委宣传部特邀研究员，华东师范大学、复旦大学兼任教授，上海图书馆名誉馆长。上海市第三、四、五届人民代表大会代表，上海市第五、六届政治协商会议常务委员会委员。

著有《吴愙斋年谱》、《古匋文舂录》、《章氏四当斋藏书目》，编有《明代版本图录初编》（与潘景郑合编）、《尚书文字合编》（与顾颉刚合编）、《卷盦书跋》、《叶景葵杂著》、《涉园序跋集录》、《王同愈集》等。并先后主编了《合众图书馆丛书》、《中国丛书综录》、《中国古籍善本书目》、《清代硃卷集成》、《续修四库全书》等。

顾氏家族自明成化间始迁长洲之唯亭沙河，一世祖讳升（允斋），且耕且读终其身，足不履城市，布衣蔬食，如庵居焉。乡之人相与敬而慕之，因以姓姓其地，易名顾港。

父顾元昌（1876—1933），原名先昌，字仲平，号竹庵，又号卓庵，晚号冰谷。苏州人。早年两登首选不获隽，遂弃举子业，有志于经世之学。于苏州商务总会主文牍事，历20余年。又先后充市议会董事、农会评议员、吴县修志局采访员、国务院咨议等。晚岁应江苏省立苏州中学、江苏省立第二女子师范学校、苏州振华女学等校之聘，任书法教师多年。元昌家风儒素，俭于自奉，而博于所施，数十年如一日，邑中老辈，若汪鸣銮、刘传福、吴荫培、张一麐皆甚推崇之。先生所作《先考行状》、章钰撰《清授中宪大夫四品衔安徽补用通判吴县顾君墓志铭》、胡朴安《顾元昌传略》等，可见其生平。

母王怀沅（1879—1923），字婉玉，苏州人。澧州直隶州知州王同懋次女。覃恩诰赠恭人，1924

年奉大总统曹锟奖给"孝阙流芳"匾额。

顾元昌原配王怀沅,继配许葆真,又继配王一冰。有子四女二,长为顾廷莹,幼殇。次即顾廷龙。再次为顾廷凤、顾廷鹤。廷龙及廷凤为王怀沅所生,廷鹤为继配王一冰生。长女顾廷慧,字智文,适川沙黄栖培,怀沅生。次女顾廷沅,字韵湘,王一冰生。孙二,顾诵诗、顾诵芬,俱为廷龙子。①

顾元昌(右)及继配王一冰(左)

幼年与母亲与弟弟的合影。顾廷龙(中)与母亲王怀沅(右)及弟弟顾廷凤(左)

① 沈津:《顾廷龙年谱》,第3~8页。

先生早年就读于苏州草桥小学（今苏州市一中学）、县立第四高等小学、江苏省立第二中学校（草桥中学）、东吴大学附属中学等处。1924年赴上海攻读南洋大学机械系，因身体欠佳，且对数学的兴趣不是很大，于是转学到国民大学，从胡朴安、闻宥学习文字音韵训诂之学。

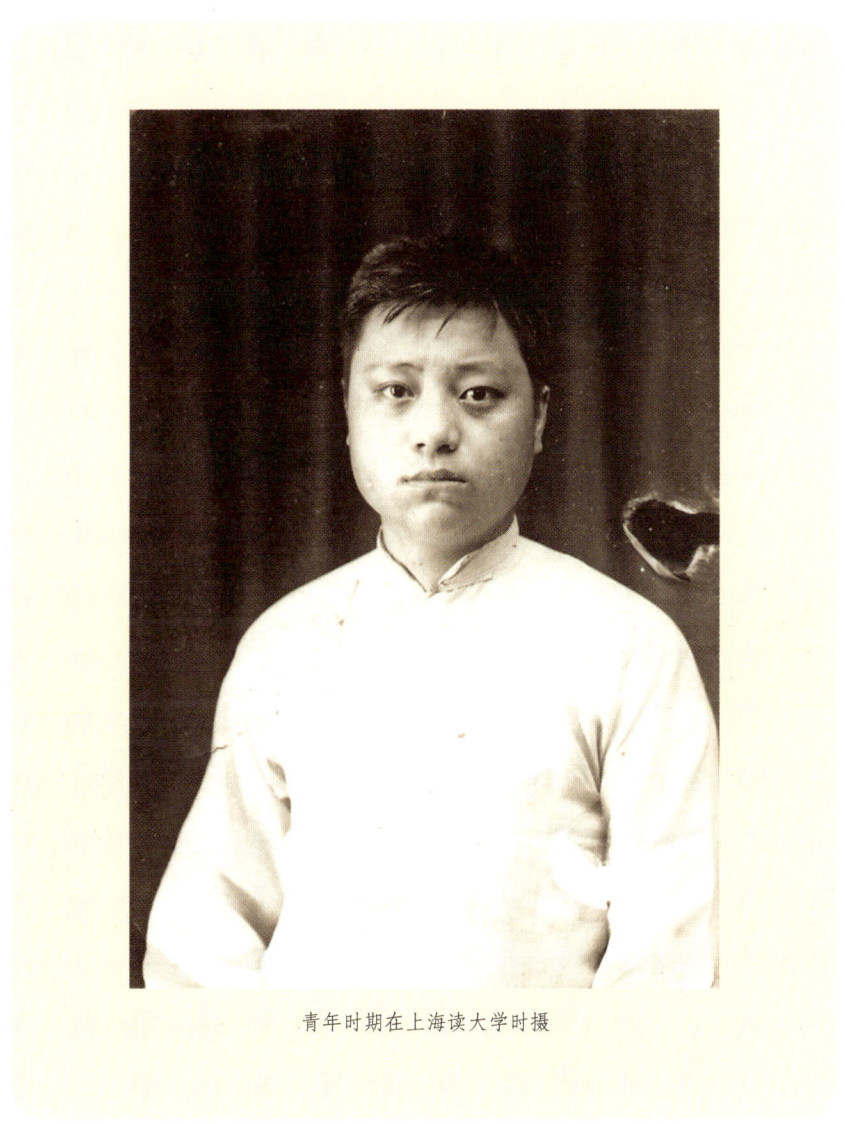

青年时期在上海读大学时摄

1927年春,先生辍学家居,时外叔祖王同愈卜居南翔之仙槎桥,招先生为馆师,日则教读,夜则聆听王同愈讲述艺文、学术及掌故诸事。前后二年,受益甚大。先生日后回忆说:"余欲汇校《积古斋钟鼎款识》,公为辗转商借校本,又从杭州高氏借到龚橙《丛稿》,论古文者为多。余或景写,或摘录,颇多启发。偶从公案头见有《四库简明目录》抄本,各书详注版本,余甚好之。公曰:'此从叶菊裳先生处传抄者。叶先生则录自朱学勤藏本。'当时朱学勤、邵懿辰、莫友芝皆好书,各以所见不同版本者详记于《简明目录》。三人又时相交流补充,是文人好书之乐事也。余亟购得藏园所印《邵亭知见传本书目》,过录其上,以便校补。此是我从事目录版本之始,安知竟成我古籍整理终身之业。"①

20世纪20年代后期摄于王同愈家。前排左一为王同愈、前排右一为顾廷龙

---

① 顾廷龙:《王同愈集·序》,上海古籍出版社。

1931年，在上海持志大学国文系毕业之后，先生考入北平燕京大学研究院国文系，并申请到美国哈佛燕京学社的奖学金，学习语言文字、目录版本之学。研究生毕业后在燕大图书馆工作，任中文采访主任，又兼任美国哈佛大学汉和图书馆驻平采访处主任。时顾颉刚亦在燕大任教，二人多有往来，又合著了《尚书文字合编》。

在此之前，顾颉刚曾任中山大学语言历史研究所教授兼图书馆中文部主任，学校委托他到江浙一带收书，他即写成《购求中国图书计划书》，把应当搜求的图书分为经史子集及丛书、档案、地方志、家族志、社会事件记载、个人生活记载、账簿、中国汉族以外各民族之文集、基督教出版之书籍及译本书、宗教及迷信书、民众文学书、旧艺术书、教育书、古存简籍、著述稿本、实物图像等16类。这份《计划书》在当时印刷不多，顾颉刚曾赠送过先生一册，先生阅后深以为然，后来他在《介绍顾颉刚先生撰〈购求中国图书计划书〉——兼述他对图书馆事业的贡献》一文中自述："我从事图书馆古籍采购事将五十年，即循此途径为收购目标，颇得文史学者的称便。"

1934年2月，顾颉刚与谭其骧商定创办禹贡学会和《禹贡》半月刊。先生参与编辑工作。

1933年4月14日摄于北平顾颉刚家后院，坐者为顾颉刚，左一为顾廷龙

20世纪30年代初，先生在北平禹贡学会编审文章，左为冯家升

1935年去北平前,顾廷龙(右一)及夫人潘承圭(右二)与胞弟顾廷凤(左一)夫妇合影

先生与潘承圭(1906—1967)于1922年9月5日在苏州结婚。①潘家在苏州亦属名门,高祖潘世恩为乾隆五十八年状元,官至太傅、武英殿大学士,赐谥文恭。曾祖潘曾玮,官兵、刑两部郎中。祖父潘祖同,咸丰钦赐进士,改庶吉士,散馆授编修。父潘亨谷,光禄寺署正、附贡生。夫人兄潘承厚,字温甫,号少卿,又号博山,别署蘧盦。弟潘承弼,字良甫,号景郑。

顾廷凤,字鸣高,时任《密勒氏评论报》编辑。

---

① 沈津:《顾廷龙年谱》,第14页。

1935摄于蒋家胡同三号。右起顾自珍（顾颉刚二女）、潘承圭、顾诵芬、殷履安（顾颉刚夫人）、顾诵诗、顾颉刚、顾廷龙

1935年去北平前与顾廷凤夫妇的合影（其二）。左一为先生长子顾诵诗、中间为先生次子顾诵芬

1935年冬全家在燕京校园合影

1936年春在颐和园与燕京大学同事陈鸿舜（左二）等人同游合影

1936年春在颐和园

1936年在居庸关南口，詹天佑铜像前，右一为顾廷龙

1939年7月诵芬与诵诗摄于辣斐德路（今复兴中路）614号上海合众图书馆筹备处

1940年夏在合众图书馆筹备处

此时先生已应叶景葵、张元济之邀，离开北平赴上海，任私立合众图书馆总干事。日后他回忆道："一九三九年夏，叶揆初（景葵）与张菊生（元济）两先生有创办合众图书馆之举，为保存历史文献，邀余来沪筹备，时余在燕京大学图书馆工作，北平为日军所陷，正欲它离，而两先生诚挚相招，遂辞燕京旋沪"[①]。先生对图书馆工作可谓驾轻就熟，到任不久即拟定《创办合众图书馆意见书》，为合众图书馆日后的发展打下了坚实的基础。

---

① 顾廷龙:《顾廷龙文集·祝贺商务印书馆百龄大庆》，上海科学技术文献出版社2002年版。

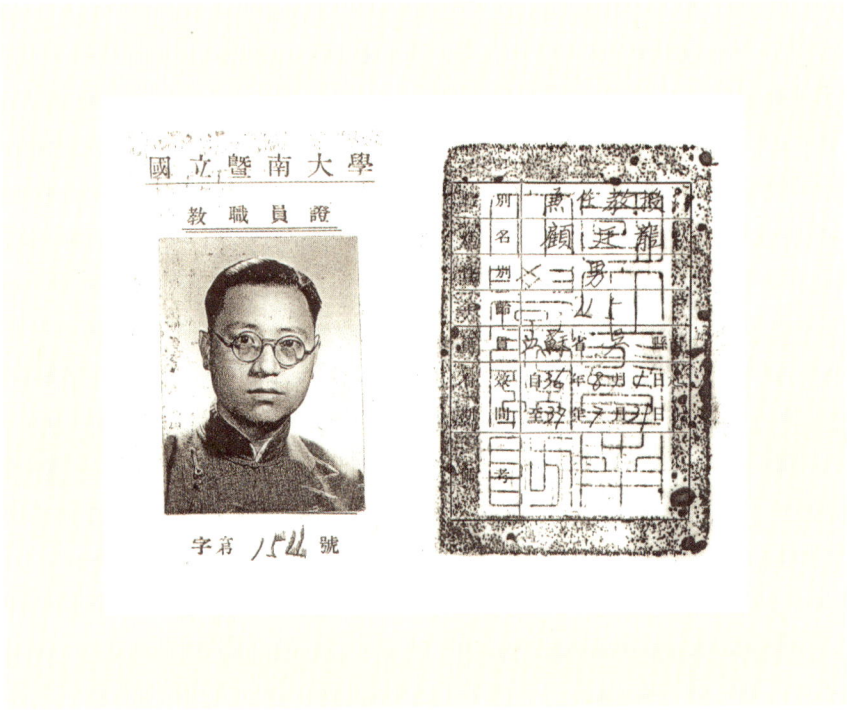

1947年7月,先生获任上海暨南大学历史系教授,此即暨南大学教职员证

1949年10月在上海王同愈之女王怀琮(中)家,与表妹王嘉华(左一)、王嘉遂(左二)合影

20世纪50年代初与夫人摄于上海

据顾诵芬先生回忆:"一九四一年合众图书馆建起了自己的新馆舍,它是完全按珍藏古籍的需要建的,这就是现在的上海图书馆的长乐路书库。馆舍二楼、三楼都是书库,屋子大,全部木地板,窗多便于通风。当时没有空调,全靠人工拉窗帘、开关窗以保障古籍不受阳光、潮湿等环境的损害。平常有清洁工一人负责,到夏天一旦暴风雨来临时,我们全家都参加去抢关窗户。我们家就住在图书馆一楼的东侧,我父亲的办公室则在二楼,一边阅览室,一边挨书库和入口的柜台。当时看书的人并不多,大概都是经人介绍来的。为了不受敌伪的干扰,所以解放前没有开过正门,来客都从富民路上的后门进的。我当时读书的房间紧挨富民路后门,所以来客及邮差按门铃后都是我去开门的。"①

1950年摄于长乐路合众图书馆新址

---

① 顾诵芬:《我与上海图书馆的情谊》,《图书馆杂志》2002年第7期。

1959年前后,吴玉章来上海图书馆看书,先生负责接待,相谈甚欢。先生向他汇报了正在编辑《中国近代期刊篇目汇录》一事,并谈到辛亥革命时期在日本出版的几种刊物,如《浙江潮》等,很是难得,这些杂志是各省的留学生办的。吴老是四川人,他当时在日本主持了《四川》的编辑工作,鼓吹革命。"当他了解我们所做的工作后,很是高兴。我请他为《汇录》题写书名,他欣然承诺,回京不久就写了寄来。现在出版的改书书名,就是吴老的墨迹。"①

接待吴玉章(中)

1956年10月31日庆祝张元济(前排中)90岁生日摄影,第二排左二为顾廷龙

---

① 顾廷龙:《顾廷龙文集·十年苦干,抢编出善本书目——忆周总理、陈毅等同志对图书馆事业的关怀》。

1959年摄于淀山湖

1954年，合众图书馆更名为上海市历史文献图书馆，此为1956年夫人潘承圭（中）与李文（左）、陈洁芳（右）在馆门前留影

在屏风山疗养

1960年家庭生活照

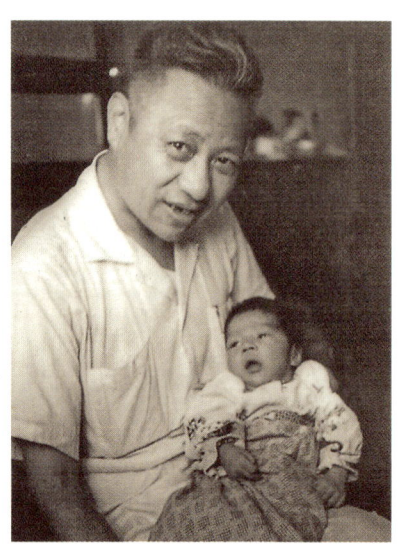

1963年与刚出生的小孙子顾衡摄于上海

1962年全家福，顾诵芬先生与江泽菲女士结婚时所摄

1964年11月3日，日本友人鸟居久靖来访时所摄

应日中文化交流协会和日本书道联盟的邀请,中国书法家代表团于 1963 年 11 月 27 日至 12 月 24 日期间访日本,团长为陶白,团员有王个簃、潘天寿、郭劳为及先生。这是新中国成立之后第一个访问日本的书法代表团。代表团一行足迹遍及东京、大阪、奈良、京都、名古屋、镰仓等地,与当时日本书道界名流丰道春海、西川宁、手岛右卿、青山杉雨、赤羽云庭、饭岛春敬、香川峰云、金子鸥亭、殿村蓝田、松丸东鱼、山本正一等人进行了友好的交流。

本次访日,代表团一行还观摩了部分日藏中国文物,碑志拓本如:《李超墓志》、《高湛墓志》、《张猛龙碑》、《马鸣寺碑》、《嵩高灵庙碑》等;书画如:《唐日僧台州行牒》、颜辉《寒山拾得》摹本、梁楷《李白像》、石恪《二祖调心图》、李龙眠《潇湘卧游图卷》、李迪《花卉扇面》(东京国立博物馆);古籍善本如:宋刻本《白氏六帖》、元至元刻本《三分事略》、明世德堂刻本《西游记》、《平妖传》等(天理图书馆)[①]。

代表团与日本友人的合影,前排右一为顾廷龙

---

① 《顾廷龙年谱》对此次日本之行记载颇详,可兹参考。

12月1日,一行人赴西川宁家,西川出所藏赵之谦、邓石如书画相赏。此摄于西川宁(右二)家

12月6日,至奈良。摄于奈良国立博物馆

参观奈良吴竹精墨厂

12月11日,摄于京都国立博物馆前①

---

① 为接待中国书法家一行,京都博物馆特地取出馆藏丰坊《谦斋记》、释空海写《题名录》、张即之《金刚经》、宋拓本《十七帖》、罗振玉旧藏《智永千字文》等藏品以供观赏。

12月12日，先生与陶白、崔太山、郭劳为等人拜访了立命馆大学校长末川博先生（中），此摄于末川博家

在泉屋

在京都龙安寺

上海图书馆同仁参观青浦人民公社。第二排右五为顾廷龙，第三排右五为潘景郑，右六为瞿凤起

1971年春节在沈阳的全家福

1973年5月6日摄于敬渊楼舍

1975年摄于上海万宜坊72号表兄顾翼东（中）家

1978年6月6日，全国图书馆职员友好之翼访中团来沪参观时摄。左起米山寅太郎、顾廷龙、川濑一马、横山。此据照片背面题字著录

1978年8月，先生应四川省图书馆之邀，前往四川乐山市，为四川省图书馆举办的"西南、西北八省古籍训练班"授课，摄于凌云禅院

"训练班"期间摄于四川。左起沈津、李平、顾廷龙、彭长登、许文刚

1978年11月，先生在成都参加《中国古籍善本书目》编辑领导小组会议，此次会议听取了各地的工作汇报，研究了存在的问题，决定将全国的工作重点从前一阶段的普查，转移到版本鉴定和著录方面，同时对"收录范围"和"著录条例"也作了补充规定。期间，先生也加了中国图书馆学会筹备委员会扩大会议[1]。

先生曾说过要说一生中编纂的书目哪一部最费心费力、最有意义，则当推《中国古籍善本书目》了[2]。1977年10月，他刚恢复工作不久，便赴北京与全国同行商讨编纂一部全国古籍善本联合书目。这项任务是文化部根据周恩来总理提出"要尽快地把全国古籍善本书目编出来"的指示组织进行的，不仅是对全国古籍善本作一次摸清家底的整理，也是进行大规模古籍整理最基本的前提。在国家文物局的主持下，来自北京、上海、南京等地的图书馆专家学者在较短的时间内起草了《古籍善本书目收录范围》、《古籍善本书目著录条例》、《古籍善本书目分类表》3个文件，并决定在北京图书馆、上海图书馆等几家大馆进行试点。当时先生已年届70，仍与大家一起奔走各地，调查藏书，鉴定版本，并为培养青年专业人才授业讲课。1980年5月，《中国古籍善本书目》编辑委员会在北京成立。北京图书馆馆长刘季平为主任委员。先生担任副主任委员兼主编，副主编为北京图书馆的冀淑英与南京图书馆的潘天祯。全国782个收藏单位将各自制作的古籍善本卡片汇集北京，由全国各大图书馆抽调的专业队伍借住香厂路6号国务院信访局招待所正式开展总编工作。初审工作完成之后，为加快复审进度，提高复审质量，编委会决定由正、副主编带领参加复审的人员分赴上海、北京、南京三地复审，先生去上海负责"经部"、"史部"复审工作，潘天祯去南京负责"子部"，冀淑英在北京负责"集部"、"丛部"。经过两年的努力，《征求意见稿》油印成册，分送到各收藏单位及专家审阅。定稿工作于1983年8月在上海开始，经过近两年的努力，"经部"在上海定稿，于1985年10月由上海古籍出版社出版。其后，"丛部"在北京完成定稿，于1989年出版；"史部"在上海完成定稿，于1991年出版；"子部"在南京完成定稿，于1994年底出版；"集部"在北京完成定稿，于1996年出版。至此，编纂工作全部完成。《中国古籍善本书目》收录了我国（不含港澳台地区）现存明代以前绝大部分和清代有价值的大部分善本古籍，极大地方便了读者使用，促进了学术研究与交流。

---

[1] 沈津：《顾廷龙年谱》，第604页。
[2] 顾廷龙：《顾廷龙文集·我和图书馆》。

1978年在成都参加《中国古籍善本书目》编辑领导小组会议，左起顾廷龙、方行、沈津、冀淑英。杨明仪摄

1979年4月，先生离沪赴宁波天一阁阅书，在天一阁留影

1979年5月,先生随上海市书法友好访问团再度访问日本。本次访问是上海、大阪两市纪念结成友好城市5周年活动的一部分。访问团的团长为沈柔坚,秘书长杨路,团员有先生、谢稚柳、陆俨少、叶潞渊、胡问遂、方去疾等人。在大阪期间,访问团出席了《上海大阪友好城市书法交流展览会》的开幕式,举行了书法座谈会和书法交流会。在座谈会上,中日书法家回顾了两国书法交流的传统友谊,畅谈了目前两国书法界的现状,还就作品的雅与俗问题交换了意见,强调了各自在传统技艺的基础上进一步创造具有独特民族风格的新的书法艺术。访问团在日本期间,还访问了上海的另一个友好城市横滨,并游览了京都、奈良、东京、箱根等地。

出席上海大阪友好城市书法交流展览会开幕式

在开幕式现场

身着日本传统服饰

1979年5月11日摄于村上三岛家。右二着花式衬衫者为村上三岛,坐者(左二起)依次为谢稚柳、胡问遂、顾廷龙、陆俨少

1979年5月12日先生与平冈武夫(中)摄于京都博物馆前,中川裕皓摄

1979年7月9日至16日,先生作为上海图书馆界代表参加了在山西太原晋祠举行的中国图书馆学会成立大会和第一次科学讨论会。全国图书馆界代表近二百人参加了本次会议。大会通过了《中国图书馆学会章程》,选举刘季平为理事长,先生和丁志刚、黄钰生、汪长炳、梁思庄、佟曾功等人为副理事长。先生在与会期间观摩了应县木塔新出土的辽刻本,会后又赴洛阳,游览了龙门。

1979年7月15日在晋祠

1979年7月从太原归,由郑州转车,赴洛阳访龙门游白马寺

1979年9月21日至25日，美国图书馆界访华代表团访问上海图书馆，这是中美建交后首个美国图书馆界代表团访华，也是两国新一轮文化交流上的一件大事。访华团以国会图书馆副馆长韦尔什（William J. Welsh）为团长，华伦·常石（Warren Tsuneishi）为秘书，其中有华裔团员四人：分别是国会图书馆夏道泰、哈佛燕京图书馆吴文津、美国研究图书馆中国资料中心余秉权和芝加哥大学钱存训。代表团之前访问了北京、西安等地，在上海期间，还参观了上海博物馆、复旦大学图书馆、交通大学图书馆、上海师范大学图书馆等处。

代表团一行人在图书馆正门合影

与代表团专家合影

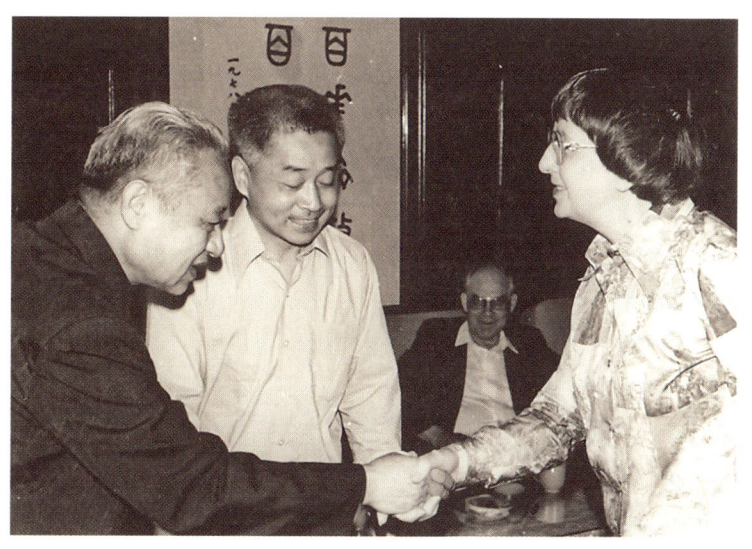

会见代表团成员

代表图成员之一的钱存训（左）向先生赠送书籍

钱存训先生和顾廷龙先生相识于抗战期间。本次访问，他代表芝加哥大学赠送有关新科技和计算机的西文图书553种，600余册。另将其个人收集的1996年在韩国发现世界最早的印刷品《陀罗尼经》复印本全份及有关报道及研究资料赠送给上海图书馆保存，以供国内专家的研究。先生代表"上图"亲自接受了这批赠书，并写下周恩来总理诗句条幅回赠钱氏。2003年，钱氏撰文《中美图书馆代表团首次互访记略（1973—1979）》，回顾了30年前的这次访华之旅。

9月22日，美国图书馆界访华代表团游览黄浦江，先生与钱存训同坐，畅谈往事。此摄于浦江游览船中

9月23日，代表团作学术报告，先生致欢迎词

20世纪70年代摄于安徽"后库"

20世纪70年代与沈津(右)、吴织(左)

向古籍组的年轻人讲授目录版本学知识

1981年4月22日至28日,《中国古籍善本书目》主编工作会议在南京召开。参加会议的有：主编顾廷龙,副主编冀淑英、潘天祯,文化部图书馆事业管理局副局长曾祥集,编委会副主任江苏省文化局局长周郊、上海市文化局副局长方行、四川省文化局副局长彭长登、北京图书馆负责人李竞,编委会顾问潘景郑等。

会议回顾了过去的工作,讨论了当前工作情况和工作安排,研究了"收录范围"、"著录条例"、"分类表"及"征求意见稿油印本"等问题,取得了一致的意见。

部分与会专家合影,前排左起潘天祯、顾廷龙、冀淑英,中排左起潘景郑、彭长登、方行、曾祥集,后排左起任光亮、沈燮元、李竞、宫爱东

摄于南京栖霞寺,左起冀淑英、顾廷龙、潘景郑、沈燮元

会议结束后,先生与两位副主编冀淑英(左)、潘天祯(右)摄于扬州平山堂

与沈燮元在明孝陵

1982年春节在沈阳探亲

1981年4月15日,上海市政协五届三次会议文艺界组合影,第二排左二为顾廷龙

1981年6月,上海市鲁迅诞辰100周年纪念委员会第一次会议部分与会者的合影

1982年3月在北京参加国务院古籍整理规划小组会议,先生和谢国桢、梁容若在常任侠宿舍相聚,会议工作人员赵勇为其摄影。
左起谢国桢、顾廷龙、梁容若、常任侠

1982年7月21日馆庆大会汇报工作

1982年5月23日,少年儿童书法绘画比赛授奖仪式

1982年与复旦分校实习生座谈

1983年1月周作杰(中)离休留影

1983年在无锡箕山太湖疗养院疗养

1983年,应苏州园林局之邀,赴苏州游览题词。摄于苏州天平山

在苏州留园

1985年夏与顾诵芬在上海淮海路寓所

自1983年8月起,《中国古籍善本书目》正、副主编、顾问及相关工作人员齐聚上海,开始《书目》的定稿工作,为了更好地完成此项工作,这批专家学者在上海一住就是数年之久,甚是辛苦。此摄于上海延安饭店。因专家久住之故,先生还多次为延安饭店题写书法作品致谢

1986年10月23日至26日,《中国古籍善本书目》编委会在上海举行主任委员扩大会议,先生就"经部"、"史部"、"丛部"定稿作了工作小结。会议还就今后"子部""集部"定稿工作及其他问题进行了讨论研究。与会成员参加了《中国古籍善本书目》"经部"首发式。先生代表《中国古籍善本书目》编委会出席,并作了讲话,他回顾了《中国古籍善本书目》的编纂经过,并认为"这样大规模的访求遗书,编入书目,是空前的大事。《书目》中所收之书为我国流传至今的线装古籍的精华,今后在国家文物保护法贯彻执行之下,一定可以世世代代珍护下去","这个书目是一个简目,有了简目就可以按图索骥,为学术研究,求书之导引,为目录版本学的研究,为整理古籍提供了大量线索,对国内外学术界必将产生很大的影响"。①

《中国古籍善本书目》首发式现场

与会发言

中国古籍善本书目编委在锦江饭店的合影

---

① 顾廷龙:《顾廷龙文集·〈中国古籍善本书目〉编辑经过》。

1986年3月5日，国家文物鉴定委员会在北京成立，这是文化部为了加强文物保护和管理而设置的国家级文物鉴定机构。委员会共有委员54人，其中有钱币、青铜、陶瓷、玉石、竹木、书画碑帖、古籍版本等各类文物的鉴定专家，先生亦在其列。

前排右十二为顾廷龙

1987年与郭学群（左二）、聂佩华（左一）、狄华（右一）

1987年4月在浙江绍兴参加中国兰亭书会。日本方面出席者有青山杉雨、上条信山、村上三岛、殿村蓝田等。中国方面除先生外尚有沙孟海、启功、方去疾、谢稚柳、沈鹏等

书写"群贤毕至"

1989年2月，先生应美国研究图书馆联合会邀请，出席了该会为编辑中文善本书联合目录而召开的国际咨询会议。会议在华盛顿美国国会图书馆召开，除先生外，与会专家还有：Ms.Phyllis Bruns（美国国会图书馆计算机专家）、昌彼得（台北"中央博物馆"副院长）、吴健生（哥伦比亚大学技术服务部主任）、马泰来（芝加哥大学东方图书馆馆长）、Ms.Beatrice Chang Ohta（美国国会图书馆编目部主任）、白迪安（Diane Perushek）（普林斯顿大学葛思德东方图书馆馆长）、司徒琳（Lynn Struve）（印第安纳大学历史系副教授）、钱存训（芝加哥大学东方图书馆荣誉馆长）、周一良（北京大学历史系教授）、John Haeger（研究图书馆联合会副会长）、Den Tucker（美国国会图书馆计划部主任）等。

会议主要讨论了计划中的中文善本书联合目录的收书范围、著录规则，以及输入电脑采取何种拼音等问题。后来决定以我国正在施行的《中国古籍善本书目》编目规则及中国古籍著录规则为准则。关于丛书子目的问题，凡已经在上海图书馆所编的《中国丛书综录》著录的丛书，可以不开列子目。

会后，先生先后参观了大都会博物馆、普林斯顿大学葛思德东方图书馆、哥伦比亚大学东方图书馆、纽约市公共图书馆等地，并应该馆白迪安馆长之请，题写了"葛思德东方图书馆"馆额。

先生于3月6日回到上海，前后共历20天，归国后，他撰有《应邀赴美国参加中文善本书联合目录国际咨询会议汇报》一文，专记本次美国之旅。

访问普林斯顿大学葛思德东方图书馆所摄，白迪安赠

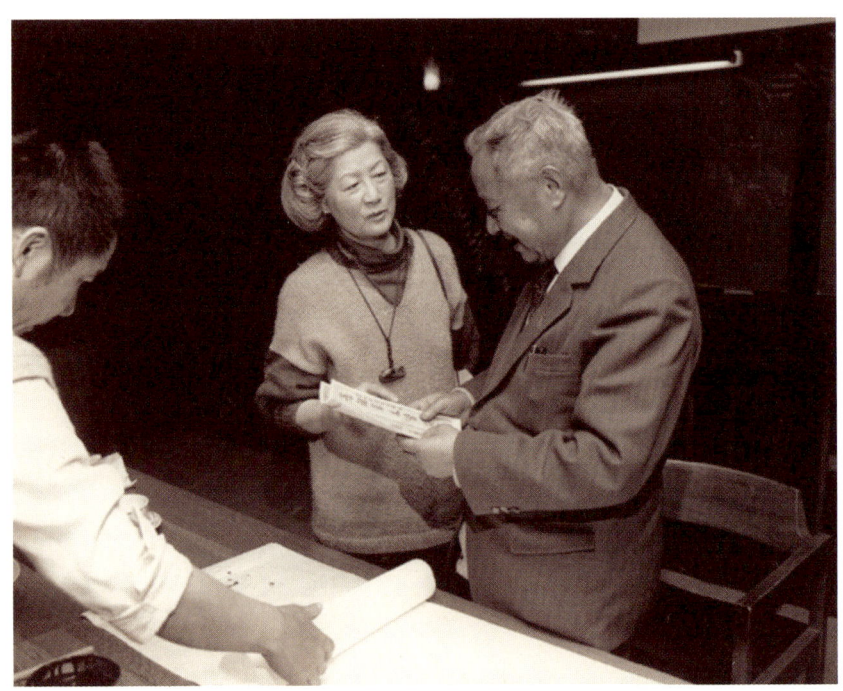

访问葛思德东方图书馆

为葛思德东方图书馆题写馆名,左一为馆长白迪安

陈雷：顾廷龙画传 197

与甲骨文篆屏，1989年孙幼丽摄于先生书房①

20世纪80年代摄于上海图书馆办公室

1989年12月下旬，先生应杭州大学古籍研究所崔富章之邀，赴杭州为评阅博士论文并出席答辩会。答辩会后摄于杭州六和塔下

20世纪80年代摄于上海淮海路寓所

---

① 此照片背后有先生亲笔题字：我原有甲骨文篆屏九幅，在抗日中被日军所毁，殊可痛惜！钱玄同、容庚、商承祚、徐中舒、董作宾、余永梁、叶玉森，横披集字作诗。此四幅在解放后所集：商承祚、胡光炜、闻宥、张凤

在南京路"夹层"书库给学生上课

在长乐路正门

在长乐路书库库房

20世纪90年代初摄于长乐路书库,即合众图书馆旧址

1990年4月初,先生赴南京图书馆参加《中国古籍善本书目》编委会主任委员扩大会议。前排左七为顾廷龙

1991年参观周公馆

1990年夏在杭州

1991年8月8日李芳馥名誉馆长生日时摄,左起顾廷龙、李芳馥、朱庆祚

1991年底，先生因罹患胃癌，入上海华东医院治疗。1992年初病愈后，由顾诵芬先生接至北京北苑寓所过年。先生晚岁多居北京，但对上海，尤其是对上海图书馆总是怀有深厚的感情，只要条件允许，便会回上海住上一段时间。1992年10月，先生返沪。11月，为祝贺九秩华诞，上海市文化局领导及上海图书馆及出版界同仁分别为先生举行了宴会。

上海市文化局举行的寿辰宴会上，各界领导向先生敬酒祝寿

上海市文化局赠送的祝寿花篮

上海图书馆为先生庆祝九秩华诞暨从事图书馆事业60周年

与潘景郑先生（左二）①

生日宴会现场

后学晚辈们为先生庆生，摄于长乐路玫瑰苑

---

① 为贺先生90寿，潘景郑作《寿星明》词一首。词云："如水流光，岁月匆匆，景物日新。对锦绣河山，鹏飞大业，千红万紫，烂漫缤纷。导领年华，功昭图府，已是宏猷六十春。齐嵩颂，与南山比寿，九秩芳辰。多君文字常亲，点检处琳琅寄此身。看书坛留艺，江干腾誉，上追商周，下逮先秦。萝茑相依，忝随舟楫，深惭樗材未足论。俚吟又漫，把衷心陈视，声细蝇蚊。""调寄《寿星明》。起潜馆长姐丈九秩荣庆暨从事图书馆工作六十周年纪念之喜。"

1993年7月,先生由沪返京,摄于京寓

先生于1991年被上海市古籍整理出版规划小组聘请先生为《古文字诂林》编纂顾问,此为1993年10月27日《古文字诂林》编纂工作论证会摄影留念。前排左起：李学勤、汤一介、王元化、许嘉璐、周一良、任继愈、张政烺、顾廷龙、张岱年、管燮初。后排左起：董琨、傅璇琮、刘坚、安平秋、傅永和、钱伯城、李玲璞、魏同贤、傅杰、钟沛璋、王世伟

1994年燕京大学校友会，与周一良（右）、王钟翰（左）等合影

1994年3月1日与章钰之孙章鼎合影

先生题写的《校勘学家章钰先生墓碑》

主编《续修四库全书》是先生晚年最重要的学术活动之一。《续修四库全书》是我国历史上最大丛书《四库全书》的续编，共收录图书 5 213 种，按经、史、子、集四部分类，比《四库全书》增加了 51%。从 1994 年开始启动到完成编纂，前后历时 8 年。《续修四库全书》的编纂既是对《四库全书》的匡谬补缺，又对清代乾嘉至辛亥革命以前的学术文化发展进行新的归纳总结。

1994 年 7 月 4 日至 5 日，《续修四库全书》编纂出版工作会议在北京龙泉宾馆召开。会议讨论了《续修四库全书》的学术价值、整体框架、收书范围、编选原则等，确定了全书的编纂出版方案。会议认为，全书收录的范围应当包括：一、《四库全书》未收的乾隆以前有学术价值的著述；二、《四库存目》及禁毁书中学术价值较高的著作、三、《四库全书》已收而版本残劣，有善本足可替代者；四、《四库全书》未及收入的乾嘉以来著述之重要者、五、《四库全书》所不收的戏曲、小说，取其有重要文学价值者；六、新从域外访回之汉籍而合于本书选录条件者；七、新出土的简帛类古籍而卷帙成编者。会议同时决定成立工作委员会和编纂委员会，由宋木文担任工作委员会主任，伍杰任常务主任。会议一致推举先生为编纂委员会主编。先生不顾年事已高，欣然接受主编的重任。他在邀请匡亚明先生出任《续修四库全书》总监纂的信中这样写道："一九九二年春全国古籍整理出版规划会议时，忝为古籍小组顾问，实未能有所贡献，至为惭惶。今者中国出版工作者协会主席宋木文同志等创议编纂《续修四库全书》，此乃吾国古典文献整理之一大伟绩，亦为改革开放以来弘扬优秀传统文化、促进学术研究之重大举措。廷龙被推举为全书主编，虽已年逾九十，亦当奋力，共襄盛业。"①

8 月 5 日至 10 日，《续修四库全书》编纂委员会第一次会议在北京召开。先生与宋木文、傅璇琮、李致忠、许逸民、李伟国等编委出席。他在讲话中指出："《四库全书》编成已二百余年，我们现在搞续修，是一项很有意义的工作。续修较之当年修《四库》，有不少有利和方便的条件，但工作量依然很大，一定要慎重从事。"

《续修四库全书》编纂委员会第一次会议合影

---

① 参见宋木文：《八年成旷典——〈续修四库全书〉编纂出版纪实》。

1995年4月，《中国古籍善本书目》编纂工作表彰大会在北京召开，先生与会，并作了讲话，在回顾《中国古籍善本书目》历时18年的漫长、艰辛的编纂过程的同时，又指出《中国古籍善本书目》的编纂，开创了中国古籍全国性书目的先河，《书目》在编纂体例等诸多方面既继承了中国图书目录学、版本学的优良传统，又有所发展和创新。《书目》在善本收录范围上，突破了前人只以宋、元本为善本书的框框，在确定是否善本的问题上，制定了"三性"原则，即以古籍的历史文物性、学术资料性、艺术代表性为考察标准，并具体化为九条标准，具有较强的科学性和实践性、可操作性，已为学术界普遍认可和采纳。《中国古籍善本书目》既是一项实践的成果，同时也体现了我国当代古籍目录学、版本学研究的水平，它在古籍整理和研究理论上的建树与影响也是非常重要和深远的①。

表彰会现场，与潘天祯（右三）等

---

① 顾廷龙：《顾廷龙文集·〈中国古籍善本书目〉编纂工作总结》。

1995年8月24日,《续修四库全书》出版座谈会在北京人民大会堂举行,时《续修四库全书》经部易类40册已经正式出版。全国人大常委会副委员长雷洁琼、吴阶平,有关部门负责人,著名学者启功、邓广铭、张政烺、周绍良、阴法鲁等60余人出席。

先生作为全书主编,在座谈会上发言说:"清代乾隆年间纂修的《四库全书》,应当说也是一项规模庞大的文化建设工程。但乾隆以后至辛亥革命这二百年间,中国古代文化又有新的发展,我们这一代人有责任对这二百年间的著作加以有系统的整理和研究。更何况清代官修的《四库全书》,限于种种社会条件,还有不少有价值的书籍没有被采用。因此本世纪以来,文化学术界许多人提出过续修《四库全书》的动议,呼吁对乾隆以前有一定学术价值、版本价值的著述进行补辑,对清代中叶以后至本世纪初既包括社会科学,也包括自然科学各个门类的代表性著作加以总结。现在,这部《续修四库全书》在今天的编纂出版,可以说是实现了一个世纪以来学人的凤愿。我作为本书的主编,与编委会和学术界一起工作,既感到一种学术上的荣耀,同时也感到了一种历史的责任,我们有决心、有信心把这项工作做好。""《续修四库全书》的编纂工作千头万绪,为了对当代学术界负责、对子孙后代负责,我们编委会把工作的重点始终放在不断提高编纂水平、确保出书质量上。""总之,编纂出版《续修四库全书》是一项宏伟的文化建设工程,它不是少数几个人的心血来潮,而是历史赋予我们这一代人的重大责任,它理应是当今社会各界,特别是学术界、图书馆界共同关心的大事情。社会各界的通力合作是编纂出版好《续修四库全书》的最可靠的保证。"①

出版座谈会现场

---

① 沈津:《顾廷龙年谱》,第765~766页。

在座谈会上与宋木文（左）、伍杰（右）谈笑风生

查看影印底片

与许逸民（左）一同查看样书

1995年2月11日至12日，中国书店沪版图书中心开业，与恩亚立（右）副总经理

1995年11月《续修四库全书》第五次编纂工作会议在天津召开。会议认真总结了"经部"编纂的经验，并根据目录学研究的新进展和学术界关于学科划分的共同认识，讨论并拟出史部类目表初稿。

前排左起张静山、李致忠、李国章、陆行素、傅璇琮、顾廷龙、宋木文、张新生、高嘉瑞、沈燮元、薛英、崔建英。中排左起李国庆、谢忠岳、阳海清、李剑雄、任光亮、韩锡铎、吴格、许逸民、冯建中、马洪辰、谷辉之。后排左起李一捷、张守忠、沈乃文、陈秉仁、孔方恩、黄益元、张力伟、官爱东、白丽蓉、朱瑶

1996年2月9日至10日,《续修四库全书》召开编纂工作会议。先生与会。

左起戴逸、王钟翰、顾廷龙、侯仁之、刘乃和

1996年与傅璇琮（左）、宋木文（右）合影，谷辉之摄

第62届国际图书馆协会联合会大会于1996年8月25日至31日在北京召开。参加本届大会的有93个国家和地区的近三千名代表，其中中国代表八百多人。中国是国际图联的创始国之一，但在中国举办国际图联大会尚属首次。本届大会不仅是历年国际图联大会规模最大的一次，而且其规格之高，在我国图书馆事业史上也是空前的。本届大会的主题是"变革的挑战：图书馆与经济发展"，并安排有二百余场学术、专业、文化、社会活动，从诸多不同的角度探讨这一主题。

上海图书馆上海科技情报研究所王鹤鸣、马远良、陈燮君、吴建中、王世伟等参加了本次会议，先生亦受邀出席。

与部分上海地区代表在会场外的合影

25日在大会开幕式上与庄守经（左一）等人的合影

在会议现场

在《演进中的学术图书馆与东亚研究》专题讨论会上

晚年生活照,1996 年 7 月侯艺兵摄于北京寓所

1996 年 11 月孙幼丽摄

精神矍铄,1996 年摄于北京

1996 年部分参与编纂《中国古籍善本书目》的工作人员来看望先生
坐者左起阳海清、顾廷龙、崔建英,站者左起谷辉之、宫爱东、任光亮、吴格、韩锡铎

先生晚年曾有三次回上海。第一次是1996年12月16日至12月25日,时值上海图书馆新馆落成,部分对外开放,先生不顾93岁高龄,由顾诵芬先生陪同南下,参加了新馆开馆庆典及他个人的书法展开幕式等项活动。在上海短短的一个多星期中,先生多次谈起馆藏盛宣怀档案当年如何从上海的盛氏祠堂移至合众图书馆,这批史料应加紧抢救整理,并与王元化先生一同担任了盛宣怀档案整理课题的顾问。同时,他又多次讲起新馆搬家中要特别注意每一册文献、甚至每一页文献的保护,要特别注意每一件物品的保存,还特别提到了古籍部工作室的一个具有宗教风格的大书橱,指出这是当年张元济先生捐赠的。在先生的指导下,历史文献中心各部门在搬迁中提出了"三不"方针,即不缺、不乱、不损,从而安全圆满地完成了上海历史上最大的一次文献搬迁工作。①

上海图书馆新馆坐落于淮海路之上,占地3.1公顷,建筑面积83 000平方米,书库面积40 000平方米,藏书容量1 300多万册,主楼由两座塔形高层和五层裙房组成,整个建筑呈多维台阶式块体结构,象征文化积淀的坚实基础和人类对知识高峰的不断攀登。新馆设有中外文图书报刊、中文图书开架外借、古籍和近现代文献、专利与标准、声像资料和电子读物等各类阅览室24个,文化专室8个,并设有方便残疾读者的无障碍专用坡道,配置电子导读、电子阅览、电子索书信息传递和自走小车送书系统等,可为读者提供全方位的服务。

在上海建造一个现代化的图书馆,是先生多年梦寐以求的愿望。他对上图新馆赞不绝口:"新馆规模宏大,雄伟壮丽,内部利用电脑管理,真的是现代化了。新馆与现代化的国际都市相适应,上海这几年改革开放的步伐真快,好极了,好极了。"②

在上海图书馆新馆正门

---

① 王世伟:《顾廷龙纪念文集·顾老晚年的三次上海之行》。
② 王大象、施宣圆:《老馆长圆梦——访上图名誉馆长顾廷龙先生》,《文汇报》1996年12月19日。

与王世伟在正门前的知识广场

发表讲话,愉悦之情溢于言表

1996年12月20日上午，上海图书馆新馆开馆庆典仪式正式开始。出席庆典的主要领导有中共中央政治局委员、中共上海市委书记黄菊，中共上海市委副书记、上海市市长徐匡迪，中共市委副书记陈至立，上海市人大常委会主任叶公琦，中共上海市委常委、宣传部部长金炳华，上海市副市长龚学平，上海市政协副主席王生洪等。特邀贵宾有国际图联秘书长福赫德、原荷兰鹿特丹市图书馆馆长舒茨、日本图书馆协会会长栗原均、韩国国会图书馆会长李显求、韩国国家图书馆馆长金镇武、日本大阪府国际交流财团理事长高田良久等。

与上海市委书记黄菊、市长徐匡迪等领导为上图新馆剪彩

市委书记黄菊、市长徐匡迪先后与先生亲切握手

在贵宾室与诸位领导的合影
左起陈燮君、王鹤鸣、缪其浩、龚学平、王元化、陈至立、顾廷龙、金炳华（后排）、王世伟（前排）、马远良（后排）、吴建中（前排）

12月20日至22日，为配合开馆盛典，中国书法家协会、上海书法家协会与上海图书馆专门在上海图书馆一楼展览厅，为先生举办了一次"顾廷龙先生书法展"，共展出从1936年至1996年创作的作品150余件，并出版《顾廷龙书法选集》。《选集》由启功题签，王元化作序。《编后记》云："顾廷龙先生为我国当代著名学者，尤擅书法，真、草、隶、篆无所不精，榜书、蝇头小楷更见功力，其书法独具神韵，名重海内外，堪称一代大家。观其书，处处洋溢着金石之气、学者之风。且作品形式多样，尺牍、题跋、匾额、题签、碑文、中堂、立轴、横披、册页、扇面皆涉，使人赏心悦目。"《文汇报》、《光明日报》、《新民晚报》、《劳动报》、《上海侨报》、《书法报》、《书法导报》等多加媒体争相报道。这也是先生首次举办个人书法展。

在上海图书馆展览厅门前

启功先生为顾廷龙书法展题写的展标

观摩展览的部分专家领导,前排左起王鹤鸣、王元化、顾廷龙、龚学平、陈至立、金炳华

在展览现场

当年创作作品时的情景

展览一角

与汪道涵的合影,书法展后,先生向汪道涵赠送了书法集

12月22日，中国书法家协会、上海书法家协会、上海图书馆和上海豫园管理处在豫园绮藻堂联合召开"顾廷龙学术成就暨书法艺术研讨会"。与会者共16人，杜宣、陈燮君、方行、丁景唐、唐振常、邓云乡、张森、林公武、王世伟等发言[①]。

研讨会合影

豫园留影

研讨会上与杜宣

---

① 顾廷龙书法展特刊编委会：《顾廷龙书法展特刊》，第51~60页。

此次回上海，先生还应邀访问了上海交通大学。先生早年曾就读于上海南洋大学（即交通大学前身）机械系。

在交大正门前

在陈虞钦烈士纪念碑前。陈虞钦"五卅"游行期间被老闸捕房巡警杀害，导致全市罢课。陈曾与先生同住一宿舍

在交大图书馆，即原南洋大学时图书馆，先生曾阅读其间

先生晚年第二次回上海是在 1997 年 5 月中旬至 6 月底。20 世纪 50 年代中期，先生曾从造纸厂废纸堆中抢救出数以万计的家谱文献。这次到上海，专程安排他到家谱修补工厂参观，先生喜上眉梢，反复讲"这批家谱交运了"。同时，当他得知盛宣怀档案整理工作已经开展，并采用了现代计算机技术时，亦感到十分高兴。①

5 月 26 日至 6 月 1 日，上海图书馆、上海科技情报研究所隆重推出以宣传"知识工程"为主题的 97'图书馆服务宣传周活动。26 日，服务宣传周开幕暨"院士长廊"、"上海市青少年教育基地"、"上海青年志愿者服务基地"揭幕仪式在上海图书馆新馆知识广场隆重举行。先生出席了开幕式。同时出席的有中共上海市委副书记陈至立，市委常委、宣传部部长金炳华，共青团上海市委书记薛潮，市科技党委副书记张爱民，中科院上海分院院长汤章城，交通大学校长翁史烈，上海市文化局副局长蔡正鹤，上海图书馆馆长马远良、副馆长缪其浩、吴建中以及在沪两院院士、图书情报界、共青团代表等 400 余人。

与陈至立、金炳华等领导一起为图书馆服务宣传周暨院士长廊、上海市青少年教育基地、上海青年志愿者服务基地揭幕剪彩

---

① 参见王世伟：《顾老晚年的三次上海之旅》。

1997年6月6日至15日，由日本书艺院和大阪日中恳话会联合主办的《中日书法名家展·'97日本书艺院展》在上海博物馆举行。500多位来自日本和中国各地的书法家出席了开幕式。上海博物馆馆长马承源、日本书艺院理事长尾崎邑鹏、大阪日中恳话会会长柳庸夫及日本驻沪总领事馆桥本逸男为展览剪彩。

此展于5月下旬在大阪展出，6月上旬移至上海，日本书艺院组织了体现当今日本书坛风貌的200余位日本书法家的佳作参展，中国也有21位国内著名书法家的作品参展。

开幕式当日

书法作品

现场挥毫

1997年10月14日至11月8日，先生晚年第三次来上海，这次是专程来参加上海图书馆历史文献开发与利用学术研讨会暨上海图书馆历史文献研究所揭牌仪式的。在这次学术会议的开幕式上，先生谈到了其一生的收书、编书、印书，并强调了古籍整理接班人的培养问题。在学术研讨会上，他亲自为历史文献研究所的成立揭牌，并担任了历史文献研究所的顾问。

这也是先生最后一次来上海。

在上海图书馆历史文献开发与利用学术研讨会上发言

馆领导马远良（左）、王鹤鸣（右）为先生颁发聘书

为新成立的上海图书馆历史文献研究所揭牌

了解盛宣怀档案整理情况

在中国文化名人手稿馆

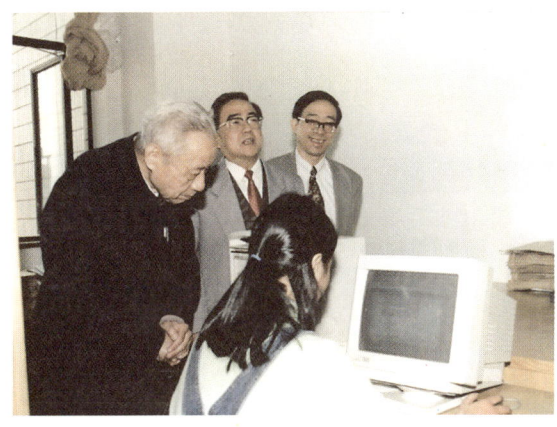

查看文献数字化情况

为中国文化名人手稿馆题写"群英荟萃"

与馆所领导及历史文献中心全体工作人员在上海图书馆正门合影

回到阔别已久的母校

在图书馆前的合影。苏州一中的"图书馆"、"陶苑"等皆为先生亲笔题词

在苏州一中紫藤树下

1997年10月，在上海短暂逗留之后，先生表达了想回故乡苏州看看的愿望。10月27日，先生在"上图"陈先行、苏州一中佘昌义的陪同下赴苏州。中午，一行人与苏州教育学院及苏州一中的负责人共进午餐，席间，先生畅叙往事，谈了自己在故乡求学、生活的情形。下午，他来到阔别65年的母校——苏州市第一中学，受到学校领导及广大师生员工的欢迎。先生向师生们谈到了早年在草桥中学读书时的往事，希望学生要在德、智、体全面发展。他还参观了"陶苑"、图书馆、校史馆。

1997年10月28日,先生来到凤凰公墓七子山墓区。他在夫人潘承圭墓碑前动情的说:"陈从周先生写的这块碑已三十年了,到今天我才亲眼看到,想起来真是愧对夫人。"在离别时,先生面对夫人的墓碑,深深地鞠了三个躬,才依依不舍地离去。①

夫人潘承圭于1976年病故。

在夫人潘承圭墓前

先生还特地回到了苏州老宅,与胞弟顾廷鹤(左)夫妇合影

傍晚,先生去了母校——草桥小学,并题写了"乐育英才"四字

在草桥小学校门前

题写"乐育英才"

---

① 沈津:《顾廷龙年谱》,第798页。

1997年12月26日，先生在邱嘉伦陪同下前往北京医院探望赵朴初先生，并呈上篆书立轴一幅，上书"纯鲁多釐，大寿万年"。上款为"朴初居士百岁开庆"，下款为"顾廷龙敬祝"。二老相识于半世纪前，20世纪50年代，先生曾在上海造纸厂内购得一批明清及民国年代的各类宗谱、族谱，共近二万册，各类姓氏均有，当时已作为封、资、修一类准备化纸浆回炉，经先生抢救，这批文献最终得以保存，但却苦于没有房屋保存，朴老在常德路觉园内曾办有一个"法宝馆"，时已停办，空了几间地板房，先生当时找到朴老想要借此处作一堆放场所，朴老一口应允。先生此番看望朴老的第一件大事就是感谢当年冒着风险毅然将"人类祖宗的户口"保存下来，能供现在的读者查阅。而朴老对先生当时能从造纸厂买下宗谱的慧眼感到钦佩、敬仰。①

纯鲁多釐，大寿万年

探望赵朴初先生（中）

① 邱嘉伦：《花落还开水流不断——赵朴老与顾廷龙先生聚会侧记》，《佛教文化》2000年第3期。

晚年生活照,1997年沈建中摄于北京书房内

与曾孙女顾欣萌,沈建中摄

1998年5月下旬,在顾诵芬的陪同下,先生游览了圆明园与蒋家胡同,并参加了冯其庸书画展的预展和开幕式。同游的还有王煦华和徐亦儒[①]。

1998年5月游圆明园

与顾诵芬摄于北京蒋家胡同三号顾颉刚旧居。1932年至1939年,先生即在此处居住。蒋家胡同就在圆明园旁近,当时先生住西屋,顾颉刚住北屋,东屋是禹贡学会。先生与顾颉刚共同编纂的《尚书文字合编》当时就是在北屋完成了部分稿件[②]。

1998年5月与儿子顾诵芬摄于北京蒋家胡同三号顾颉刚旧居

---

① 王世伟:《顾廷龙纪念文集·顾廷龙先生逝世前后追记》。
② 王世伟:《顾廷龙纪念文集·顾廷龙先生逝世前后追记》。

1998年6月20日,水赉佑来京探望先生,他是先生入院前见的最后一位友人。先生和他谈了很多,谈到了他的"孤本不孤"的出版设想,谈到《续修四库》时应该把清末王恩茂的集子收进去,因为他是我国第一位讲到马克思的人。当他得知《中国古籍善本书目》的最后一部已印出来时,十分满意地说:"我将来去见周总理就可以交账了。"①

与水赉佑

先生于1998年8月22日在北京逝世,享年95岁。

先生长眠于苏州七子山公墓

---

① 顾诵芬:《顾廷龙纪念文集·父亲永生》。

顾廷龙先生部分书法作品

关于先生的书法艺术,诸位专家学者给予很高的评价,诚如王元化先生在《起潜先生书法选集序》中所写的那样:"雅量之美,淳厚浑穆,神明内敛,气静机圆;书林中之诸葛孔明、谢太傅是也。雅量之美,谈何容易!融厚植之学养、博洽之闻见、清澄之心地、沉着之干才于一炉,全幅人格之呈显,即《礼记》所云:'清明在躬,志气如神'。"先生创作的书法作品极多,《顾廷龙书法选集》、《顾廷龙书题留影》、《顾廷龙先生纪念文集》等均有所收录。近来顾诵芬先生又提供了部分先生的书法作品的照片,尤其是部分风景名胜区的题词实景,为前人所未录,特附于后。

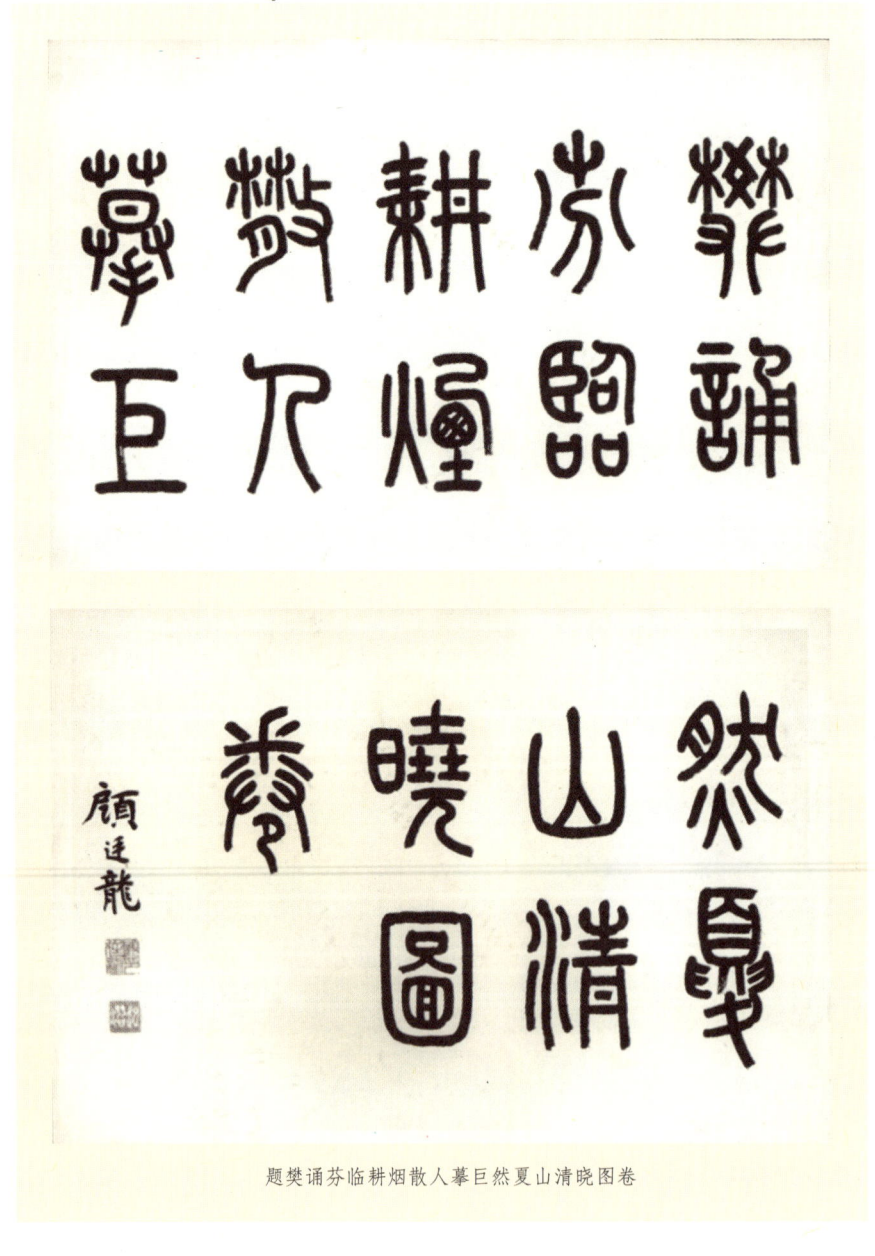

题樊诵芬临耕烟散人摹巨然夏山清晓图卷

诵芬学长携示所临王石谷摹巨然夏山清晓图长卷属诵芬为老师少云樊先生之次女幼承庭训熟读六法之能事丁丑岁厩庐斋优居关中所写与师衡宇相望招观藏珍晨夕过从尝出石谷摹巨然卷共赏石谷为清初大家深得宋元矩矱师偕临摹诵芬侍砚伸纸不离左右师于规矩格法丘壑琪径随手指撰诵芬心领神会于师毕业之时亚自对临一通时年甫二十有八匝心描写举凡烘染皴斵工整意落笔烟云神韵满密同时老辈无不赞许为後起之秀四怅庚辛之间师授鱼苏叟余时业草桥中学忝与弟子之列曾造谒颜家卷贯尘每见颢勤诵芬伯炎书室一案滞毫呎墨颇神观摩一门耽之艺苑骄美辄为企羡不置诵芬殁从余伯炎董寂先生习诗古文辞余六时往请益以得相与离推忽忽四十馀年矣今承诵芬伯炎按顾旧雨重逢欢言一室展玩临本摩挲叹賞属紫数语不惮琐缕聊述名家韵事务证
鸿雪云尔一九七六年十二月顾廷龙识

四十年前写关门临耕烟散人仿巨然夏山清晓图长卷蒙軍遭战乱入蜀數年浪婦縣球望辛善書齋無損鱼莲完好仝检出以付裝池
一九七七年春日樊诵芬

跋樊诵芬临耕烟散人摹巨然《夏山清晓图》长卷

"谦虚谨慎，戒骄戒躁"

一从大地起风雷，便有精生白骨堆。僧是愚氓犹可训，妖为鬼蜮必成灾，金猴奋起千钧棒，玉宇澄清万里埃。今日欢呼孙大圣，只缘妖雾又重来。毛泽东诗《七律·和郭沫若同志》题赠延安饭店

陈毅诗《吾读》
吾喜长短句，最喜是苏辛。
东坡胸次广，稼轩力万钧。

陈毅诗《幽兰》
幽兰在山谷，本自无人识。
只为馨香重，求者遍山隅。

唐杜甫《绝句》
两个黄鹂鸣翠柳，一行白鹭上青天。
窗含西岭千秋雪，门泊东吴万里船。

唐柳宗元《殷贤戏批书后寄刘连州并示孟仑二童》
书成欲寄庾安西，纸背应劳手自题。
闻道近来诸子弟，临池寻已厌家鸡。

唐王之涣《登鹳雀楼》
白日依山尽，黄河入海流。
欲穷千里目，更上一层楼。

唐李白《早发白帝城》
朝辞白帝彩云间，千里江陵一日还，
两岸猿声啼不住，轻舟已过万重山。

唐刘禹锡《酬家鸡之赠》
日日临池弄小维，还思写论付官奴。
柳家新样元和脚，且尽姜芽敛手徒。

周恩来诗句"樱花红日上，桃叶绿池边"

书董必武《病中见窗外竹感赋》：竹叶青青不肯黄，枝条楚楚耐严霜。昭苏万物春风里，更有笋尖出土忙。

书徐特立诗：八一之前老学生，学书学剑日两无成，而今重话南昌事，我是当年一老兵。

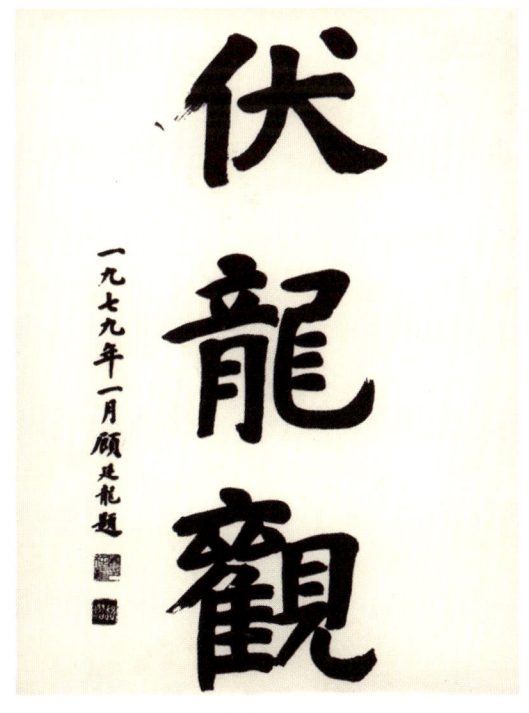

伏龙观

墨华

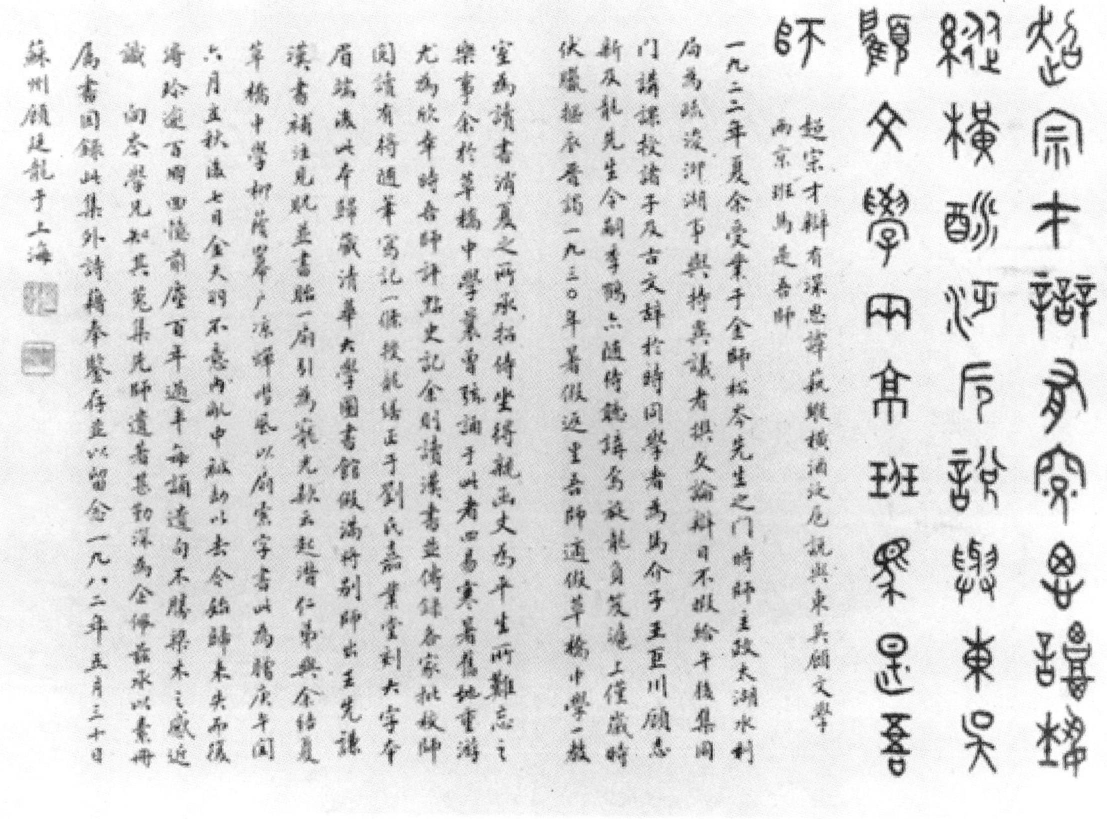

1982年为向岑先生题字

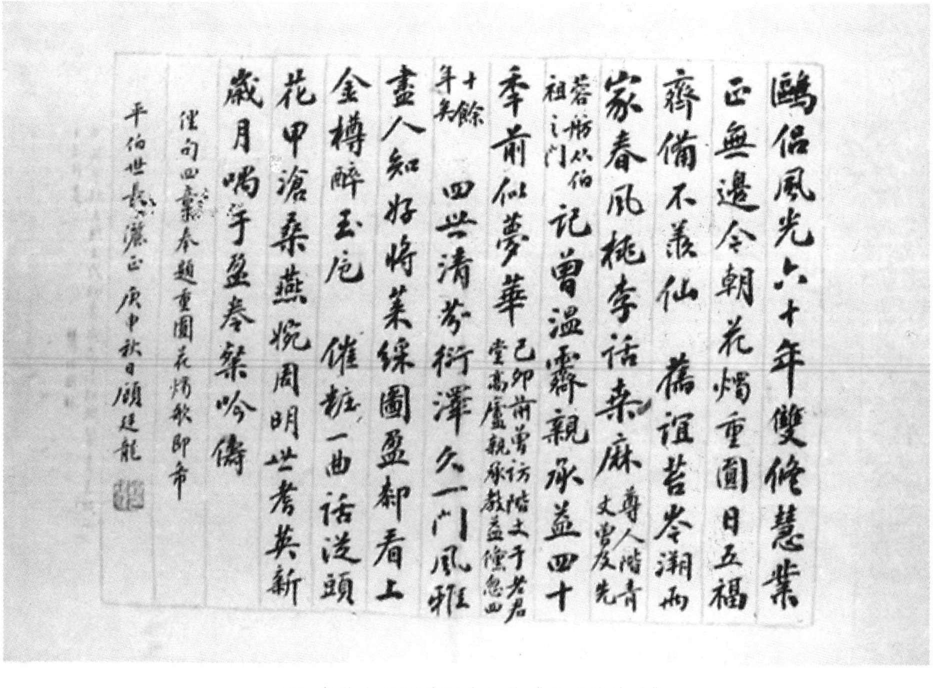

1980年作七绝四首题俞平伯《重圆花烛歌》

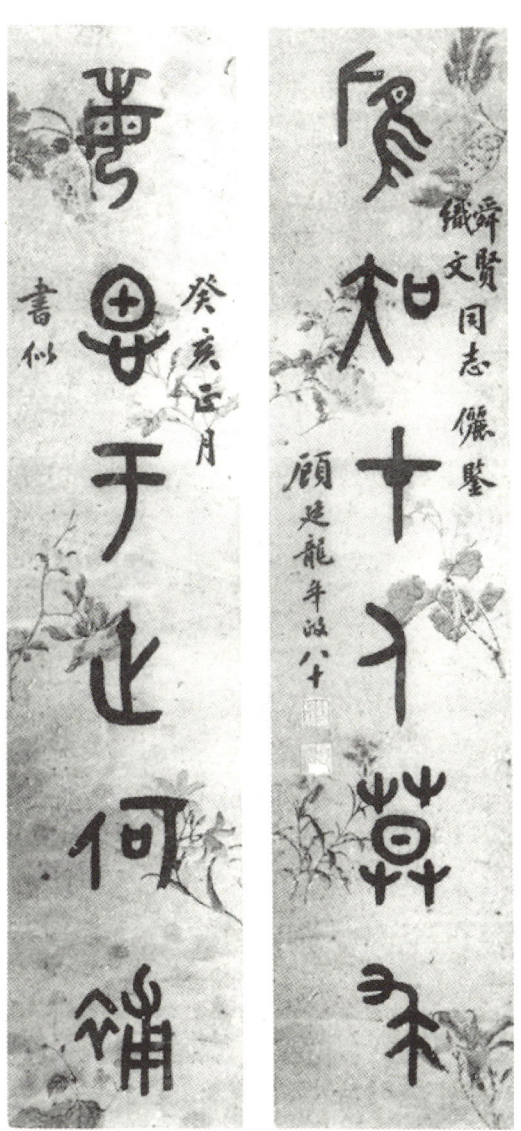

为知在人莫求
每思于世何补

秋风万里芙蓉国
海燕双楼玳瑁梁

1984年书写的王国维、梁启超、柳诒徵、顾颉刚语　　　1985年纪念沈括逝世890周年重建梦溪故居，书于镇江

昔日北欧一少年 逍遥万里入西川 峨眉山寺
寻幽处勤学汉语 读简编 锦江渊女结良缘
举案齐眉德曜贤 挥翰联吟同偕老 巨著辉
煌传译稿 水浒豪宕西游奇 瑾瑜在握光皎皎
鲛寄语洲博汉学家 尚有通灵玉无瑕 彩笔
何妨放红花 三部交辉耀瑞华 双厄高举
醉流霞 瑞华交辉曲敬赠

马悦然先生 俪正
夫人

丁卯夏日 张珍怀撰
顾廷龙书

英才乐育为兴邦，歇浦梁谿两上庠。
瞻望丰碑师表在，门墙桃李自芬芳。
唐文治先生纪念堂落成
一九八五年八月浚学顾廷龙

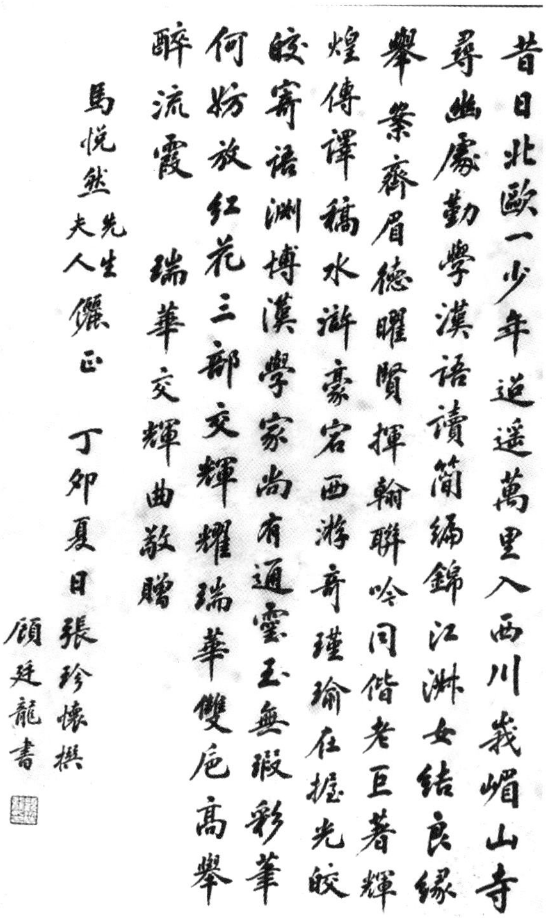

张珍怀《瑞华交辉曲》

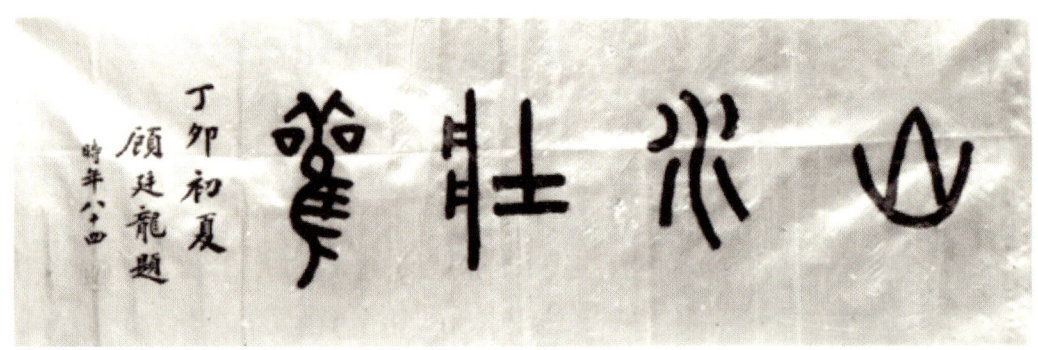

山水壮观

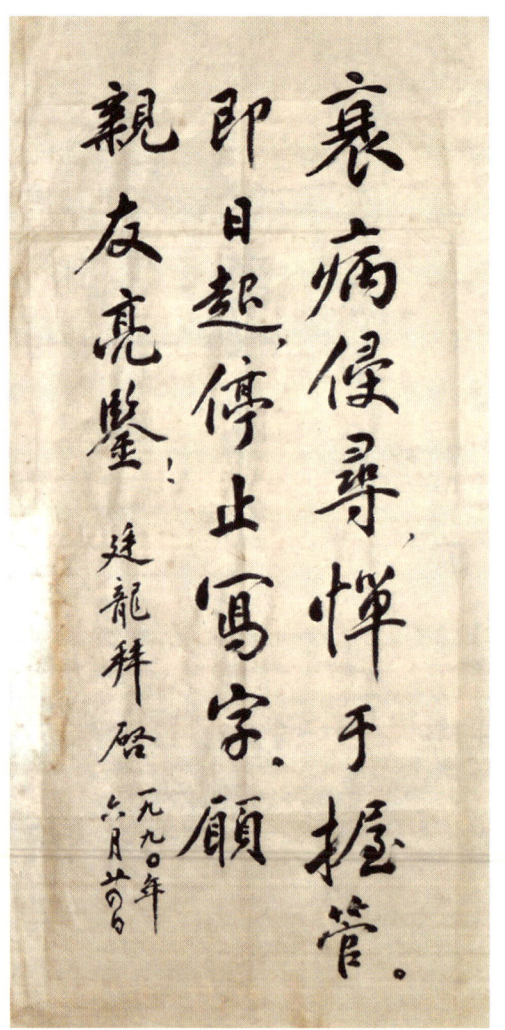

当日风霆震九天，羊城起义正英年。
巍峨高馆怀先烈，碧血丹心照简编。

此摄于先生上海寓所会客室，因向先生索字之人过多，故有此题

缪荃孙纪念馆 顾廷龙题

柱史渊源自久长，平生仰慕瓶风堂，书林薪火千秋耀，遥望江城献辩香

缪荃孙先生纪念馆开幕

乙亥秋日顾廷龙于北京时年九十又二

题缪荃孙纪念馆

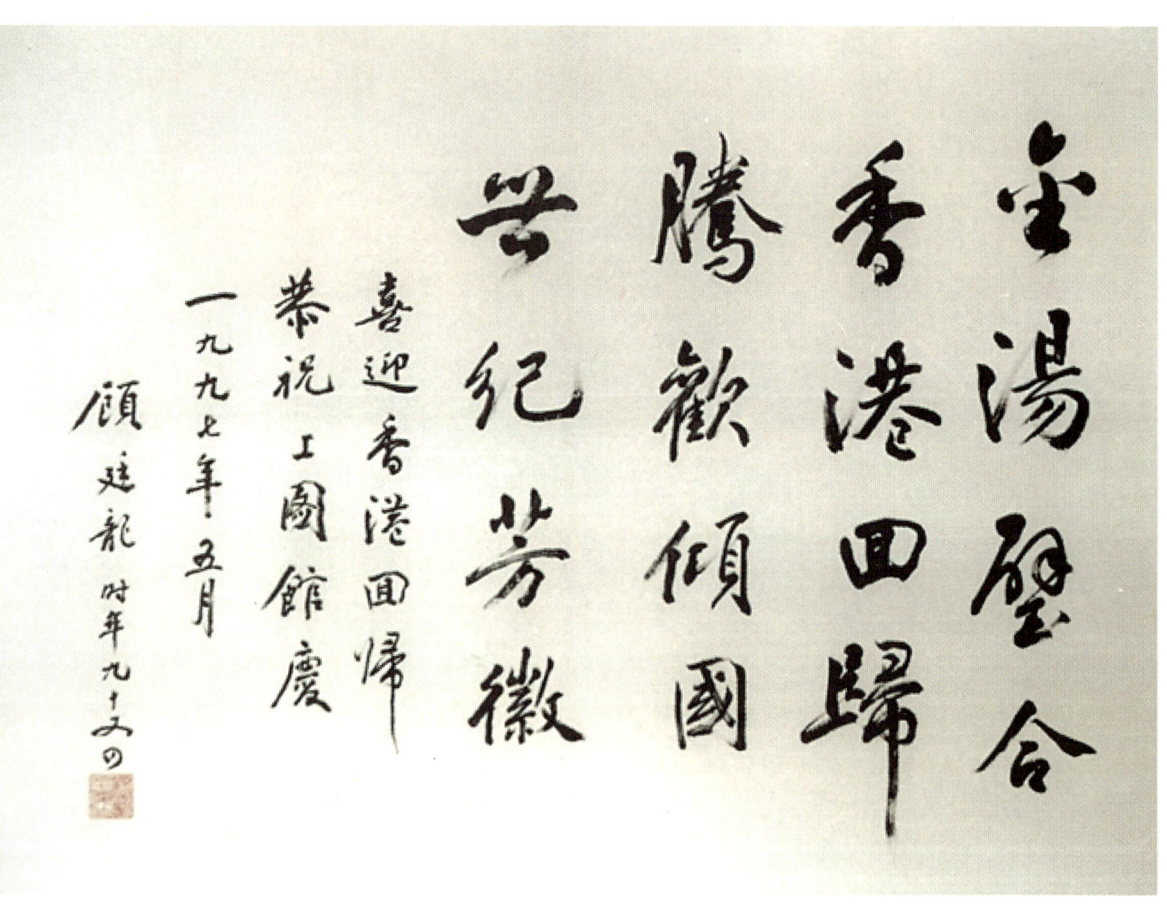

1997年庆祝香港回归

部分题词实景

题苏州园林博物馆

题苏州怡园

题苏州沧浪亭

题苏州天平山范公祠，1989年纪念范仲淹诞辰一千周年所作

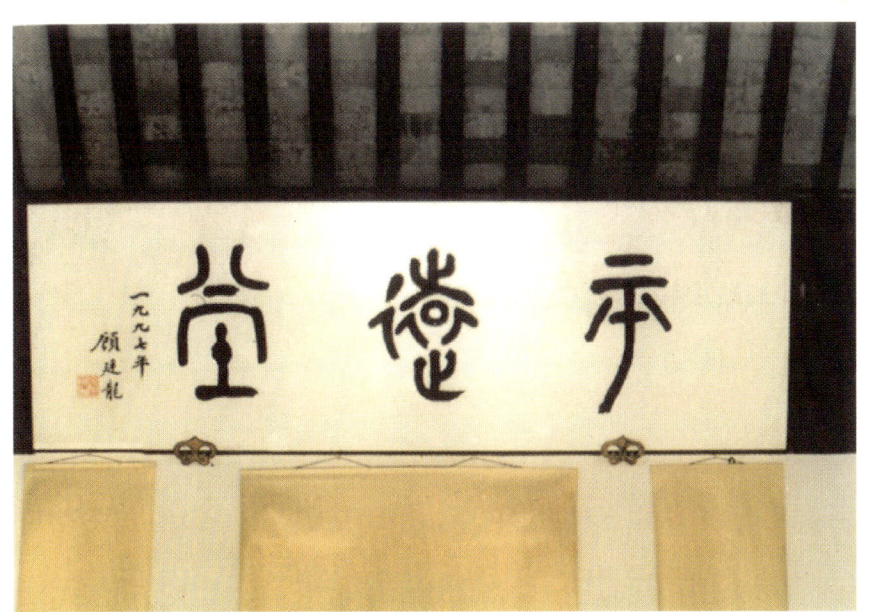

"平远堂",题苏州虎丘

题苏州狮子林

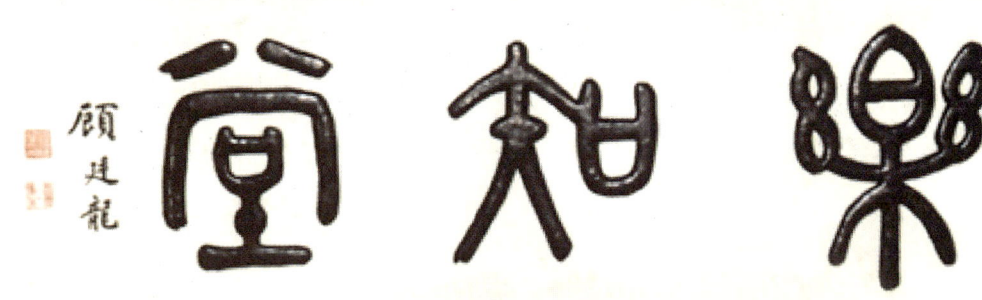

题苏州曲园

题苏州留园

范文穆公祠

题苏州范文穆公祠

题于新疆石河子友谊宾馆春风亭

苏州草桥中学纪念塔

重建草桥中学廿周纪念塔记

草桥中学纪念塔建於民國十六年即公元一九二七年屹立鼎丞圖書館前歷經板蕩而塔基幸免於陷進一九六六年浩劫來臨逆獗披荆棘銅駝之歎乎賴值百廢俱興頓然不毋令人趄创校八十周年紀念爰集資兩晦殘迹又通欣逢創校八十周年紀念爰集資重興發揚教育之功樹型之不易菁莪育才城楼遺澤猶存而學子龐村重建是塔煌煌奕奕恢復舊觀對此俯仰徘不細懷繹化育之維艱勉策勵日後為國家增光為社會草檁以追蹢躅徽龜蘖乎是造福端發唯引其底

一九八七年四月鄭逸梅撰 顧廷龍書

题沈钧儒先生生平

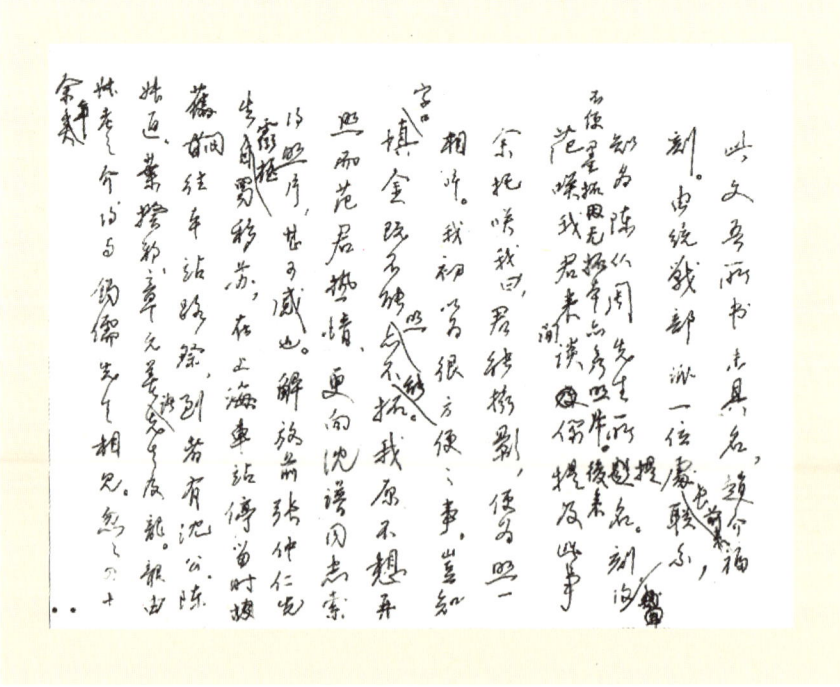

《沈钧儒先生生平》碑照片背后题字

1992年11月为蒋百里家题

题方志敏烈士纪念碑

后 记

在我国图书馆事业家、古籍版本目录学家、书法家顾廷龙（1904—1998）先生逝世之后，上海图书馆于1999年4月21日在历史文献中心善本室正式开辟了"顾廷龙纪念室"，汪道涵先生为此题写了匾额。10多年来，"顾廷龙纪念室"作为上海图书馆重要的学术文化交流场所，接待了众多的中外学者与文化名人。室内所陈列的顾廷龙先生生平介绍和名家对联书画吸引了无数莅临者的关注，在此无不以景仰之情向顾老致以敬意。这里也是顾老生前长期工作的部门员工日常开会学习和研究业务的地方，在顾老的遗像前，我们每一次的讨论和筹划都会感到顾老慈祥的目光，想起他的谆谆教诲与殷切期望。

今年是顾廷龙先生诞辰110周年，当我们再次伫立在"顾廷龙纪念室"，凝视着墙上顾老的影像，研究编撰《顾廷龙全集》和筹备纪念安排时，我们深深地感到，此举不仅是纪念一位杰出的先贤，同时还在鼓舞后辈，以此增强对中华古籍保护事业的职业归属感与责任感，激发为国家保护民族文化的崇高使命。

因此，我们的纪念，既要追思顾老对中华古籍保护所作出的历史贡献，也要感恩他为如今的上海图书馆历史文献整理研究、公众服务和人才成长所奠定的基础。近10余年来，上海图书馆的历史文献工作取得了一系列重要成果，受到了学术界的好评和社会公众的关注，每当我们推出一个展览，出版一部著作，完成一个课题，总是令人饮水思源，情不自禁地感谢顾老为我们所积累的珍贵而丰富的文献。

我们对顾老的纪念，不仅仅是在一个特定的时刻以集体的仪式向前辈致敬，回忆他的事业功绩与道德文章，更是要唤醒新一代历史文献工作者的集体记忆，从上海图书馆发展的历史中，重温传统、继往开来，从老一辈图书馆事业家身上汲取精神的力量，共同铸造中华文化的伟大长城。

顾廷龙先生逝世后，上海图书馆历史文献中心同仁在馆所领导下，秉承顾老遗愿，大力开展馆藏历史文献的抢救与保护，精心策划，精心组织，投入了大量人力、物力，积极进行家谱、盛宣怀档案、碑帖、稿抄本、历史原照、革命文献、舆图、年画等未编文献的整理编目与研究。如今，多年的辛勤努力已结出了可喜的硕果，尘封书库的珍贵文献陆续被摸清家底，重见天日，惠泽学林。以上海图书馆新馆落成时顾老特别关心的家谱、盛宣怀档案为例，目前中文家谱原件的收藏已达3

万种，20余万册，成为海内外收藏中国家谱原件数量最多的图书馆，并建成了国内规模最大的家谱全文图像数据库，承担和完成了多个国家级家谱研究项目；盛宣怀档案历经10年的整理、修复和扫描，已建成规模达80万页的大型近代个人档案数据库，完成了列入国家清史项目的百卷本档案资料的编纂任务。当年顾老苦心竭力搜集的特色文献，不仅奠定了上海图书馆在国内外的文献收藏地位，而且均成为本馆文献整理研究与出版的主要对象。当我们将一卷卷新印的典籍上架陈列，一个个专题文献数据库开放使用时，仿佛是在向顾老告慰和献祭，我们没有忘记他的心愿，我们的心中永远有读者。

顾廷龙先生生前曾多次将个人所藏文献捐给图书馆，他逝世之后遗存的文献也陆续由家属顾诵芬院士捐献上海图书馆收藏。继1998年8月和1999年4月的捐赠之后，2011年12月，我们又有幸入藏了数十箱顾老的部分藏书、书信、日记、笔记等文献，顾老不仅将一生的智慧贡献于图书馆，还将毕生的收藏奉之公藏，令人无不为此而感佩。当我们在前年启动《顾廷龙全集》的编辑整理时，摩挲手稿，从中深切地感受到一种崇高的人格境界。

我们在2013年初开始策划出版顾廷龙先生诞辰110周年纪念集。在顾老生前同事、弟子和学者的鼎力襄助下，我们开展了本纪念集的征文。顾诵芬院士大力支持，为本书编撰提供了大量照片。本书首次以影像的形式介绍了顾老的生平，由于资料的局限，留下了许多遗憾的空白，未能全面展现顾老的生活与业绩状况，在此特作说明。对于收入书中的照片摄影者，因信息不全，未能予以注明，在此特致歉意，一并表示感谢。

编　者
2014年10月20日